NEIN! ICH GEH NICHT ZUM SENIORENTREFF!

Virginia Ironside

NEIN! ICH GEH NICHT ZUM SENIORENTREFF!

Aus dem Englischen
von Gertrud Wittich

Weltbild

Die englische Originalausgabe erschien 2009 unter dem Titel
The Virginia Monologues
bei Fig Tree, published by the Penguin Group, London.

**Die mit einem * versehenen Gedichte
wurden übersetzt von Sibylle Schmidt.**

Besuchen Sie uns im Internet:
www.weltbild.de

Genehmigte Lizenzausgabe für Verlagsgruppe Weltbild GmbH,
Steinerne Furt, 86167 Augsburg
Copyright der Originalausgabe © 2009 by Virginia Ironside
Copyright der deutschsprachigen Ausgabe © 2011 by Wilhelm Goldmann
Verlag, München, in der Verlagsgruppe Random House GmbH
Übersetzung: Gertrud Wittich
Umschlaggestaltung: Zero Werbeagentur, München
Umschlagmotiv: © Franziska Biermann
Gesamtherstellung: GGP Media GmbH, Pößneck
Printed in the EU
ISBN 978-3-86800-938-5

2015 2014 2013 2012
Die letzte Jahreszahl gibt die aktuelle Lizenzausgabe an.

Für Jennie

Inhaltsverzeichnis

Einführung 9

1. Zipperlein 19
2. Gedächtnis. 43
3. Selbstbewusstsein 56
4. Freizeit. 71
5. Tod. 95
6. Sex. 108
7. Rezession. 120
8. Arbeit 130
9. Sich verkleinern. 135
10. Aussehen 139
11. Junge Menschen. 155
12. Reisen 162
13. Beerdigungen. 174
14. Die Kunst, seine Mitmenschen
    zu langweilen. 184
15. Wieder allein 193
16. Alte Freunde 215
17. Zeit 221
18. Nie wieder. 232
19. Weisheit. 236
20. Enkelkinder 241

Einführung

Kein Weiser hat sich je gewünscht, jünger zu sein.

Jonathan Swift

Zwischen dreißig und vierzig lässt man sich von den
  fünf Lüsten ablenken,
Zwischen siebzig und achtzig ist man das Opfer
  zahlreicher Krankheiten.
Zwischen fünfzig und sechzig jedoch ist man frei von
  jeglichen Leiden;
Ruhig und gelassen – das Herz erfreut sich seiner
  Schonung.
Von Liebe und Gier habe ich Abstand genommen,
  mit Profit und Ruhm abgeschlossen.
Weder bin ich krank noch gebrechlich, und von
  Altersschwäche weit entfernt.
Mein Körper ist noch stark genug, nach Flüssen und
  Bergen zu streben;
Mein Herz erfreut sich noch am Spiel der Flöten und
  der Streicher.
Mit Muße öffne ich neue Weine und koste einige
  Becher;
Trunken entsinne ich mich alter Gedichte und singe
  einen ganzen Band.   Po Chü (772–846)

Morgen werde ich die Fahne der Heuchelei einholen
und meine grauen Haare dem Wein schenken:
Meine Lebensspanne hat nun die Siebzig überschritten.
Wann soll ich das Leben genießen, wenn nicht jetzt?

Rubajat von Omar Chajjam

Alt zu werden war für mich bis vor kurzem immer etwas Furchterregendes, etwas, das es um jeden Preis zu vermeiden galt. Die Aussicht, einmal sechzig zu werden, war schrecklich, vor allem wenn man an diesen herablassenden Beatles-Song »When I'm sixty-four« denkt. Man hat den Eindruck, dass Menschen in diesem Alter nichts anderes mehr tun als Sicherungen auswechseln, Pullis stricken und den Garten umgraben.

Um ehrlich zu sein, hatte ich schon immer einen Horror vor der zweiten Hälfte jedes Lebensjahrzehnts. Einunddreißig zu werden oder einundvierzig, das hat mir nie was ausgemacht, neununddreißig und neunundvierzig aber schon. Aus einer jungen Dreißiger- oder Vierzigerin war plötzlich eine alte Dreißiger- oder Vierzigerin geworden. Als ich neunundfünfzig wurde, hatte ich allerdings so ganz und gar nicht mehr das Gefühl, dass aus mir alter Fünfzigerin in ein, zwei Jahren auf wundersame Weise eine jugendfrische Sechzigerin werden würde.

Wie Doris Day war auch ich der Überzeugung, dass »das Schlimmste am mittleren Alter ist, dass man auch das irgendwann hinter sich lassen muss«.

Eine achtzigjährige Bekannte von mir hat es auch nicht gerade besser gemacht, als sie stöhnte: »Gott, diese zwei fetten Kugeln, die aufeinanderkleben, und darauf noch so eine faltige Kugel. Einfach *grotesk*.«

Sechzig ist natürlich etwas ganz anderes als *achtzig* – keine Frage. Dennoch fand ich es, gelinde gesagt, irritierend, wie meine Freunde und Bekannten auf meinen bevorstehenden sechzigsten Geburtstag reagierten. Auf einmal spitzten sie die Münder und wurden unheimlich *mitfühlend*. »Du Arme!«, riefen sie aus und flüsterten verschwörerisch: »Man sieht's dir aber gar nicht an!« hinterher. Auf diesen Trost folgte gewöhnlich: »Keine Sorge, *Darling*, wir verraten nichts!

Gib aber um Himmels willen bloß keine Party, ja? Es muss ja nicht gleich jeder erfahren, wie alt du bist!«

Tatsächlich versuchen nicht wenige meiner Freunde dem unangenehmen Prozess des Altwerdens einen jugendlichen Zuckerguss zu verleihen. »Sechzig! Da hat man doch noch das ganze Leben vor sich!«, zwitschern sie fröhlich. Was für ein Blödsinn! Das Einzige, was man, wenn man Glück hat (oder Pech, je nachdem, wie man es nimmt), noch vor sich hat, sind die siebzig oder die achtzig.

Andere sagen: »Sechzig, das ist eigentlich fünfzig plus zehn!« Oder: »Die Sechziger sind die neuen Vierziger.« Also ehrlich, ich begreife das nicht. Man behauptet doch auch nicht, dass »das Meer das neue Land ist« oder »das Leben der neue Tod« (wahlweise auch umgekehrt).

Dann gibt's da noch die Fraktion der munteren Oldies, die behaupten: »Man ist nur so alt, wie man sich fühlt!« Aber man ist eben *nicht* nur so alt, wie man sich fühlt. Das klingt jetzt vielleicht ziemlich pedantisch, ja geradezu nach Asperger, aber sechzig ist nun mal sechzig, und dreißig ist dreißig. Die Einzigen, die einen Sechzigjährigen für jung halten, sind Siebzig-, Achtzig- oder Neunzigjährige – mit anderen Worten: die Tattergreise unter unseren Zeitgenossen.

Wie auch immer – als ich zwanzig war, kam mir sechzig jedenfalls ungeheuer alt vor. Und als ich dreißig wurde, hatte ich das Gefühl, dass man mit sechzig schon mit einem Bein im Grab steht. Mit vierzig interessierten mich Senioren nicht die Bohne – einschließlich der »jungen« Sechzigjährigen. Als ich fünfzig wurde, fing ich an, mir allmählich Sorgen zu machen – ohgottohgott, langsam wurde ich ja wirklich ein wenig alt …

Und jetzt, wo ich selbst sechzig bin (fünfundsechzig, um genau zu sein – wie Sie sehen, beschönige ich nichts), kann ich doch nicht einfach sagen: »Ups, da hab ich mich irgendwie total geirrt! Die ganze Zeit habe ich gedacht, dass man mit sechzig alt sei, dabei stimmt das gar nicht! In Wahrheit ist man noch total *jung*! Da habe ich doch tatsächlich mein Leben lang an Wahnvorstellungen gelitten.« Nein, das wäre meinem früheren Ich gegenüber unfair.

Manchmal frage ich mich, ob diese Verleugnung des Altwerdens nicht einfach eine altmodische Sicht der Dinge ist? Ich werde nie meine gute alte Kummerkasten-Freundin vergessen, die mittlerweile leider verstorben ist. »Ich verrate nie, wie alt ich bin«, meinte sie zu mir, »das geht niemanden etwas an, außer mich selbst.«

Geheimniskrämerei liegt mir aber so ganz und gar nicht. Und wenn ich die ganze Zeit krampfhaft versucht hätte, mein Alter zu verbergen – wäre es dann nicht viel, viel schlimmer, wenn am Ende doch herauskäme, wie alt ich genau bin? »Wisst ihr, wie *alt* Virginia ist?«, würden Bekannte und Freunde dann hinter meinem Rücken tuscheln, »Sie ist *fünfundsechzig*! Kein Wunder, dass sie so ein Geheimnis daraus macht!«

Es erstaunt mich immer wieder, wie ungern sich meine Generation eingestehen will, dass sie alt geworden ist. Bonnie Greer hat in einem Artikel über ihre Generation – die Jahrgänge 1944 bis 1954 – geschrieben: »Wir klammern uns ans Leben, fordern unseren Platz, wollen unseren Willen haben und verschließen unsere Augen vor der Realität. Unser Motto war eine Zeile aus einem Song von The Who: »Hope I die before I get old«. Aber wir *sind* nicht gestorben und weigern uns jetzt, alt zu werden. Und da sind wir nun, gefangen in den glimmenden Überresten einer längst erloschenen Flamme, deren Glühen noch immer alle ausblendet, die nach uns kommen.«

Es scheint, als wäre das Altwerden eines der letzten Tabus, über das die meisten Alten nicht reden wollen. Immer, wenn ich Dinge sage wie »Ich hab nur noch ein paar Jahre, da kann ich genauso gut …«, schnappen alle entsetzt nach Luft und schreien: »Sag das nicht!«, als würde ich durch die Erwähnung irgendeines, wenn auch noch so unbestimmten Endes meinen Tod heraufbeschwören. Ich selbst bezeichne mich oft als alt und werde dann von meinen Altersgenossen prompt niedergeschrien. »Du bist nicht alt!«, korrigieren sie mich. Was sie wirklich meinen, ist: »Sag das nicht! Denn wenn *du* alt bist, sind *wir* auch alt, und das können wir nicht ertragen! Also rüttle bitte nicht am Status quo!«

Eine meiner Freundinnen hat einmal gewagt zu sagen, dass sie »alt« sei. Sofort wurde sie von einer anderen Bekannten zurechtgewiesen: »Nimm dieses Wort nicht in den Mund! Du bist nicht alt – du bist … *reif*!«

»Reif?«, quiekte meine Freundin entsetzt, »reif wofür? Zur Ernte? Das wäre doch wohl *ein bisschen* zu spät!«

Ich habe mal einen Artikel für den Amerikanischen Seniorenverband, die AARP oder *American Association of Retired People* geschrieben. Der Verein gibt eine Zeitschrift heraus, die sage und schreibe fünfzig Millionen Leser hat. Ich schrieb also den Artikel und mailte ihn nach New York. Als ich dann jedoch die Korrekturfahne zurückbekam, musste ich zu meinem Erstaunen feststellen, dass das Wörtchen »alt« überall gestrichen worden war. Ich rief sofort beim AARP an und fragte nach. »Das Layout ist wunderbar, die Fotos toll, die Illustration prima – aber warum habt ihr das Wort ›alt‹ rausgestrichen?«, fragte ich und bat die Cheflektorin um Rückruf.

Ihrem dünnen, zittrigen Stimmchen nach zu schließen, war die Dame schon ziemlich *reif*. »Hallo, Ginny«, krächzte sie, »sorry, dass ich vergessen habe, dir das vorher zu sagen, aber wir von der AARP benutzen nie das Wort ›alt‹!«

13

Wie bitte? Der amerikanische Seniorenverband? Will nicht das Wort »alt« benutzen? Das ist doch der blanke Wahnsinn. Als würde ein Friseur versuchen, ohne das Wort »Haare« auszukommen! Oder wenn man über Monty Python zu reden versuchte, ohne das Wort »Papagei« erwähnen zu dürfen. Für mich klingt das so wie eins von diesen verrückten Gesellschaftsspielen, bei denen man eine Minute lang über irgendwas reden muss, ohne Begriffe wie »der/die/das« oder »und« sagen zu dürfen.

Kurz vor meinem sechzigsten Geburtstag hätte ich mich wahrscheinlich auch von einer solchen Sprachpolitik einlullen lassen. Aber als es dann schließlich so weit war, stellte ich fest, dass man Altwerden weder verleugnen noch verschweigen kann. Und dass man sich auf keinen Fall dafür entschuldigen sollte.

Im Gegenteil.

Alt zu werden ist sogar ein Grund zum *Feiern*.

Es stimmt – die sechzig sind nicht der »Winteranfang« vom Herbst des Lebens. Im Gegenteil: Sie sind der Frühling des Alters. Eine Dichterin hat es so ausgedrückt: »Das Problem ist, dass das Altwerden erst dann interessant wird, wenn man bereits alt *ist*. Es ist ein fremdes Land, mit einer fremden Sprache, die weder die Jugend versteht noch das sogenannte Mittelalter.«

Die Dichterin hat recht. Älter zu werden ist tatsächlich interessant. Und befreiend. Und schön. Und zwar gerade aus den gegenteiligen Gründen, die einem die heutige Gesellschaft weizumachen versucht.

Bestes Beispiel ist der hirnrissige Satz: »Es ist nie zu spät!« – Genau das glatte Gegenteil ist der Fall, wenn man sechzig geworden ist: Es *ist* zu spät. Ist das nicht toll? Das klingt jetzt vielleicht blöd, aber ich habe immer davon geträumt, eines Tages vielleicht doch noch eine berühmte Balletttänzerin zu werden. Oder eine Konzertpianistin. Oder eine Weitspringerin, die sämtliche Rekorde bricht. Mittlerweile jedoch – wenn auch erst seit kurzem, wie ich zugeben muss – ist mir klar geworden, dass die Wahrscheinlichkeit, dass diese Träume doch noch wahr werden, bei null liegt. Wenn ich so auf mein Leben zurückblicke, dann stelle ich zu meiner Verblüffung fest, dass ich eigentlich immer Journalistin gewesen bin. Ich habe fünfzehn Bücher geschrieben. Man muss kein Genie sein, um zu erkennen, dass das *Wort* mein Beruf ist. Und nichts sonst.

Was für eine Erleichterung! Fort mit all den Schuldgefühlen, weil ich abends zu schlapp war, um doch noch eine berühmte Sprinterin zu werden, und zu faul, um es zur Opernsängerin zu bringen. Denn jetzt IST ES ZU SPÄT!

Außerdem bin ich noch nicht *sehr* alt. (Obwohl sich das, wenn ich nächstes Jahr sechsundsechzig werde, vielleicht ändern könnte.) Und schon gar nicht *uralt*. Wenn man dieses verminte Territorium zu betreten wagt, sieht vieles ganz anders aus. In einem Altersheim zu sitzen und sich Suppe in den offen stehenden Mund löffeln zu lassen, während einem der Urin das Bein herunterrinnt, ist alles andere als schön. Es sehnt sich gewiss auch niemand danach, durch die Stadt zu irren, ohne zu wissen, wo er ist und wie er heißt.

Nein, ich rede hier von den Sechzigern – ein wahrlich wundervolles Alter.

Als ich sechzig wurde, habe ich in Buchläden nach einem Buch gesucht, das mir nicht nur die Freuden, sondern auch die Härten meines speziellen *demografischen* Alters schildert. (Ich glaube, »demografisch« ist das richtige Wort. Sicher bin ich aber nicht – immerhin ist der Begriff ja relativ neu. Irgendwie kann ich genauso wenig mit ihm anfangen wie etwa mit dem Wort »Diaspora«. Was das eigentlich genau bedeuten soll, weiß ich nie so genau. Egal, Sie verstehen

15

schon, was ich meine.) In meiner Jugend hat mir *Down with Skool!* von Geoffrey Willans durch die Mittelschule geholfen, durchs Teenageralter dann *Der Fänger im Roggen*, in dem ich meine eigenen Gefühle entdeckte. Damals gab es zwar noch keine Bridget Jones, dafür aber *Angst vorm Fliegen* von Erica Jong. Und als junge Mutter habe ich mich köstlich mit den Büchern von Erma Bombeck amüsiert, die auf witzige Weise dieTücken des kinderreichen Familienalltags schildert. Als ich sechzig wurde, suchte ich jedoch vergeblich nach Büchern, die mich auf unterhaltsame und scharfsinnige Weise durch die nächste Dekade geleiten konnten.

Das heißt, ich fand schon etwas, aber das falsche. Bücher mit Titeln wie *Herbstlaub* oder *Goldene Ernte*. Ein Buch hieß gar *Die zweite Jugend*, ein anderes *Man ist nur zweimal jung!*. Was für eine Veräppelung! Ich meine, sechzig hat nichts mehr mit Jugend zu tun, egal, wie verbissen man sich bemüht, es selbst zu glauben. Mit sechzig ist man nun einmal sechzig.

Und dann war da noch *Altern mit Würde*.

Und das allerschlimmste: *Lehnstuhlaerobics*.

Verstehen Sie mich nicht falsch. Ich will nicht bestreiten, dass wir Babyboomer andere Oldies sind als – na ja – *andere* Oldies eben. Zumindest glaube ich das. (Natürlich wäre es möglich, dass ich mit dieser Ansicht total danebenliege. Vielleicht denkt ja jede Senioren-Generation, dass sie etwas ganz Besonderes ist und dass sie sich auf keinen Fall mit anderen Senioren vergleichen lässt.)

Meine Jugend lag aber in den Sechzigerjahren, einer Welt von Sex, Drugs and Rock'n'Roll. Ich glaube, dass meine Generation viel mehr mit den Dreißig- und Vierzigjährigen von heute gemeinsam hat als mit den Siebzig- und Achtzigjährigen, die einen oder gar beide Weltkriege mitgemacht und wirkliche Entbehrungen erlebt haben. In den Augen der Jugend spielt es keine Rolle, dass es meine Generation in den Sechziger- und Siebzigerjahren ordentlich hat krachen lassen, dass wir mehr mit, sagen wir, Amy Winehouse gemein haben, als mit einem schlachterprobten Weltkriegsveteranen – für die Jungen gehören wir zu ein und derselben Mumien-Generation.

Aber alte Leute sind *nicht* alle gleich.

Ich möchte zwar nicht so wie meine Großmutter in diesem Alter leben und nur noch Apfelkuchen backen und mir jeden Abend die *Archers* im Radio anhören (obwohl ich beiden Aktivitäten durchaus zugeneigt bin, wie Sie noch sehen werden), aber ich kann nicht bestreiten, dass alte Leute jeder Generation gewisse Gemeinsamkeiten haben.

Ich hasse es beispielsweise, abends lange aufzubleiben. Ich sehne mich danach, mich um spätestens halb elf von einer Dinnerparty verdrücken zu können. (Eine gute Bekannte von mir hat sich etwas einfallen lassen, sie nennt es *Eat and Go.* Man lädt sich ein paar Gäste zu Drinks ein, setzt ihnen um zwanzig Uhr ein leichtes Abendessen vor und erwartet, dass sie um halb zehn, spätestens zehn, wieder verschwunden sind. Dann hat man noch Zeit, sich die Nachrichten anzuschauen, ein heißes Bad zu nehmen, in den Schlafanzug zu springen und noch ein bisschen im Bett zu lesen. Licht aus um halb zwölf. Himmlisch.)

Mit jenen Altersgenossen, die krampfhaft jung bleiben wollen, kann ich wenig anfangen. Ich *will* gar nicht mehr jung sein. Das ist so langweilig! Ich will nicht mehr durch die Mongolei radeln oder mich an einem Gummiband in die Tiefe stürzen, wie einige meiner Altersgenossen, die auf diese Weise ihre Jugendlichkeit demonstrieren wollen. Mir gefällt die Tatsache, dass meine Liebesaffäre mit dem Leben sich auf ein gemütliches, pantoffelwarmes Beieinandersein reduziert hat. Menschen, die krampfhaft jung sein wollen, tun mir leid. Sie verurteilen Faceliftings, jagen aber der verlorenen Jugend hinterher. Diese Menschen sind bemitleidenswerte, eitle Versager, die nicht damit zurechtkommen, dass das Altwerden unvermeidlich ist und zum Leben dazugehört.

Freud, dieser schreckliche Seelenverdreher, soll dazu Folgendes gesagt haben: »Die Götter zeigen sich gnädig, wenn sie uns das Leben mit zunehmendem Alter immer schwerer machen. Schließlich erscheint einem der Tod dann verlockender als das elende Leben.«

Mit diesem Buch möchte ich vor allem die vielen Vorteile aufzeigen, die das Alter mit sich bringt – und ich meine *echte* Vorteile. Wir kleben so sehr an den negativen Seiten des Alters, dass wir oft vergessen, wie viel Schönes es einem zu bieten hat.

Warum halten wir's nicht mit Noël Coward? »Wie närrisch, zu glauben, man könnte dem Alter die Tür vor der Nase zuschlagen. Warum es nicht höflich hereinbitten und zum Tee einladen?«

Nun, genau das will ich tun.

1. Zipperlein

Botox and nose drops and needles for knitting,
Walkers and handrails and new dental fittings,
Bundles of magazines tied up in string,
These are a few of my favourite things.

Cadillacs and cataracts, hearing aids and glasses,
Polident and Fixodent and false teeth in glasses,
Pacemakers, golf carts and porches with swings,
These are a few of my favourite things.

When pipes leak, when bones creak,
When the knees go bad,
I simply remember my favourite things,
And then I don't feel so bad.

Hot tea and crumpets and corn pads for bunions,
No spicy hot food or food cooked with onions,
Bathrobes and heating pads and hot meals they
    bring,
These are a few of my favourite things.

Back pain, confused brains and no need for sinnin',
Thin bones and fractures and hair that is thinnin',
And we won't mention our short shrunken frames,
When we remember our favourite things.

When the joints ache, when the hips break,
When the eyes grow dim,
Then I remember the great life I've had,
And then I don't feel so bad.

Nasentropfen, Botox, Nadeln zum Häkeln
Rollator, Handläufe und die falschen Zähne
Seniorenzeitschriften zum Lachen
das sind meine Lieblingssachen.

19

Brille, Hörgerät, Cadillac, Katarakt
dritte Zähne im Glas und Corega Tabs
Golfcarts und Geräte zum Herzschrittmachen
das sind meine Lieblingssachen.

Wenn die Rohre lecken und die Knochen krachen
und die Knie schmerzen fies
denk ich immer an meine Lieblingssachen
und fühl mich gleich nicht mehr so mies.

Heizkissen, Bademantel, Suppe auf Tablett
das wird uns gebracht, und das finden wir nett
Kräutertee, Diätkeks und was für den Rachen
all das sind meine Lieblingssachen.

Kreuzschmerz, Siebgedächtnis, keine Lust zur Sünd'
Morsche Knochen, dumme Brüche, und das Haar
    wird dünn.
Schief und krumm sind wir, da ist nichts zu machen,
denken wir doch lieber an unsere Lieblingssachen.

Wenn die Hüfte knirscht und die Gelenke ächzen
wenn das Augenlicht lässt rapide nach
denk ich zurück an mein wunderbares Leben
und fühl mich gleich nicht mehr schwach.*

Dieses Lied hat Julie Andrews an ihrem Geburtstag für die *Association of American Retired People* – noch so ein Seniorenverband – gesungen. Sie erntete volle vier Minuten Applaus dafür.

***

Als junge Mutter konnte ich mich stundenlang mit anderen Müttern über Windeln und Babynahrung unterhalten. Soll man Fläschchen füttern oder doch besser die Brust geben? Sind Wegwerfwindeln sinnvoll oder bloß umweltbelastend? Ich fand diese Themen unheimlich faszinierend.

Später kam dann ein anderes Thema dazu, das ebenfalls nur junge Mütter wie mich interessierte: die Schule. Begriffe wie »Einzugsgebiet« und »Notendurchschnitt« wirkten auf mich wie Schlüsselreize, ganz zu schweigen von der Diskussion über die Vorzüge beziehungsweise Nachteile von öffentlichen Schulen gegenüber privaten.

Wenn jetzt jemand in meiner Gegenwart die Worte »Windeln« oder »Schule« äußert, buche ich sofort einen Flug nach Argentinien. Solche Gähnthemen sind nämlich nur für die Betroffenen selbst interessant.

Dafür habe ich aber ein neues Thema für mich entdeckt, ein herrlich interessantes und unerschöpfliches Thema, das mich garantiert bis an mein (selbstredend baldiges) Lebensende fesseln wird.

Zipperlein.

Wehwehchen.

Alle möglichen Krankheiten.

Ich meine, die haben wir doch alle, oder? Wer behauptet, kerngesund zu sein, sollte zuerst mal überlegen, wann er zuletzt eine Tablette genommen hat. Gestern? Vorgestern? Letzte Woche? Letzten Monat? Oder, was am wahrscheinlichsten ist, doch vielleicht erst heute früh?

Wenn ich jetzt zu einer Party eingeladen bin, frage ich die Leute nicht mehr: »Was machen Sie beruflich?«, sondern: »Und? Was fehlt Ihnen?«

Ich brauche nur einen alten Herrn zusammengesunken neben seiner Gehstütze in einem Sessel sitzen zu sehen, und schon flitze ich hin und beginne einen gemütlichen Plausch über seinen Gesundheitszustand. Ich frage ihn, was er von Krankenhäusern hält, ob er privat versichert ist oder bei der gesetzlichen Krankenkasse, welche Medikamente er nimmt, und so weiter.

Am allerinteressantesten ist aber die Frage, ob er kürzlich

operiert wurde und wenn ja, bei welchem Arzt und ob der etwas taugt.

Ich brauche nur das Wörtchen »Medikamente« zu hören und schon flitze ich wie der Road Runner im Zeichentrickfilm zu dem Gesprächsgrüppchen hin und stürzte mich in das jeweilige Thema, völlig egal, ob es sich dabei um die Vor- und Nachteile von Glucosaminsulfat handelt, um Fischöle oder was auch immer. »Kriegt ihr von eurer Krankenkasse ab sechzig jährlich einen Do-it-yourself-Darmkrebstest? Ich nicht, aber dafür kann ich mich jederzeit kostenlos gegen Grippe impfen lassen …«

Neulich hat mir eine Bekannte ausführlich von ihren Rückenschmerzen erzählt. Mittendrin hat sie plötzlich innegehalten und erschrocken zu mir gesagt: »Oh, Entschuldigung, ich muss Sie ja fürchterlich langweilen!«

»Mich langweilen?«, habe ich ihr geantwortet. »Nicht die Spur! Worüber sollten wir uns auch sonst unterhalten? Über die politische Situation im Nahen Osten vielleicht? Oder darüber, dass das Internet womöglich das Ende des Buches, wie wir es kennen, bedeutet? Gähn, nichts könnte mich weniger interessieren. Also, Sie waren, glaube ich, beim fünften Wirbel von oben. Bitte fahren Sie fort, ich bin ganz Ohr.«

(Apropos … auf Ohren komme ich später noch zu sprechen.)

Eine Freundin meiner Mutter nannte solche Gespräche immer »Organdurchzählung«, und auch sie konnte sich nichts Schöneres vorstellen.

Nachfolgend ein paar Themen, die Sie in Stimmung bringen dürften.

Verdauung

Hand hoch, wer nachts schon einmal schweißgebadet wachlag und fürchtete, entweder a) Speiseröhrenkrebs zu haben oder b) eine Herzkrankheit? Ängste, die entweder durch ein Brennen in der Speiseröhre oder der Brust- und Herzgegend ausgelöst wurden?

Und wie viele von Ihnen haben dann irgendwann herausgefunden, dass es lediglich an einem Klappendefekt liegt? Will heißen, diese bestimmte Klappe schließt sich nicht mehr richtig, und die Magensäure kann nachts dann in die Speiseröhre eindringen und verursacht dieses Brennen – ein Problem, das sich spielend mit einem Medikament lösen lässt.

Eine andere Möglichkeit wäre, abends weniger Alkohol zu trinken, aber das kommt, für mich zumindest, überhaupt nicht infrage.

Füße

Irgendwann haben wir wohl alle einmal zarte kleine Füßchen gehabt, mit kleinen rosigen Zehen und samtweichen Fußsohlen. Wenn man Babyfüßchen betrachtet, scheint es geradezu unvorstellbar, dass sich solch süße Dingerchen, die man einfach immerzu abküssen muss, irgendwann in zwei knorrige, hornhäutige Treibholzstücke verwandeln, die noch dazu mit Schleifpapier gepflastert sind. Meine haben außerdem groteske Schwellungen am Fußballen entwickelt sowie dicke, gelbe Zehennägel, denen man eher mit einer Kreissäge als mit einer Nagelschere beikommt. Was das Ganze so unangenehm macht, ist, dass die Füße zwar äußerlich wie verwitterte Blöcke aussehen, geschützt von Hornhaut und Hühneraugen, doch mit zunehmendem Alter werden sie immer empfindlicher. Für mich ist manchmal schon der Gang zum Bäcker um die Ecke eine Qual – außer ich trage total bequeme, aber so hässliche Schuhe, dass ich mir eine Papiertüte über den Kopf stülpen muss, bevor ich mich aus dem Haus wage.

Meine Füße sind mittlerweile so schlimm geworden, dass ich mich frage, ob es nicht besser wäre, das Leben von ein paar Blinden zu riskieren, als uns armen Fußkranken zuzumuten, bei jeder Ampel auf diesen harten Betonknubbeln zu stehen, die aussehen wie gigantische Brailleschrift.*

Nach einem schönen langen Spaziergang fühle ich mich mittlerweile nicht mehr erfrischt wie früher, sondern wanke nur noch zum nächsten Sofa, um meine geschwollenen Füße und Fußgelenke hochzulegen.

Als ich jung war, hätte ich nie gedacht, dass auch ich eines Tages »Ach, meine armen Füße!«, stöhnen würde, aber jetzt fühle ich mich wirklich nur noch dann wohl, wenn ich meine Füße hochlegen kann – und ich meine, richtig hochlegen.

Manchmal denke ich, dass ich beschlagen gehöre wie ein alter Ackergaul, und der Besuch beim Podiatristen ist mittlerweile fester Bestandteil meines Alltags. Dort werde ich nicht nur meine Warzen und Hühneraugen los, sondern auch jede Menge Geld. Ich habe bei meinem Podiatristen ein Vermögen für ein paar lächerliche Einlagen ausgegeben, die ich in der Apotheke für ein paar Cent hätte haben können.

Ist Ihnen übrigens auch schon aufgefallen, dass man im Alter irgendwie nicht mehr so schnell vorankommt? Ich selbst bin eins vierundsiebzig groß, also nicht gerade ein Zwerg, und doch ist mir neulich eine plumpe kleine Freundin auf ihren Stummelbeinchen förmlich davongelaufen. Komisch.

---

* Anm. d. Übers.: In britischen Städten ist es üblich, den Gehsteigrand bei Ampeln mit diesen Platten zu pflastern, damit Blinde spüren können, wo sie stehen.

Abhängigkeiten

Ich kenne Achtzigjährige, deren Hausarzt sich weigert, ihnen stärkere Medikamente zu verschreiben, aus Angst, dass sie »süchtig« werden könnten.

Also, ich kann ja verstehen, wenn man einem Zwanzigjährigen, der noch sein ganzes Leben vor sich hat, solche Hämmer nicht verschreiben will, aber weshalb uns Oldies? Wieso denn nicht? Ganz ehrlich – wenn ich morgen erführe, dass ich nur noch ein paar Monate zu leben hätte, würde ich sofort wieder mit dem Rauchen anfangen. Es gibt mittlerweile ja sogar Krankenhäuser, in denen Rauchen mit Einschränkung wieder erlaubt ist. Wenn Sie also eines Tages von Ihren wohlmeinenden Verwandten in ein »anderes Krankenhaus« verlegt werden sollten, sollten Sie Verdacht schöpfen. Erkundigen Sie sich, ob es dort ein Raucherzimmer gibt. Wenn ja, spricht vieles dafür, dass Sie in einer sogenannten Sterbeklinik gelandet sind.

Kingsley Amis hat gesagt: »Nichts könnte mich dazu bewegen, schädliche, aber liebgewordene Gewohnheiten aufzugeben, nur um dafür zwei Jahre länger in einem Pflegeheim dahinzuvegetieren.«

Im Übrigen freue ich mich schon jetzt darauf, mir ohne Schuldgefühle bereits zum Frühstück einen hinter die Binde kippen zu können. (Wieso sollte man sich auf nur eine Sucht beschränken, wenn man zum Nikotin doch noch den Alkohol dazunehmen kann? Dann lohnt es sich wenigstens.)

Selbstgespräche

… sind einfach toll. Versuchen Sie's ruhig mal (falls sie nicht ohnehin schon zu einer lieben Gewohnheit geworden sind). Das ist wie ein Wiedersehen nach langer Trennung. »Hallo«, können Sie beispielsweise zu sich selbst sagen, »lange nichts mehr von dir gehört. Aber keine Sorge, ich bin nicht nachtragend.«

Dann gibt es noch die Variante, bei der man sich sozusagen selbst an die Hand nimmt: »Jetzt brauche ich nur noch meine Brille … wo hab ich die nur wieder hingetan? … Brille, Brille … sie muss doch irgendwo sein. Menschenskind, bist du so blind, dass du deine Brille nicht findest? … Oder hab ich sie vielleicht auf dem Kopf? … Wie diese schrecklichen Models … Models, Models, wie komme ich jetzt auf Models? … Also, was wollte ich gleich? … Jetzt hab ich's vergessen …«

Sie könnten nach Herzenslust mit sich selbst streiten – oder anderen (imaginären Personen) mal so richtig Bescheid sagen: »Wie können Sie es wagen anzudeuten, ich sei zu alt zum Autofahren! Ich zeig's Ihnen! Da, stellen Sie sich vor mein Auto, dann werden Sie schon sehen, ob ich zu blind bin, um Sie über den Haufen zu fahren!«

Immer wenn er Pillen nahm …

Es gibt nichts Besseres als die guten alten Pillen, finden Sie nicht auch? Ich musste eine Zeitlang so viele einnehmen, dass ich mir eins von diesen Plastikschächtelchen mit den vielen Fächern gekauft habe, auf denen die Wochentage stehen. Trotzdem waren die Fächer noch zu klein für meine Pillenberge. Erschwerend kommt hinzu, dass wir Oldies ja nichts mehr für unsere Rezepte berappen müssen. Deshalb verlasse ich nie die Arztpraxis ohne ein hübsches Rezept und kann es dann kaum erwarten, selbiges in der nächsten Apotheke in herrliche Medikamente umzuwechseln. Ich muss mich schwer beherrschen, nicht auf der Straße mit meinen Schätzen zu winken und zu rufen: »Seht her! Alles umsonst! UMSONST! Und bloß, weil ich älter bin als ihr, ätsch!«

Warfarin. Statine. Betablocker … Aspirin in kleinen Dosen … Vitaminergänzungspräparate … Arthritistabletten … Calcium … Zink … Mariendistelkapseln für meine geplagte Leber. Ich nehme jeden Morgen sieben Tabletten.

Ach ja, und Fischöl natürlich. Ich trinke so viel Fischöl, dass ich manchmal fürchte, man könnte mich in eine Konserve stecken.

Und was ist mit den anderen »Lebenshelfern«? Den illegalen? Drogen? Die, die man sich »drückt« oder die man »schnieft«? (Komisch, aber eine Erkältungsspritze kriegt man nie »gedrückt«.)

Damals, in den guten alten Sixties, habe ich schon die eine oder andere Droge ausprobiert. Ich habe jede Menge Hasch geraucht, ein paar Mal Kokain geschnupft und sogar einmal Heroin geraucht (Haben wir das nicht alle? Ups, vielleicht doch nicht). Ecstasy gab's damals noch nicht, und an LSD hab ich mich nie rangetraut, weil ich meine paar Gehirnzellen behalten wollte.

Aber da selbige mittlerweile sowieso in rasantem Tempo verpuffen, frage ich mich, ob nicht jetzt die rechte Zeit wäre, es (mal wieder) auszuprobieren? Crack zum Beispiel kenne ich noch nicht, oder diese neuen Kaublätter, Kat, oder diese komische südamerikanische Dschungeldroge, Ajahuasca, die einem offenbar zu einer Begegnung mit Gott verhilft. Nun, um ganz ehrlich zu sein, habe ich immer noch ein bisschen Bammel vor einer solchen Erfahrung.

Ich glaube, das probiere ich erst mit siebzig.

PS: Gerade habe ich in der Zeitung gelesen, dass eine 77-jährige Großmutter bei dem Versuch verhaftet wurde, Kokain im Wert von einer Million Pfund ins Vereinigte Königreich zu schmuggeln. Oh, welche Abenteuer liegen noch vor mir!

Ängste

Viele meiner Freundinnen trauen sich nicht mehr mit dem Auto auf die Autobahn. Frauen, die mit dreißig durch die Wüste Gobi getrampt sind (ich könnte mir, nebenbei bemerkt, übrigens vorstellen, dass man sich dabei ganz schön die Beine in den Bauch steht, bis das nächste Kamel vorbeikommt und einen mitnimmt), Frauen die mit vierzig Indien und Amerika durchquert haben, in Autos, die bis unters Dach mit Kindern vollgestopft waren. Und eben diese Frauen werden in fortgeschrittenem Alter bei dem bloßen Gedanken, ein kurzes Stück auf der Autobahn fahren zu müssen, zu bibbernden Angstbündeln.

Als ich noch klein war, konnte ich nie begreifen, warum uns unsere Oma immer Stunden vor der Abfahrt des Zugs (wenigstens erschien es mir so) zum Bahnhof trieb. Aber jetzt bin ich genauso wie sie. Ich hole den Koffer eine Woche vor der Abreise aus dem Schrank und fange an, ihn willkürlich zu packen: Medikamente, Ersatzbrille, Flaschenöffner, kleine Flasche Brandy, falls meine Gastgeber zu jenen Leuten gehören, die nie vor zwanzig Uhr die Bar öffnen (oder noch schlimmer: falls sie überhaupt nicht trinken), Nagelschere, Föhn, Pflaster (nur für den Fall), Fußballenschiene, Einlagen, Taschentücher (siehe dazu auch weiter hinten unter »Nasenflüssigkeiten«) … Wenn ich dann zwei Tage vor der Abreise ernsthaft zu packen beginne, ist der Koffer meistens schon voll.

28

Alle Senioren, die ich kenne, kriegen vor einer Reise die helle Panik. Sie können nicht schlafen und hinterlassen eine Flut von Instruktionen auf kleinen Zettelchen, die sie überall strategisch positionieren: Vorwahl des Landes, in das sie reisen, Nummer des Hotels, Telefonnummern der Nachbarn, Notruf, Feuerwehr, und so weiter, und so weiter … Auch mein Motto lautet jetzt: »Nur zur Sicherheit!« oder »Man weiß ja nie!«

Ich habe sogar von Oldies gehört, die immer einen Badewannengriff dabeihaben, der sich offenbar problemlos an fremden Fliesen festsaugt. Aus Angst, womöglich nicht mehr aus der unheimischen Badewanne rauszukommen. Apropos Badewanne: Wann haben Sie sich ihre erste Gummimatte gekauft? In meiner Wanne liegt eine schöne blaue, mit Delfinen und Seesternen.

Neulich hatte ich meinen Enkelsohn zu Besuch, und zu seinem – und meinem – Entsetzen schlug er die Matte zurück und entdeckte darunter einen ekligen schwarzen Schleim. (Erinnert mich an früher, als ich mal bei meiner Oma war und in einer Pfanne schimmelige Rühreireste entdeckte. Mir ist schlecht geworden.) Es scheint also durchaus ratsam, gelegentlich unter den Teppich zu schauen …

Gleichgewicht

Ich weiß wirklich nicht, wieso man im Alter leichter das Gleichgewicht verliert als in der Jugend. Aber so ist es leider – außer Sie stellen sich wie ich jeden Morgen minutenlang wie ein Flamingo auf ein Bein. Ohne Training könnten Sie auf der Straße leicht ins Stolpern kommen und riskieren, sich eine hilfreiche Hand einzufangen. Wenn es eine männliche Hand ist, wird sie Sie wahrscheinlich fest am Oberarm packen und wie einen Einkaufswagen mit Linksdrall über die Straße bugsieren, ob Sie wollen oder nicht.

Schlaf

Stichwort: Mittagsschläfchen. Selbst mir ist es zur lieben Gewohnheit geworden. Mittlerweile lege ich mich sofort hin, sobald sich die Gelegenheit dazu ergibt. Ich kann zwar nachts sofort einschlafen, aber oft wache ich um vier Uhr morgens auf, wälze mich von einer Seite auf die andere und frage mich, warum ich überhaupt auf der Welt bin, was das ganze Leben für einen Sinn hat und ob der Tod wirklich so friedlich sein wird, wie ich immer behaupte. Früher habe ich dann das Radio angestellt und mich von Reportagen über Volkstanzgruppen und Spitzenklöppeln im Kongo trösten lassen, doch dieser Tage bekommt man eher was über Kindesentführung in China oder Kindersoldaten in Afrika zu hören, die ihren AIDS-kranken Müttern zwangsweise die Klitoris entfernen – nicht gerade beruhigende Kost. Nein, das Radio ist auch nicht mehr das, was es mal war. Manchmal hilft es, einen P.G. Wodehouse zu lesen, aber gewöhnlich nehme ich einfach eine viertel Temazepam (ich sage nur: gebührenfrei!) und lasse mich ins Koma fallen.

Wäre es nicht eine gute Idee, einen von diesen alten Fahrplänen zu haben, die es früher in der Pariser Metro gab, wo man auf einen Knopf drückte und sofort mehrere Punkte aufleuchteten? In unserem Fall würden die leuchtenden Punkte aber keine Haltestellen anzeigen, sondern Freunde, die sich ebenfalls schlaflos und voller Sorgen herumwälzen. Mit einem solchen Ding könnte man sich dann gegenseitig anrufen und einen tröstlichen Schwatz bis zum Morgengrauen halten.

Da es etwas Derartiges leider nicht gibt, habe ich mir gelegentlich selbst einen Zettel geschrieben, ein großes Blatt, auf das ich mit dickem schwarzen Filzstift folgende Worte schrieb: »Virginia! Es ist mitten in der Nacht! Hör auf, dir Sorgen zu machen! Morgen sieht alles ganz anders aus!«, und das ich auf mein Nachtkästchen legte. Wenn ich dann einmal wieder aufwache und das lese, fühle ich mich beruhigt.

Arthritis und Beweglichkeit

Wenn ich morgens aufstehe, sind meine Gelenke so steif, dass ich förmlich ins Bad humple. Dabei spielt es keine Rolle, ob ich eine schlaflose Nacht hinter mir habe und mich rastlos im Bett herumgewälzt habe – ich bin allmorgendlich vollkommen steif. Nur ein gutes Frühstück und ein heißes Bad können mich einigermaßen auflockern. Und kommen Sie mir jetzt bloß nicht mit Fitnessstudios. Da fällt mir immer dieser Witz ein: »Ich fühlte mich alt und schlapp und beschloss daher, einen Aerobic-Kurs mitzumachen. Ich habe mich gestreckt und gedehnt, verrenkt und verzerrt, bin auf und ab gehüpft, hab eine Stunde lang geschwitzt. Aber als ich meinen Gymnastikanzug endlich anhatte, war der Unterricht schon vorbei.«

Kürzlich habe ich mir einen Gehstock gekauft. Ich! Einen *Stock*! Ich habe in den Sechzigern eine Rock-Kolumne für die *Daily Mail* geschrieben und durfte dafür Stars wie Mick Jagger und die Beatles interviewen und unseren Lesern erklären, warum ich so kurze Röcke trug. Kurz und gut, ich war die allgemein anerkannte Expertin in allen »Jugendfragen«. Jetzt ruft man mich nur noch an, wenn man meine Meinung über Alzheimer hören will, über Fußkrankheiten oder die Senioren von heute. Jetzt halte ich Vorträge vor der Kolostomiegesellschaft und benutze meinen Stock, um sicher vom

Podium runterzukommen, denn mein Gleichgewichtsgefühl hat trotz der morgendlichen Flamingoübung deutlich nachgelassen. (Ob Mick Jagger die gleichen Probleme hat?)

Selbst das Ankleiden kann mittlerweile zum Problem bei mir werden. Haben Sie je ein Kleid angehabt, aus dem Sie später nicht mehr rauskamen? Ich habe es neulich geschafft, mich in ein derart enges Kleid zu pressen, dass ich es später beim besten Willen nicht mehr ausgezogen bekam. Es gelang mir einfach nicht, meine Arme weit genug nach hinten zu biegen, um den Reißverschluss wieder aufzukriegen. Am Ende musste ich mir eine Schere suchen und vorsichtig eine Naht auftrennen, bevor ich wieder freikam.

Auch das Thema Seidenstrümpfe – beziehungsweise: wie man sie ankriegt – ist ein leidiges. Ich bevorzuge mittlerweile die Igelmethode: Ich werfe mich rückwärts aufs Bett, strecke die Beine in die Luft und ziehe die Strümpfe so über meine Beine. Auf diese Weise muss ich sie *runterziehen,* was mir dieser Tage viel leichter fällt als *hochziehen.*

Immerhin bin ich bislang noch in der Lage, mir die Schuhe selbst zuzubinden.

Und ich schaffe es gerade noch so, mich auf den Boden zu setzen. (Wieder hochkommen ist natürlich eine andere Sache.) Aber mit den Kindern auf dem Teppich knien, um ein Puzzle zu machen? Autsch!, kann ich da nur sagen. Was passiert eigentlich mit den Knien, wenn man älter wird?!

Einen Treppenlift habe ich mir zwar noch nicht bestellt, ziehe die Möglichkeit aber ernsthaft in Erwägung.

Immerhin bin ich bis jetzt noch nicht geschrumpft. Wenn die Leute ihre alten Lehrer oder Kindermädchen wieder sehen, staunen sie immer, wie klein diese sind. Aber das liegt nicht nur daran, dass die früheren Schützlinge nun so viel größer geworden sind – die alten Pädagogen sind bestimmt auch ein ganzes Stück geschrumpft. Irgendwann wird es so weit kommen, dass wir zueinander sagen: »Gottchen, ich kann mich erinnern, dass du mal bis hier gingst!« Aber dabei halten wir die Hand nicht etwa einen Meter über den Boden, sondern strecken den Arm auf eins achtzig hoch.

Nein, einen Rollator hab ich noch nie gebraucht. Aber diese Aussicht erscheint mir weit weniger schlimm, seit eine gute Freundin zeitweilig gezwungen war, sich mit einer solchen Gehhilfe fortzubewegen. Sie hat sich das, was von ihren Haaren noch übrig war, knallrot gefärbt und ihren Rollator mit einer Kette blinkender rosa Lichter umwickelt; die Batterie hielt sie in ihrer Tasche versteckt. Die Wirkung war einfach spektakulär.

Augen

Da ich mein Leben lang kurzsichtig gewesen bin, gehöre ich nun zu den Glücklichen, die nur noch *ohne* Brille lesen können – noch so eine Laune des Alters. Ich scheine aber eine Ausnahme zu sein – die meisten meiner Bekannten können keine Speisekarte lesen, ohne vorher die Brille aufzusetzen. Und nicht nur das. Neulich sagte eine Freundin zu mir: »Ich brauche die Brille nicht nur zum Lesen der Speisekarte, ich muss sie auch beim Essen aufbehalten, sonst finde ich meinen Teller nicht mehr!«

Das eigentliche Problem für unsere Augen ist allerdings die Dunkelheit: Alte Leute benötigen zwei Drittel mehr Licht, um gut sehen zu können, als junge Leute. Ist Ihnen schon mal aufgefallen, dass es im Wohnzimmer und im Schlafzimmer immer dunkler wird? Das liegt nicht etwa an zu schwachen Glühbirnen, sondern daran, dass Sie nicht mehr so gut sehen wie früher. Die meisten alten Leute scheuen sich davor, nach Einbruch der Dunkelheit noch Auto zu fahren. Und was

Museumsbesuche betrifft: Vergessen Sie's. Zumindest irgendwelche Kostüm- oder Gemälde-Ausstellungen, die heutzutage nur sehr spärlich beleuchtet sind, um die Leuchtkraft der
Originalfarben zu erhalten. Die meisten von uns Oldies müssen dann nicht nur im Großdruckkatalog Zuflucht suchen,
sondern außerdem eine starke Taschenlampe mitbringen.

Abgesehen von den üblichen altersbedingten Augenkrank-
heiten wie Grauer Star und Degeneration der Retina, ist
das Irritierendste das Auftauchen dieser kleinen schwarzen
Flecken, die einem vor den Augen tanzen. Man nennt sie
mouches volantes, im Englischen *floaters* genannt, im Deut-
schen *fliegende Mücken.* Man kann nicht wirklich etwas dagegen tun (das heißt, eigentlich schon, aber die Operation
ist nicht ungefährlich). Ich ertappe mich dabei, wie ich immer schneller lese, um diesen Mücken, die garantiert schon
auf mich lauern, immer einen kleinen Schritt voraus zu sein.

Krebs

Viele von meinen Freundinnen und Freunden haben oder
hatten Krebs. Haben wir nicht alle Verwandte und Bekannte,
die an Krebs gestorben sind? Wenn ich jetzt nachts schweißgebadet aufwache, denke ich nicht: Hilfe, ich habe Krebs!,
ich denke: Hilfe, ich habe *keinen* Krebs! Was stimmt nicht
mit mir?

Ärzte

Je älter man wird, desto wichtiger ist es, sich gute Ärzte zu
suchen. Aber nach welchen Kriterien soll man auswählen?
Sind junge besser als alte, erfahrene? Die jungen haben zwar

weniger Erfahrung, sind aber dafür besser über die neuesten Therapiemethoden informiert.

Wie auch immer die Entscheidung ausfallen mag, wir sind jetzt in einem Alter, in dem wir unseren Körper wirklich gut kennen – wahrscheinlich besser als ein Arzt, egal, wie alt oder jung er ist. Schließlich leben wir nun schon seit mehr als sechzig Jahren mit diesem Körper. Wir können genau sagen, ob es sich bei den Schmerzen nur um eine ganz gewöhnliche Blasenentzündung handelt oder um etwas Schlimmeres. Wir geraten nicht mehr in Panik, wenn wir uns einmal erkälten. Und wenn uns so ein junger Hüpfer von Arzt weismachen will, dass die schrecklichen Schmerzen in unseren Knien rein psychosomatisch sind, besitzen wir genug Vernunft und Selbstvertrauen, auf einer Röntgenuntersuchung zu bestehen, nur für den Fall, dass sich der Arzt irren sollte.

Manchmal wünschte ich mir, dass ich nicht schon zu alt wäre, um Medizin studieren zu können. Ich glaube, ich würde eine ziemlich gute Ärztin abgeben. Schon jetzt habe ich jede Menge Erfahrung, einfach deshalb, weil ich selbst die verschiedensten Erkrankungen durchgemacht habe. Nicht wenige meiner Freunde konsultieren mich in meiner selbstgewählten Rolle als Dr. Ironside, und ich kann stolz verkünden, dass ich bereits mindestens ein Leben gerettet habe. Dank meiner überlegenen Diagnosetechnik ist es mir darüber hinaus gelungen, mehrere Freunde von ihren Krankheitssymptomen zu befreien.

Nickerchen

Das gute alte Nickerchen ist selbstverständlich keine Krankheit, werden Sie jetzt sagen. Und damit haben Sie natürlich vollkommen recht. Im Gegenteil, ich empfinde es als wahres

Vergnügen. Ich selbst habe nie in meinem Leben Mittagsschläfchen gehalten. Bis jetzt. Man liegt auf dem Sofa, schaut sich eine Fernsehsendung an oder liest ein Buch – auf einmal meint man, ein unsichtbarer Hypnotiseur würde einem befehlen einzuschlafen. Prompt werden die Lider schwer, das Buch sinkt auf die Nase, und ehe man sich's versieht, ist man weggedämmert. Wahrscheinlich sogar mit offenem Mund. Himmlisch.

Wenn ich nachmittags noch etwas Wichtiges vorhabe, esse ich am liebsten gar nichts zu Mittag. Ein Glas Orangensaft genügt, dass mir ganz wattig zumute wird, ich aufs nächstbeste Sofa sinke und eine halbe Stunde lang ins Koma falle.

Und wenn man dann aufwacht, um sich eine schöne, stärkende Tasse Tee zu machen und einen Verdauungskeks – ohne den gar nichts mehr geht – zu sich zu nehmen, dann stemmt man sich mit dem ab einem gewissen Alter üblichen Ächzen aus dem Sessel. Kennen Sie das auch? Es ist ebenso unvermeidlich wie das Ächzen der Tennisspieler in Wimbledon beim Aufschlag.

Ohren

Neulich habe ich einen Hörtest gemacht. Die sind mittlerweile ebenso leicht zugänglich wie Sehtests. Und obwohl ich in einem Raum voller Leute nicht verstehe, was mein Gesprächspartner zu mir sagt, ist mein Gehör gar nicht so schlecht, wie ich gedacht habe. Es sei ganz normal »für mein Alter«, wurde mir gesagt. Diesen Ausdruck werden wir wahrscheinlich immer öfter zu hören bekommen (oder auch nicht hören, je nachdem).

Ich habe angefangen, Restaurants nicht mehr nur nach der Qualität ihrer Küche, sondern auch nach der Qualität ihrer

Akustik zu beurteilen. Am liebsten sind mir diese altmodischen indischen Restaurants mit Teppichboden und großblumigen Seidentapeten – ja, ich oute mich als Fan fleckiger Teppiche! –, doch leider werden die heutzutage immer seltener, weil sie Fliesenböden und weißgestrichenen Wänden weichen müssen. Ich hätte in Restaurants am liebsten überall Teppich: auf dem Boden, an den Wänden, an der Decke. Ein guter Teppich schluckt die meisten Geräusche der anderen Gäste. Ansonsten sehe ich oft, wie alte Leutchen sich förmlich den Hals verrenken, um zu verstehen, was ihr Gegenüber zu ihnen sagt, die Ohren wie Satellitenschüsseln auf den besten Empfang eingestellt.

Das Gute am Hörtest ist außerdem, dass ich jetzt endlich weiß, welches mein »gutes« Ohr ist.

Schwächeanfälle

… scheinen in jüngerer Zeit immer mehr von meinen Freunden heimzusuchen. Eine Bekannte wurde bewusstlos neben ihrem Bett gefunden. Einem anderen Freund war beim Fensterputzen offenbar schwummerig geworden, woraufhin er vom Stuhl gefallen und ebenfalls bewusstlos am Boden liegend aufgefunden worden war. Keiner weiß, warum, aber Schwächeanfälle scheinen ein bei Oldies recht häufig vorkommendes Phänomen zu sein. Wahrscheinlich handelt es sich dabei um sogenannte Kreislaufkollapse.

Ich für meinen Teil kann noch so oft auf Leitern klettern, um irgendwelche Glühbirnen auszuwechseln, und nachts auf dem Weg zum Klo noch so viele Treppen herunterfallen, weil ich mich mal wieder mit Temazepam zugedröhnt habe – aber einen Kreislaufkollaps habe ich noch nie gehabt.

Ich freue mich jetzt schon auf das erste Mal.

Nasenflüssigkeiten

Da wären wir also bei dem angekündigten Thema angekommen – bei der laufenden Nase. Als ich jung war, habe ich fast nie ein Taschentuch gebraucht. Woher der ungewöhnliche Fluss auf einmal kommt? Ich glaube, ich weiß jetzt die Antwort. Erinnern Sie sich noch an diese Comics, *Georgies Germs* genannt, was übersetzt so viel heißt wie »Bens Bazillen«. In seinem Körper waren überall diese kleinen Kobolde, die sein Herz mit einem Blasebalg am Laufen hielten, die rote Flecken aus seiner Haut rausklopften, wenn er die Masern hatte, und die irgendwo Schießpulver einfüllten, wenn er ordentlich niesen sollte.

Glauben Sie, dass die immer noch da sind? Und dafür sorgen, dass unsere Nasen mit zunehmendem Alter immer stärker laufen? Die diese Flüssigkeiten ausgerechnet in den peinlichsten Momenten fließen lassen, zum Beispiel, wenn wir uns mit einer Umarmung von unserer Gastgeberin verabschieden?

Als ich mich neulich auf dem Land verfahren habe, hielt ich bei einem Farmhaus an. Der alte Farmer streckte den Kopf aus dem Fenster. An seiner Nasenspitze hing zitternd ein dicker Tropfen, und während er mir den Weg erklärte (»Erst mal links, dann rechts, dann um den Kreisverkehr«), fixierte ich wie hypnotisiert diesen Tropfen und betete, dass er nicht in meinen Wagen fallen möge. Oder auf mein Gesicht. Und dort mit meinem dicken Tropfen zusammenlaufen.

Haut

Mit der Haut passieren komische Dinge, wenn man alt wird. Auf einmal sind da zum Beispiel die berühmten Leberflecken auf dem Handrücken. Meine Hände sehen mittlerweile aus wie die Hände meiner Großmutter. Manchmal schaue ich sie an, und es schaudert mich regelrecht, wenn ich dort an meinen Handgelenken die Hände meiner Großmutter sehe.

Zu den Leberflecken kommt noch die Haarproblematik dazu – die Haare werden immer spärlicher, außer in der Nase, an den Augenbrauen und manchmal auch am Kinn. Ich selbst zum Beispiel habe so ein komisches schwarzes Haar am Kinn, das immer wieder nachwächst, wie das Haar am Kinn einer Hexe. Und dann kriegt man überall diese feinen roten Äderchen. Wenn man Glück hat. Wenn man Pech hat, schaut man eines Tages an sich herab, und dort winden sich dicke rote Schlangen – die lieben Krampfadern. Sollte ich je eine an mir entdecken, lasse ich sie mir sofort entfernen, herzlichen Dank auch.

Hier übrigens noch zwei nette Sachen, die sich mit Altershaut anstellen lassen: Die kleinen Hautschuppen, die sich überall bilden, kann man mit einer Schere abschnippeln – sehr unterhaltsam. Und sich überall in den Oberarm kneifen, das sieht aus wie ein Tortenguss, der Spitzen wirft. Überraschend befriedigend. Außer vielleicht für Ihre Mitmenschen.

Untersuchungen

Ich liebe ärztliche Untersuchungen. Jetzt, wo kein Mann mehr da ist, um sich regelmäßig meinem Körper zu widmen, gönne ich mir von Zeit zu Zeit eine schöne halbe Stunde in einem bequemen Sessel, neben mir einen attraktiven Krankenpfleger – vorzugsweise aus Sri Lanka –, der mir lächelnd Blut abzapft. Oder ich entspanne mich beim Ganzkörperröntgen in diesem Tunnel, über und um mich herum nur das beruhigende Brummen des monströsen Apparats.

Auf die Herzuntersuchung neulich war ich dagegen nicht ganz so scharf (Sie erinnern sich: Ich fürchtete eine Herzkrankheit zu haben, dabei war's nur die blöde Speiseröhrenklappe.), aber am Ende war auch das ein großer Spaß.

»Wie viel Sport treiben Sie?«, fragte mich der Arzt.

»Gar keinen«, entgegnete ich ungerührt.

Kühl bohrte er weiter: »Und wie stark geraten Sie außer Atem, wenn Sie einem Bus nachlaufen?«

Ich antwortete mit meiner besten Lady-Bracknell-Stimme, dass es mir niemals einfiele, einem Bus hinterherzurennen. Die einzige Art, einen Bus zu kriegen, sei es, den vorherigen zu verpassen. Außerdem erledigte ich das meiste sowieso mit dem Auto und nähme nur gelegentlich den Bus – übrigens vollkommen umsonst, ob er das wisse? Im Gegensatz zu ihm, der noch viel zu jung für Gratisfahrten sei, ätsch.

In einem Versuch, seine Autorität wieder zurückzuerobern, ließ er mich auf ein Laufband steigen und erklärte, dass selbst junge Männer mit guter Kondition nicht mehr als elf Minuten schafften.

Fragen Sie mich nicht, wie, aber ich schaffte *zwölf* Minuten. Zugegeben, ich musste mich danach erst mal eine Woche ins Bett legen. Aber das war mir die verblüffte Miene des jungen Arztes wert.

Naturheilverfahren

… gehören zu den wenigen Themen, die mir nicht auf den Tisch kommen. Ich stelle mich doch nicht stundenlang in die Küche und schwitze einen Fasan *à la Normande* zusammen, nur um mir dann Tischgespräche über die Vorzüge von Akupunktur, Arnika und Echinacin anhören zu müssen. Ich habe genug Bücher von irgendwelchen Quacksalbern und angeblichen Wunderheilern gelesen, um zu wissen, dass die Negativpresse über diese Art von Medizin durchaus berechtigt ist. Natürlich glaube ich an die Placebowirkung derartiger »Medikamente«, aber ich will mir wirklich nicht anhören müssen, wie irgendein Patenkind durch Bachblüten von Asthma geheilt oder wie der Schwager des Mannes einer Freundin seinen Tennisarm mithilfe von Ampfernblättertee loswurde.

Meine persönliche Krankengeschichte

Endlich. Ich dachte schon, Sie würden gar nicht mehr fragen. Tja, also ich fühle mich in letzter Zeit schon ein bisschen alt. Man nennt dieses Leiden, glaube ich, »Senioritis«. Hängt wohl mit dieser dummen Blinddarmgeschichte zusammen. (Nein, kein Krebs, bloß ein ganz normaler Blinddarm, den ich mir habe rausnehmen lassen.) Eine wesentlich ältere Freundin hat es auf den Punkt gebracht: Wenn man älter wird und sich einer größeren Operation unterziehen muss, erholt man sich zwar wieder davon, wie jeder andere auch, aber eben nie mehr vollständig. Man stürzt ein paar Leitersprossen herunter, und wenn man sich die dann wieder raufgequält hat, stellt man fest, dass man eine Sprosse weniger schafft als zuvor.

Und ja, ich habe mir einen Darmbeutel, neudeutsch auch

Pouch genannt, einsetzen lassen. Ist halb so schlimm, ehrlich. R. J. Mitchell hatte offenbar auch einen – der Ingenieur, der die Spitfire entwarf. Ich stelle mir immer vor, dass seiner irgendwie ledrig war, mit kleinen Metallnieten, ähnlich wie seine Fliegermütze. Übrigens hatte Matisse auch einen. Aber wie der ausgesehen haben mag, will ich mir lieber nicht vorstellen.

Nun, die meisten haben Schwierigkeiten, an einem Darmbeutel etwas Positives zu finden, aber es bedeutet immerhin, dass man keinen Rektalkrebs kriegt. Inkontinenz ade, man gewinnt die vollkommene Kontrolle über die Darmfunktion zurück, selbst bei Diarrhöe. Besonders praktisch ist das bei ausgedehnten Wanderungen durch Wald und Flur. Ich muss mir nicht mehr irgendwelche großflächigen Blätter suchen, um mir die Kehrseite abzuwischen. Wie heißt es so schön: Jedes Unglück hat auch sein Gutes.

Als ich für ein Seniorenmagazin einen Artikel über Darmbeutel schrieb, rief mich die Lektorin an und quiekte begeistert ins Telefon: »Sie haben einen *Pouch*? Wie cool! Haben Sie auch die passenden Schuhe dazu?«

Zipperlein als Ausreden

Vergessen Sie nicht, dass sich Ihre Wehwehchen auch sehr gut als Ausrede benutzen lassen. Aber bleiben Sie immer vage! Hier ein Satz, den ich nie und nimmer hätte benutzen können, als ich jünger war: »Tut mir leid, aber ich kann heute Abend nicht kommen. Das alte Leiden, du verstehst schon ...«

2. Gedächtnis

Die meiste Leute neigen leider dazu, einen alten
Mann von vornherein für vertrottelt zu halten.
Wenn ein junger Mensch beim Weggehen nicht mehr
weiß, wo er seinen Hut hingehängt hat, dann findet
niemand was dabei; unterläuft aber dieselbe Unacht-
samkeit einem alten Mann, dann heißt gleich »Sein
Gedächtnis läßt nach.«   Dr. Samuel Johnson

Es vergeht kaum ein Tag, an dem mir nicht irgendeine uralte Bekannte vorstöhnt: »Mein Gedächtnis geht flöten! Wir
werden noch alle Alzheimer kriegen!«

Anstatt sich über die wundervollen Veränderungen zu
freuen, die unser Gedächtnis im Alter erfährt, raufen sich
diese ältlichen Kassandras die Haare und beweinen die Tatsache, dass sie sich nicht mehr an den Titel eines Films erinnern können, der ohnehin vollkommen unwichtig ist.

»Dieser Film, du weißt schon, wo dieses Flugzeug drin vorkam. ›British‹ irgendwas. Oder war's ›English‹ … mit diesem
Schauspieler … Ralph … Sein Nachname fängt mit ›F‹ an,
glaube ich. Der Titel besteht aus zwei Worten … Gott, wie
hieß er noch gleich? Ralph Harris? Nein, das ist dieser Sän-
ger … Klingt wie ›Der *Dum*-dum *Dum*-dum‹ …«

Dumm ist gut. Solche Leute können einem mit ihren mentalen Aussetzern stundenlang in den Ohren liegen; sie geben keine Ruhe, bevor sie nicht alle Schubladen in ihrem
Gedächtnis rausgezogen und vor unseren Augen entleert
haben.

Es ist für sie völlig unerheblich, ob du dazu sagst: »Nichts
könnte mich weniger interessieren. Ich kann mich nicht an
den Filmtitel erinnern, weil er, offen gesagt, einfach unwich-

tig war. Aber ich weiß, welchen Film du meinst … also erzähl jetzt endlich weiter!«

Wenn sie dann endlich aufgeben – mit einem beschämten Grinsen –, sagen sie: »Ach, wir verlieren alle unser Gedächtnis … ein typischer Seniorenmoment!« (Oder, wie es eine Freundin von mir ausdrückte: »Blackout. Totaler Stromausfall.«)

Aber etwas zu vergessen bedeutet an sich noch gar nichts. Man hat eben einfach mal was vergessen. Als Schulkind habe ich zum Beispiel öfters mein Federmäppchen zuhause liegen lassen. Offen gestanden hatte ich noch nie ein besonders gutes Gedächtnis. Da gibt's also nicht viel zu verlieren. Als ich vierzehn war, hatte ich nicht selten beim Betreten eines Raums schon wieder vergessen, weshalb ich eigentlich hergekommen war. Und zweifellos bin ich bereits mit zwei Jahren die Treppe raufgewankt und hatte, als ich oben ankam, total vergessen, dass ich eigentlich meinen Teddy suchte.

Wenn ich damals vergaß, wann die Schlacht bei Hastings stattfand, habe ich meinen Mitschülern nicht irgendwas von wegen Gedächtnisschwund vorgejammert, sondern einfach gesagt, wie jeder normale Mensch: »Ich hab's vergessen.« (Im Übrigen kann ich es nicht ausstehen, mit anderen senilen Tattergreisen in einen Topf geworfen zu werden. Ich hasse es, wenn ältere – oder auch jüngere – Bekannte einen Satz mit den Worten beginnen: »In *unserem* Alter«. Ich habe dann immer gute Lust, ihnen die Nase umzudrehen und zu sagen: »Bedaure, aber könnten Sie das vielleicht ein wenig anders formulieren?«)

Das Gedächtnis funktioniert in einem Dreischritt: Akquirieren, Lagern und Abrufen. Diese Prozesse können mit zunehmendem Alter je nach Person variieren. Das, was uns Oldies am meisten Sorgen macht, ist offenbar das Abrufen. Das Leben entwickelt sich mit jedem Jahr mehr zu einer

Art Mission, mit nur einem einzigen Ziel: Verlorenes oder Vergessenes wiederzufinden. »Wo hab ich bloß meine Brille hingelegt?«, »Wo ist meine Handtasche?«, »Was ist aus dem letzten Keks geworden? Ich bin sicher, dass ich ihn noch nicht gegessen habe, mir läuft ja jetzt noch das Wasser im Mund zusammen.«

Krampfhaft versuchen wir uns an irgendwelche Bücher oder Schauspieler zu erinnern oder auch an die Namen von engen Freunden. Es kommt einem vor, als würde man in einem uralten, verstaubten Karteikasten wühlen, mit fransigen, eselsohrigen Karten, während die jungen Leute mühelos wie ein brandneuer Computer durch ihre Gedächtnisbanken zu surfen scheinen.

(Ich vergesse andauernd, wo ich irgendwas hingelegt habe, und das ärgert mich mittlerweile so sehr, dass ich bereits überlegt habe, mir einen kleinen Kassettenrecorder um den Hals zu hängen, dann bräuchte ich nur noch auf einen Knopf zu drücken und er würde Dinge sagen wie: »Menschenskind, wo ist meine Handtasche?« oder »Wo habe ich jetzt schon wieder meine Brille hingelegt?«, »Hat jemand mein Handy gesehen?« Auf diese Weise könnte ich mir jede Menge Atem sparen. Aber ein Gutes hat es doch: Ich muss bei diesen Suchaktionen so oft die Treppe rauf- und runterlaufen, dass ich mir das Fitnessstudio sparen kann.)

Aber Hand aufs Herz: Ist das alles wirklich *so* wichtig?

Cathryn Jakobson Ramin, die ein Buch mit dem schlagfertigen Titel *Der Dingsda aus Dingenskirchen – Die großen und kleinen Gedächtnislücken ab 40* schrieb, hat sich auf eine Odyssee begeben mit dem Ziel, ihrem Gedächtnis auf die Sprünge zu helfen. Sie fing mit reichlich eigenartigen Eselsbrücken an (Wenn sie einkaufen ging und beispielsweise Hundefutter, Würste und Tee kaufen wollte, stellte sie sich einen Hund vor, auf dem ein Schwein reitet, das einen

Teebeutel in der Pfote hält. Hm.) und beendete ihr Buch schließlich mit medizinischen Untersuchungsergebnissen. Sie konsultierte Neurologen und Biologen, unternahm Vorstöße ins Reich der Meditation, des Neurofeedbacks und in alles, was es sonst noch so gab. Sie ließ ihren Kortisolspiegel überprüfen, lernte, dass Angst zu Gedächtnislücken führen kann, dachte über ihre Ernährung nach, probierte Lebertran und Fischöle. Hatte sie in ihrer Jugend womöglich eine Schädelverletzung erlitten? Lag es womöglich an den Hormonen? Am Hippocampus? An der Schilddrüse? Zu viel Alkohol? Zu wenig?! Konnte Bridgespielen helfen? Oder Sudoku? Und welche Rolle spielen die Synapsen bei der ganzen Angelegenheit?

Am Ende stellte sich heraus, dass nichts davon wirklich einen Unterschied machte. Man muss sich einfach mit der Situation, wie sie ist, abfinden. Und Notizzettel schreiben. Was wirklich kein Grund ist, sich zu schämen. Ich habe schon mit zehn angefangen, mir Notizzettel zu schreiben: »Katze füttern«, »Hausaufgaben nicht vergessen«, »Baden«, »Dankbrief an Oma« und so weiter. (Ich geb's ja nur ungern zu, aber heute habe ich vergessen, »Baden« auf meinen Zettel zu schreiben. Und als ich das Bad genommen hatte, schrieb ich es auf den Zettel und strich es mit diebischer Freude sofort wieder aus.)

Natürlich gibt es auch schlimme Fälle, die ich wirklich nicht trivialisieren will. Es gibt einen Zeitpunkt, an dem man wirklich einen Arzt aufsuchen sollte. »Wo hab ich bloß meine Brille hingelegt?« ist eine Sache, »Was ist eine Brille?« eine ganz andere. Die Autoschlüssel zu verlieren ist eins, sich nicht mehr erinnern zu können, wie man Auto fährt, eine andere. Den Namen der Enkelin zu vergessen ist nicht weiter schlimm, aber zu vergessen, sie vom Kindergarten abzuholen, schon.

Als sich neulich eine Freundin bei mir beklagte, ihr Gedächtnis lasse immer mehr nach, sie mache sich mittlerweile solche Sorgen, dass sie einen Termin gemacht habe, bei …
»Wie heißt er noch gleich? Dieser Mann, zu dem man geht, wenn man krank ist?« Da wurde mir klar, dass die Gute wirklich nicht mehr so ganz auf dem Posten ist.

Aber abgesehen davon, von wirklichen Gedächtnisproblemen, meine ich, hat die Veränderung der Gedächtnismuster durchaus auch ihr Gutes. Es geht Ihnen damit nämlich nicht notwendigerweise schlechter als vorher. Tatsächlich geht es Ihnen, zumindest, wenn Sie es so sehen wie ich, sogar *besser*.

Zugegeben: Ich weiß morgens manchmal nicht mehr, ob ich alle meine sieben Tabletten genommen habe oder nicht (Gebührenfrei! Völlig umsonst!). Und man kann nicht behaupten, dass ich nur *gelegentlich* vergesse, wo ich mein Auto abgestellt habe. Ich erwäge mittlerweile, eine Spur aus Brotkrümeln vom Auto bis zum Haus zu legen, so wie Hänsel und Gretel im Märchen, damit ich das gute Stück am nächsten Tag auch garantiert wiederfinde.

Nein, was ich eigentlich sagen will, ist Folgendes: Beginnende Senilität hat auch ihre Vorteile. Ganz ehrlich.

Wie schön, dass ich mich nicht mehr an die Handlung des Films erinnern konnte!

Ist es nicht wunderbar, dass man jetzt, im vorgerückten Alter, so viele überflüssige Sachen einfach vergisst? Anstatt mich durch die Neuerscheinungen auf dem Buchmarkt zu quälen (und neun von zehn Büchern entweder aus Frustration oder aus schierer, kieferausrenkender Langeweile noch vor dem Ende wegzuwerfen), widme ich mich nun lieber wieder den Klassikern. Neulich habe ich zum Beispiel wieder einmal *Anna Karenina* ausgegraben und war total hingerissen. Kürzlich stieß ich auf eine Neuausgabe eines Titels von Patrick Hamilton, meinem Lieblingsautor. Ich war felsenfest davon überzeugt, dass ich das Buch noch nicht kannte, verschlang es begeistert und stellte es hinterher in mein Hamilton-Regal (ja, ich habe ein extra Regal für ihn) – wo ich prompt feststellte, dass ich das Buch schon besitze und mit Sicherheit auch bereits gelesen habe. Ich weiß außerdem, dass ich den Bette-Davis-Film *All About Eve – Alles über Eva* vor dreißig Jahren, als noch viele Schwarzweißfilme im Fernsehen kamen, garantiert schon gesehen hatte. Ich konnte mich an ein paar Szenen erinnern, aber nicht mehr an die ganze Handlung oder daran, wie der Film ausging. Ich habe ihn mir also noch einmal angesehen, und es kam mir vor, als wäre es eine Premiere. Beim *Panzerkreuzer Potemkin* ging es mir ähnlich. Ich weiß, dass mein Vater damals mit mir ins Kino gegangen ist und wir uns den Film angesehen haben; ich glaube, da war ich vierzehn. Überhaupt bin ich ein großer Fan von alten Schwarzweißfilmen (dazu gehören auch Streifen wie *Victim, Der Diener* und *Die Faust im Nacken*). Ich finde, dass diese Filme den heutigen nicht nur um Längen überlegen sind, sie sind dadurch, dass ich die Handlung vergessen habe, für mich immer ganz neu und frisch.

Wie schön, dass ich die alten Schmerzen vergessen habe

Wir neigen zwar dazu, emotionale Verletzungen nicht vergessen zu können, die physischen dagegen schon, aber ich freue mich sagen zu können, dass ich mich gar nicht mehr erinnern kann, wie fürchterlich depressiv ich früher oft war. Auch an die Sechzigerjahre kann ich mich, Gott sei Dank, kaum noch erinnern. (Es heißt doch immer, dass man nicht dabei war, wenn man sich nicht an die Sechziger erinnert. Bei mir ist die Gedächtnislücke aber eher so etwas wie die Verdrängung eines Traumas.) Dazu gehört auch, dass ich mich an die meisten der grässlichen Männer, mit denen ich damals ins Bett gegangen bin, nicht mehr erinnern kann. Neulich hat mich in einer Bar ein alter Kerl mit Bierbauch und dünnem grauen Pferdeschwanz angesprochen. »Ach Virginia«, säuselte er und blies mir dabei seinen Alkoholatem ins Gesicht, »ich erinnere mich noch gut an deinen schönen Körper!«

Im Brustton der Überzeugung konnte ich ihm jedoch antworten – und zwar so laut, dass man es in der halben Bar hören konnte: »Aber ich mich nicht an deinen!« Und vernichtend fügte ich am Schluss noch hinzu: »Darling!«

Und es stimmte. Ich erinnerte mich nicht mehr. Was für ein Segen.

Wie schön, das nutzlose Zeug
endlich vergessen zu können!

Für manche Männer muss es ganz schön schlimm sein, sich einfach nicht mehr an bestimmte Daten erinnern zu können – zum Beispiel, ob Napoleon nun 1814 nach Elba verbannt wurde oder 1815. (Männer können aufgrund ihrer andersartigen Gehirnstruktur Daten und Fakten besser behalten als Frauen. Deshalb gibt es auch kaum weibliche Gedächtniskünstler und weniger weibliche Wissenschaftler als männliche.) Aber einen Trost gibt es: Wer will schon sein wie diese Menschen, deren Gehirne die reinsten Rumpelkammern sind – oder fürchterlich vollgestopfte, zugemüllte Wohnungen, wie man sie heutzutage in bestimmten Fernsehsendungen sieht, wo dann der sogenannte »Messie-Experte«

gerufen wird, um den Betroffenen beim Ausmisten zu helfen. In extremen Fällen sind diese Menschen (die Gedächtniskünstler meine ich) nicht mal in der Lage, ein normales Leben zu führen, weil ihr Hirn so mit nutzlosen Informationen vollgestopft ist, dass sie sich nicht auf die Notwendigkeiten des Alltags konzentrieren können.

In Arthur Conan Doyles *Eine Studie in Scharlachrot* gibt es eine wunderbare Stelle, wo Dr. Watson Sherlock Holmes erklärt, dass die Erde um die Sonne kreist und nicht umgekehrt – eine Tatsache, die dieser offenbar bis dato noch gar nicht gewusst hatte. Dies ist seine Antwort: »Das menschliche Gehirn ist ursprünglich so eine Art leere Dachstube, die sich jeder nach eigenem Willen und Ermessen einrichten kann. Nur ein Narr wird sie mit all dem Plunder, der ihm ins Gehege kommt, vollstopfen … Sie sagen, wir drehen uns um die Sonne. Meinetwegen. Und wenn wir um den Mond kreisten: ergäbe sich daraus für meine Arbeit und mich ein Unterschied?«

Hervorragendes Langzeitgedächtnis

Unser Kurzzeitgedächtnis mag zwar nachlassen, aber dafür wird unser Langzeitgedächtnis im Alter immer besser. Mir kommt es vor, als würden jetzt immer mehr Risse in den Mauern meines Bewusstseins aufklaffen und mir Einblicke in die Vergangenheit gewähren – Einblicke, die so lebhaft sind, als würde ich das Ganze noch einmal erleben. Solche Momente lösen bei mir meist intensive Gefühle aus, Gefühle, die ich so zum damaligen Zeitpunkt gar nicht empfunden hatte.

Ich war zum Beispiel neulich in einem Teppichgeschäft und schaute mir verschiedene Stoffproben an. Dabei stieß ich auf ein braunes Gewebe, das genauso aussah wie ein Mantel, den mein Vater immer anhatte. Ganz plötzlich war ich wieder ein kleines Mädchen und ging an seiner Hand. Ich konnte ihn sehen, riechen, seine Stimme hören und glaubte förmlich, seine steife Manschette an meinem Handgelenk zu spüren. Dieser Flashback löste ein Gefühl unendlicher Geborgenheit und Sentimentalität in mir aus. Und letzte Woche sah ich in einem Schreibwarengeschäft einen Bogen Millimeterpapier und fühlte mich unversehens in den Matheunterricht zurückversetzt. Es war eine so schöne, lebhafte Erinnerung (an meinen Mathelehrer, die Mitschüler), dass mir dort, mitten im Laden, die Tränen kamen. (Damals hätte ich aber jeden für verrückt erklärt, der mir prophezeit hätte, dass ich mich als alte Frau mal derart *wehmütig* an die Mathestunde erinnern würde!)

Immer wenn ich ein Lagerfeuer rieche, stehe ich wieder im Garten meiner Großeltern in Herefordshire und schaue scheu zu, wie mein Großvater mit einem Ast geschäftig das Feuer schürt.

Brandneue Erinnerungen

Erinnerungen können wie alte Fotokopien sein: Sie können verblassen oder sich verzerren. Je öfter man sie aus dem Erinnerungskästchen herausholt, desto schöner werden sie. Am Ende hat das dann nicht mehr viel mit der ursprünglichen Erinnerung zu tun.

Schön, nicht?

Die Vorteile einer langen Vergangenheit

Wir dürfen niemals vergessen, dass wir alten Leutchen eine lange Vergangenheit haben. Junge Leute nicht. Wir können auf weite Strecken zurückblicken, hektarweise Erfahrungen, Kontakte mit Menschen aus allen Lebensbereichen. Unsere Vergangenheit ist wie eine Schatztruhe, in der wir ganz nach Belieben herumkramen können, mal dies, mal jenes herausholen und es in Ruhe betrachten – ohne dass wir es gleich noch einmal durchleben müssen. Auch das ist ein ziemlicher Vorteil.

Das Problem mit den Namen

Ja, unsere Gedächtnismuster verändern sich, keine Frage. Eine Veränderung in ihrem Erinnerungsvermögen stört meine Freunde ganz besonders: dass sie die Namen von Freunden, Verwandten und Bekannten vergessen. Ich bin der festen Überzeugung, dass das jedoch nichts mit dem Alter zu tun hat – wir vergessen sie nur deshalb, weil sie keine *wirkliche Bedeutung* haben. Außerdem gibt es eine einfache Lösung: Wenn man sich auf einer Party mit jemandem unterhält und plötzlich kommt eine Bekannte, um sich anzuschließen, dann sollte der Gesprächspartner (den man entsprechend instruiert hat), die Hand ausstrecken und sich selbst mit Namen vorstellen. Man selbst braucht dann nur noch zu fragen: »Kennt ihr euch schon?« Ich garantiere, dass die hinzugekommene Person automatisch die Hand der anderen schütteln und ebenfalls ihren Namen nennen wird. Problem gelöst.

Eine weitere schonende Methode besteht darin, einen vollkommenen Blackout zu simulieren: »Ach du liebes bisschen, jetzt erinnere ich mich an gar nichts mehr! Ich weiß nicht mehr, wie ihr heißt! Typischer Seniorenmoment, tut mir schrecklich leid!« (Dies ist einer der wenigen Fälle, in denen dieser schreckliche Ausdruck durchaus nützlich sein kann.)

Wenn ich mich nicht traue, offen zuzugeben, dass ich den Namen meines Gegenübers vergessen habe, benutze ich manchmal einen ganz fiesen Trick. Ich sage: »Ach du liebes bisschen, jetzt habe ich doch tatsächlich Ihren Namen vergessen … ich weiß nur noch, dass ich Sie unheimlich sympathisch fand!«

Und eine letzte, unfehlbare Methode, ein Gespräch in Gang zu bringen, auch wenn man den Namen des anderen vergessen hat, ist folgender Satz: »Hallo, wie schön, Sie zu sehen! Was macht das alte Leiden?«

Wie man dem Erinnerungsvermögen auf die Sprünge hilft

Wenn man mal ein Wort vergessen hat, dann gibt es den »Klingt-wie-Trick« oder den Alphabettrick. Man geht im Geiste alle Buchstaben des Alphabets durch, bis man auf den richtigen stößt. Oft fällt einem das gesuchte Wort dann wie durch ein Wunder wieder ein. Neulich sprach ich mit einer Bekannten beim Lunch über das Basteln von Bilderrahmen. Ich erwähnte, dass ich zuhause »so ein Ding habe, mit dem man Rahmen macht … aus Metall …«

Sie war ratlos.

»Wird mir schon noch einfallen«, sagte ich salomonisch und schob das Ganze erst mal beiseite, um meinem langsamen Aufrufsystem ein wenig Zeit zu geben. Irgendwann ging ich dann rasch im Geiste das Alphabet durch, und plötzlich – wir waren bereits beim Kaffee – rief ich zu ihrer und

meiner – ja, zur Überraschung des ganzen Restaurants – aus:
»Gehrdreieck!«

Die Gelassenheit des Alters

Ich bin jetzt viel weniger ängstlich als früher. Vielleicht ist mein Gedächtnis deshalb eher besser als schlechter geworden. Aber eigentlich habe ich noch nie viel Aufhebens darum gemacht. Was soll's? Es macht mir nichts aus, einen Raum zu betreten und mich nicht mehr erinnern zu können, was ich dort wollte. Es wird mir schon wieder einfallen, denke ich dann. Und überhaupt! Dann erinnere ich mich eben nicht mehr an den Namen der Schauspielerin, die in diesem Film mitgespielt hat, die, die das Kaninchen der Familie in den Kochtopf warf. Na und?

Und warum erinnern wir uns an manches absolut nicht mehr? Ganz einfach, weil unser Kopf förmlich platzt von Wissen. Homer Simpson, ein kluger alter Knabe, hat mal gesagt: »Immer wenn ich was Neues lerne, fliegt was Altes aus meinem Hirn raus.«

Wenn Sie in mein Gehirn schauen könnten, dann würden sie ein hübsches altes viktorianisches Zimmer sehen, verstaubt und voller Schnickschnack – mit Grünpflanzen, alten Muscheln, Geschirr und Nippes, stapelweise alten Büchern, Bildern … Wenn man dagegen ins Gehirn eines jungen Menschen schaut, dann sieht es dort aus wie in einem von diesen weißen, kahlen, minimalistischen Wohnzimmern, wie man sie heutzutage in allen Katalogen sieht: modern, aber steril. Kein Wunder, dass sich ein junger Mensch an alles erinnern kann. Da gibt es ja noch nicht so viel. (Ja, ja, ich weiß, dass ich das bereits gesagt habe.)

Natürlich nervt es mich gewaltig, wenn mir jemand eine

Nachricht auf dem Anrufbeantworter hinterlässt und seine Nummer dabei so schnell draufspricht, dass ich sie mir unmöglich auf Anhieb notieren kann. Ich bin dann gezwungen, irgendeine lange, öde Nachricht mehrmals anzuhören, bloß um die blöde Nummer zu notieren.

Und es ärgert mich, dass ich beim Sprechen zwar fast nie das falsche Wort benutze, beim Schreiben aber schon. Ich hatte vorhin zum Beispiel statt »wie« »wir« getippt.

Ganz ehrlich, mir ist es am liebsten so, wie es jetzt ist. An die meisten Dinge, die ich vergessen habe, möchte ich mich gar nicht mehr erinnern. Und überhaupt, wozu brauchen wir bitte schön ein Gedächtnis? Wie gesagt halte ich uns für eine der glücklichsten Generationen überhaupt – gerade wenn wir anfangen, unser Gedächtnis zu verlieren. Denn dann gibt es ja noch Wikipedia.

3. Selbstbewusstsein

Ich bin jetzt ein großes Mädchen, Mami.
Ich kann laufen, wenn ich mich am Stuhl festhalte,
ich kann alleine mit dem Löffel essen
und ich kann »Muh« sagen.

Ich bin jetzt ein großes Mädchen, Mami.
Ich kann zur Schule gehen,
und ich kann *ganz alleine* die Straße überqueren.

Ich bin jetzt ein großes Mädchen, Mami.
Ich kann nach Hause kommen, wann es *mir*
    passt,
und du kannst von Glück sagen, dass ich *überhaupt*
    nach Hause komme!

Ich bin jetzt ein großes Mädchen, Mami.
Ich sitze in Konferenzen und kommandiere Leute
    herum,
und ich bestimme, was meine Kinder bei dir essen,
    falls ich sie überhaupt bei dir lasse.

Ich bin jetzt ein großes Mädchen, Mami,
und blicke dem Tod gelassen ins Auge.

Und dann sehen wir uns wieder, Mami.*

Ich war eins dieser Kinder, die total in Panik gerieten, wenn ihre Mutter sie zwang, auf eine Kinderparty zu gehen. Ich drückte mich dort dann gewöhnlich daumenlutschend in irgendeiner Ecke herum und klammerte mich verzweifelt an die Rockschöße meiner Mutter, wenn sie gehen wollte. In meiner Not suchte ich schließlich Zuflucht bei den Großeltern irgendwelcher anderer Kinder und weigerte mich, Fangen oder »Die Reise nach Jerusalem« mitzuspielen. Wenn man mir zur Teezeit einen Muffin mit rosa Zuckerguss anbot, schüttelte ich stumm den Kopf. Das Einzige, was ich flüsternd herausbrachte, waren die bangen Fragen: »Darf ich bald heimgehen?« oder »Kommt mich meine Mami bald abholen?«

In meinen Zeugnissen stand regelmäßig, dass ich versuchen müsse, meine Schüchternheit abzulegen.

In einem fremden Haus übernachten zu müssen – selbst bei engen Verwandten – war so schlimm für mich, dass ich gar nicht mehr aufhören konnte zu weinen.

Als ich ungefähr sieben Jahre alt war, habe ich einmal versucht, bei einer Schulfreundin zu übernachten. Sie wohnte direkt gegenüber, auf der anderen Straßenseite. Von ihrem Zimmer aus konnte ich das Schlafzimmerfenster meiner Eltern sehen. Als ich abends gegen halb zehn hinüberschaute, sah ich, wie meine Eltern dort drin herumgingen. Da bekam ich ein solches Heimweh, dass ich in hysterische Tränen ausbrach. Am Ende musste man mich – tränenüberströmt, in der Hand das kleine Köfferchen, das ich an jenem Morgen so liebevoll gepackt hatte – über die Straße geleiten und zuhause abliefern.

Schüchternheit war mein zweiter Vorname … bis jetzt. Jetzt besitze ich auf einmal Selbstbewusstsein. Na gut, das meiste ist vielleicht nur gespielt, aber selbst wenn, dann funktioniert die Schauspielerei erst ab einem gewissen Alter.

Sie glauben gar nicht, was für eine Erleichterung das für mich ist. Wenn jetzt mal wieder die Zeugen Jehovas an meiner Haustür klingeln, getraue ich mich, sie zum Teufel zu schicken. Und wenn mein Zahnarzt meint, dass ich eine neue Füllung brauche, kann ich sagen: »Moment mal! Hätten Sie vielleicht die Güte, mir genau zu erklären, was und warum das nötig ist, bevor Sie anfangen, in meinem Mund rumzubohren? Immerhin ist es *mein* Mund!« (Und wenn er dann fertig und alles prima gelaufen ist, kann ich ihm ein Küsschen auf die Wange geben und ihm ohne Scheu versichern, dass ich ihn schlichtweg für ein Genie halte.)

Wenn ich an irgendwelchen Komiteesitzungen teilnehme, höre ich oft eine vertraute Stimme eine Frage stellen – meine eigene. Meist sage ich dann Dinge wie: »Ich habe kein Wort verstanden. Könnten Sie das vielleicht noch mal in zwei einfachen Sätzen sagen? In verständlichem Englisch?« Es stellt sich dann meistens heraus, dass ich nicht die einzige Blöde bin, sondern dass der ganze Saal nichts verstanden hat und dass die Leute dankbar sind, wenn jemand (der alt und schamlos genug ist) sich getraut nachzufragen.

Tatsächlich bin ich manchmal sogar ein wenig *zu* selbstbewusst. Kennen Sie das auch? Plötzlich hören Sie sich etwas sagen, das Sie eigentlich nur im Stillen gedacht hatten und das Ihnen nun einfach so aus dem Mund hüpft wie eine hässliche Kröte. Da kommt jemand mit einer rigorosen Kurzhaarfrisur vom Friseur, und plötzlich hören Sie sich sagen: »Oh, die schönen Locken! Wie konntest du bloß!«

Wissenschaftler behaupten, dass es mit einer Verkalkung der Synapsen im vorderen Gehirnlappen zusammenhängt (oder so ähnlich). Ich dagegen glaube, es ist einfach unverschämtes Selbstbewusstsein.

Ich habe mit etwa sechzig angefangen, die Leute »Schätzchen« oder »Darling« zu nennen, wie Dickie Attenborough. (Zum Teil deshalb, weil mir ihre Namen einfach nicht einfallen, aber darüber wollen wir im Moment mal hinwegsehen.) Wenn ich jemandem den Vortritt lasse, fühle ich mich keineswegs klein und erniedrigt – im Gegenteil: Für mich ist es eine Geste der Überlegenheit, mit der ich ausdrücke, dass es für *mich* keine Rolle spielt, wer den Vortritt hat, und dass das Warten meinem (übergroßen) Selbstbewusstsein keinen Abbruch tut.

Ein Dichter hat einst geklagt, dass »die Jahre zwischen fünfzig und siebzig die schlimmsten sind. Man wird dauernd gebeten, irgendwas zu tun, und ist noch nicht gebrechlich genug, es abzulehnen«.

Dem stimme ich nicht zu. Ich kann durchaus nein sagen. Wenn mich zum Beispiel jemand einlädt, zum Oboenkonzert seiner Enkelin in die Kathedrale von Ely zu kommen (die Hunderte von Meilen von London entfernt liegt), dann sage ich einfach: »Bedaure, nein. Das ist mir zu weit. Ich wünsche deiner Enkelin alles Gute und bin gerne bereit, etwas für den guten Zweck zu spenden, aber für so eine weite Fahrt bin ich einfach zu alt.« Ich formuliere es vielleicht nicht ganz so direkt, aber Sie verstehen schon, was ich meine.

Ist es nicht schön, dass man in vorgerücktem Alter auch so durchgeknallte Sachen sagen kann wie: »Tut mir leid, ich kann nicht zu Ihrer Dinnerparty kommen, denn ich erwarte morgen den Elektriker«? Da bleibt dem anderen die Spucke weg, das können Sie mir glauben.

Manchmal lehne ich sogar einen Kinobesuch ab, wenn ich das Gefühl habe, dass mir der Film nicht gefallen würde. »Nein, da kann ich unmöglich hingehen«, sage ich in einem solchen Fall. »Ich weiß jetzt schon, dass ich den Film *hassen* würde!« (Und wenn ich dann doch hingehe, stelle ich immer öfter fest, dass ich mit meiner Einschätzung von Filmen und Theaterstücken, die ich noch gar nicht gesehen habe, absolut richtiglag.) Ich habe im fortgeschrittenen Alter wohl so etwas wie einen sechsten Sinn für Filme entwickelt, ähnlich wie ein Blinder, der ein Objekt mit den Händen »sehen« kann. Ich brauche nur zu lesen, dass bestimmte Leute einem bestimmten Film gute Kritiken gegeben und bestimmte andere Leute ihn verrissen haben, dann schaue ich mir auf YouTube den Trailer an, frage ausgewählte Freunde, wie sie den Film fanden, und weiß schließlich ganz genau, ob er mir gefallen würde oder nicht. Nein, noch besser: Ich weiß genau, ob der Film *gut* ist oder nicht. Ja, ich bin inzwischen so selbstbewusst, dass ich nicht mehr sage: »Das ist deine Meinung, und das ist meine.« Es gibt Fälle, in denen etwas wirklich Geschmackssache ist, aber nicht viele. Ich sage also eindeutig: »Das ist zwar deine Meinung, und die darfst du gerne haben, aber du irrst dich. Ich habe recht, daran gibt's nichts zu rütteln.« (Ich habe kürzlich gelesen, dass Ezra Pound einmal gesagt hat: »Das Schöne am Altwerden ist die Tatsache, dass man immer öfter tatsächlich recht hat, und zwar rechter hat, als man noch mit, zum Beispiel, siebzehn oder dreiundzwanzig gedacht hätte.«)

Und damit mich jetzt keiner für eine Meckertante hält, die kaum noch vor die Tür geht: Ich gehe durchaus gerne auch mal allein ins Kino. Und wenn ich dann im Foyer Bekannte treffe, dann denken die sicher nicht, die Arme, geht ganz allein ins Kino, die hat wohl keine Freunde, sondern sie bewundern mich insgeheim für meinen Mut und wünschten sich, dass sie sich auch mal ganz allein ins Kino trauen.

Und nicht nur das – mittlerweile bin ich sogar selbstbewusst genug, einfach aufzustehen und den Saal zu verlassen, wenn mir ein Film nicht gefällt, und zwar nicht erst in der Mitte oder in der Pause. Wenn ein Film nicht die Anständigkeit besitzt, mich innerhalb von zehn Minuten zu fesseln, dann gehe ich. Ich sage Ihnen, es gibt nichts Besseres, als die frische Luft der Freiheit zu atmen, nachdem man sich an Dutzenden von Knien vorbei durch einen dunklen Saal nach draußen getastet hat.

Endlich brauchen wir nicht mehr das Gefühl zu haben, andauernd politisch korrekt sein zu müssen. Nicht etwa, dass ich herumliefe und Vorurteile versprühe, das habe ich nie getan, aber wir Oldies können uns durchaus mal den einen oder anderen Ausrutscher leisten. Manchmal ist das sogar ganz nützlich.

Ich will hier keineswegs den Eindruck erwecken, dass ich mich dem Trend der heutzutage so populären »Ich-AG« angeschlossen habe. Im Gegenteil. Ich wurde unmittelbar nach dem Krieg geboren, gehöre also zur Generation der Baby-Boomer. Und ich wurde dazu erzogen, dass die Frau dem Manne zu dienen hat. Ehrlich gesagt, mag ich dieses Konzept des Helfens sogar ganz gern. Mich stört es nicht im Geringsten, mal die Sachen eines Freundes von der Reinigung abzuholen, für jemanden einkaufen zu gehen, zu putzen und zu kochen oder Arzttermine für Freunde zu vereinbaren, die sich davor fürchten. Ich freue mich, wenn ich anderen das Leben ein wenig leichter machen kann – ja, ich werde sogar regelrecht unangenehm, wenn jemand versucht, mir diese Rolle wegzunehmen. Ich bin gerne Mutter und war gerne Ehefrau, zumindest in der kurzen Zeit, in der das funktioniert hat. Ich bin deswegen noch lange keine Heilige (im Gegenteil), aber in der Rolle, in die ich hineinerzogen worden bin, fühlte ich mich einfach wohl. Ich könnte es nicht ertragen, jede Menge Dienstpersonal zu haben, das mir jeden Handgriff abnimmt.

Keine Frage, es ist schön, wenn man selbstbewusst genug ist zu sagen: »Nein, lass mal, geh du lieber ohne mich, ich mag nicht.« Oder wahlweise auch: »Na gut, wenn du nicht willst, gehe ich eben allein.«

Das ist *mein* Haus

Eigentlich hatte ich immer Untermieter (siehe »Wieder allein«) – und immer hatte ich eine Heidenangst vor ihnen. Einer tauchte mit einem riesigen Koffer bei mir auf, den er verstohlen die Treppe hinaufschleppte. Als er bemerkte, dass ich ihn dabei beobachtete, flüsterte er panisch: »Keinen Mucks, okay? Sie haben diesen Koffer nie gesehen, klar? Und wenn die Bullen kommen – ich bin nicht da. Selbst wenn ich da bin, klar?«

Einer Untermieterin wollte ich gerade die Schlüssel aushändigen, als sie erzählte, sie sei aus ihrer letzten Unterkunft rausgeworfen worden. »Bloß weil ich gern die ganze Nacht meine Kerzen brennen lasse«, schniefte sie. »Die Bude hat gebrannt wie 'ne Fackel. Die anderen waren stinksauer. Und dann haben sie mich einfach rausgeschmissen.«

Und wenn meine Mieter dann irgendwelche Übernachtungsgäste hatten, wälzte ich mich schlaflos im Bett und brachte es einfach nicht über mich zu sagen: »Würden Sie mir bitte vorher Bescheid geben, wenn Sie jemanden in meinem Haus übernachten lassen? Und könnten Sie mich nächstes Mal bitte schön fragen, ob mir das überhaupt recht ist? Und mir die betreffende Person kurz vorstellen? Ich möchte schließlich wissen, wer in *meinem* Haus übernachtet.«

Ich kam mir vor wie in einem Horrorfilm, von fremden Eindringlingen verfolgt und gequält. Und zu allem Übel getraute ich mich kaum, die Miete zu verlangen.

Jetzt klebe ich einfach kleine gelbe Post-its an die Treppe, auf denen steht: »Schätzchen, die Miete ist fällig. Könnte ich sie bis Donnerstag haben? Und das Radio sonntags vor neun Uhr bitte nur auf Zimmerlautstärke!«

Als neulich irgendwo im Nachbarhaus eine wilde Party stattfand und die ganze Straße wach hielt, habe ich mir einfach meinen Morgenmantel übergeworfen, bin in meine Pantoffeln geschlüpft und rübergegangen. Ich habe Sturm geläutet und den Rowdys ordentlich Bescheid gestoßen. Es gebe schließlich Leute, die nachts schlafen wollen, sagte ich, das ganze Wohnviertel zum Beispiel, und ob sie nicht zumindest die Güte hätten, die Fenster zu schließen. Nicht mal eine Gruppe Teenager, die auf der Treppe saßen und mich auslachten, hat mir was ausgemacht.

Ich war immer tolerant, was das Rauchen in meinem Haus betraf – im ganzen Haus, selbst im Garten. Aber wenn sich jetzt jemand zum Rauchen rücksichtsvoll in den Garten zurückziehen will, dann sage ich: »Nein, das kommt gar nicht infrage! Sie können gefälligst im Haus rauchen – es stehen ja genug Aschenbecher rum! Wäre ja noch schöner, wenn Sie draußen im Garten ein Schwätzchen mit anderen Rauchern halten würden – ohne mich! Außerdem mag ich den Geruch.«

Und schließlich, der letzte Nagel im Sarg meiner Schüchternheit: ich in einem Tanzsaal. Alle sitzen verlegen an ihren Tischen, keiner traut sich als Erster auf die Tanzfläche. Und was macht Virginia? Sie schnappt sich den nächstbesten gutaussehenden alten Herrn und legt mit ihm einen flotten Foxtrott aufs Parkett! (Und ja, ich gehe mittlerweile zum Tanztee, na und?)

Restaurants

Früher habe ich in Restaurants Essen, das ich einfach nicht runterkriegte, lieber unter einem Blatt Salat versteckt, als den Kellner zur Rede zu stellen – Essen, für das ich bezahlte! Heutzutage jedoch kann ich ungenießbare Speisen ohne mit der Wimper zu zucken zurückschicken. Dabei bin ich aber keine alte Schreckschraube, ich versuche nicht, die Kellnerin zu demütigen, und ich schreie auch nicht laut nach dem Küchenchef. Ich setze vielmehr ein freundliches Lächeln auf und sage: »Tut mir leid, Schätzchen, aber ich fürchte, der Fisch ist ein *klein* wenig verdorben.« Manchmal sage ich auch: »Ach, seien Sie doch so nett, Darling, und lassen Sie diese Suppe für mich aufwärmen. Sie ist eher von der lauwarmen Sorte.« (Wenn die Speisen dann in einem besseren Zustand zurückkommen, kann man natürlich schon mal großzügig sein und sagen: »Sie sind ein Engel! Tut mir leid, dass ich Ihnen so auf die Nerven falle.« Oder etwas in der Art. Sie können ruhig lachen und mich für eine verrückte alte Schachtel halten, aber auf diese Weise kriege ich immer, was ich will.)

Tatsächlich glaube ich allmählich selbst, dass ich mich in eine verrückte alte Schachtel verwandle. Immer wenn ich eine Servicenummer anrufe oder bei der Stadtverwaltung oder sonst wo (außer natürlich bei meinen engsten Freunden), sage ich immer als Erstes: »Ich bin Rentnerin!« Ich glaube, wenn ich ein bisschen älter bin, werde ich noch »und ich habe Krebs!« hinzufügen, damit man mir auch ja die Aufmerksamkeit schenkt, die ich verdiene.

Fremde

Ich lächle gerne wildfremde Leute an. Und mit »Lächeln« meine ich nicht dieses ängstlich-manische Verziehen der Gesichtsmuskeln – das manchen alten Damen ja permanent im Gesicht steht (frei nach dem Motto: »Bitte seid nett zu mir!«). Mir blutet jedes Mal das Herz, wenn ich eine solche Altersgenossin sehe. Ich denke dann immer, dass sie als Kind wahrscheinlich fürchterlich unterdrückt und misshandelt wurde.

Mittlerweile traue ich mich sogar, jemanden anzugrinsen, der eher bedrohlich wirkt. Mit einem richtig strahlenden Grinsen, das alles andere ist als ein nervöses Zucken der Mundwinkel. Ich kriege zwar nicht oft ein Lächeln zurück, aber das macht nichts. Ich lächle sogar Hooligans an, diese

Sorte Jugendlicher mit Kapuzen-Sweatshirts. Frei nach dem Motto: »Hallo, Darling!« Das sage ich zwar nicht, aber ich denke es: Hallo, du *Engel!* Ich bin eine alte Dame, und ich kann dich anlächeln, denn ich bin überhaupt keine Bedrohung für dich!

Sie machen mir keine Angst mehr

Ich nehme andere Menschen mittlerweile nicht mehr als Bedrohung wahr. Aber das ist noch lange nicht alles: Ich selbst stelle für sie ebenfalls keine Bedrohung mehr dar. Wenn ich aber keine Angst vor dir habe und du keine vor mir, dann entsteht ganz automatisch eine Atmosphäre voller Freundlichkeit und Selbstvertrauen – auf beiden Seiten. Als ich jung war, hatte ich vor jedem Angst, der älter war als ich. Vierzigjährige fand ich beängstigend. Jetzt sind sie für mich nichts weiter als große Kinder.

Als ich jünger war, hatte ich auch jedes Mal einen Horror, wenn ich ins Krankenhaus musste – weil ich mich dort so machtlos fühlte. Während meines letzten Krankenhausaufenthalts habe ich aber endlich den Bogen rausgekriegt und mich bedeutend wohler gefühlt. Als Erstes verbat ich mir, mit dem Vornamen angesprochen zu werden und bestand auf »Mrs. Ironside«. Die Schwestern hatten automatisch – wenn auch unfreiwillig – viel mehr Respekt vor mir.

Und ich konnte gleich zwei Punktsiege landen: Eine Schwester, die so alt aussah wie meine Mutter (obwohl sie wahrscheinlich jünger war als ich), verlangte von mir, im Korridor immer mit Pantoffeln herumzulaufen. Ich lachte ihr ins Gesicht und entgegnete darauf: »Ich trage keine Pantoffeln!«

Als sie nicht nachgeben wollte, wiederholte ich: »Sie haben mich wohl nicht verstanden, Schätzchen. Deshalb sage ich es noch mal: *Ich trage keine Pantoffeln!*«

Und schon war Ruhe.

Als Nächstes versuchten sie mich mitten im Sommer in ein paar fürchterlich dicke weiße Stützstrümpfe zu zwingen (angeblich um eine Embolie zu vermeiden). »Meine Lieben«, sagte ich würdevoll, »wenn ich wie ein Nebendarsteller im *Bajazzo* hätte aussehen wollen, dann hätte ich mein Gesicht weiß geschminkt und eine rote Nase mitgebracht. Aber für so einen Unsinn bin ich *viel zu alt*.« Die Armen hatten natürlich keine Ahnung, wovon ich redete, aber die Strümpfe wurden nicht mehr erwähnt.

In der Öffentlichkeit sprechen

Ich musste als Schülerin einmal in einem Schulkonzert das Gedicht *Herbst* von Shelley rezitieren und war schon Wochen vorher das reinste Nervenbündel. Meine Handflächen schwitzten, meine Knie schlackerten, mein Herz wummerte wie ein Vorschlaghammer, und mir war speiübel. Mittlerweile ist jedoch das glatte Gegenteil der Fall – ich wage es kaum, das zuzugeben, aber wenn jemand fragt, wer bei einer Beerdigung die Trauerrede halten will, geht meine Hand als erste hoch. In Edinburgh stand ich sogar ganz allein für einen Vortrag auf der Bühne. Woher ich den Mut dazu nehme? Nun, zum einen macht es mir mittlerweile richtig viel Spaß, vor Publikum zu sprechen. Aber vor allem liegt es daran, dass ich inzwischen genug Erfahrung besitze. Schon in den Siebzigerjahren zwang mich die Redakteurin der Frauenzeitschrift, für die ich damals arbeitete, vor einem Frauenverein einen Vortrag zu halten. Und im Laufe der Zeit habe ich gelernt, dass es kein Weltuntergang ist, vor ein paar alten Damen, die nach zwei Minuten einnicken, einen Vortrag zu halten. Und nach mehreren Lesereisen weiß ich, dass ich selbst vor einem Publikum, das nur aus einer einzigen Person besteht (einer offensichtlich obdachlosen und ein wenig verwirrten Dame), meine Lesung halten kann. Und wenn es schlecht läuft und ich nur eine müde Handvoll Applaus bekomme – wofür ich mich glücklich schätzen darf, denn ich habe nur allzu oft erleben müssen, dass es auch Leute gibt, die mitten in meinem Vortrag aufstehen und gehen –, dann ist auch das halb so schlimm. Ich fühle mich dann zwar immer noch erniedrigt und gedemütigt, aber ich sage mir: »Auch das geht vorbei.« Und weil ich alt genug bin, weiß ich, dass es auch tatsächlich so ist: Alles geht irgendwann einmal vorbei.

Einem jungen Menschen von solchen Erfahrungen zu erzählen hat allerdings leider keinen Zweck. Woher soll er auch wissen, dass man recht hat? Und so muss die Jugend schmerzlich selbst lernen, was wir Oldies ihnen ganz schnell unter der Hand erzählen könnten: Erst wenn man älter ist, weiß man, dass nichts von Dauer ist, weder das Glück noch die Misere. Und dieses Wissen macht einen ein ganzes Stück mutiger.

Woher kommt der Mut?

Warum wir mit dem Alter so mutig werden? Nun ja, wir fürchten den Tod nicht mehr so sehr wie früher. Das ist zumindest einer der möglichen Gründe. Er wird uns so und so irgendwann ereilen, und da ist es ratsam, sich – solange man das noch kann – auf das Hier und Jetzt zu konzentrieren. Und das wiederum führt zu dem Schluss, dass uns nicht mehr viel Zeit bleibt. Mit fünfundsechzig kann man von Glück reden, wenn man noch zwanzig Jahre hat, und es wäre dumm, diese verbleibenden zwanzig Jahre dadurch zu vergeuden, dass man sich schlechte Filme im Kino bis zum Ende anschaut, sich mit Leuten abgibt, die man nicht mag, oder Dinge tut, die man eigentlich gar nicht tun will.

Ich will natürlich nicht sagen, dass man sich aus der Gesellschaft ausklinken und nur noch den eigenen Wünschen folgen soll. Aber vielleicht müssen wir uns ja nicht mehr gar so verpflichtet fühlen wie früher. Unser ganzes Leben lang sind wir für andere da gewesen. Nun wird es Zeit, dass die anderen gelegentlich auch einmal für uns da sind.

Um Hilfe bitten

Als ich jung war, habe ich alles selbst gemacht. Wenn ich einen Platten hatte, habe ich den Reifen wie selbstverständlich selbst gewechselt. Ich habe meine Zimmerdecken selbst gestrichen, die Wände selbst tapeziert, meine Möbel selbst repariert und meine Bilderrahmen selbst gebastelt. Ja, ich habe sogar die Bast-Sitzflächen meiner Esszimmerstühle selbst erneuert. Ich habe meine Pflanzen aus Samen gezogen und sogar einmal meine Haustür selbst abgeschliffen und danach wieder eingesetzt, weil sie klemmte.

So machte frau das in den Sechziger- und Siebzigerjahren nun mal. Zum Teil, um den Männern zu beweisen, dass man genauso gut war wie sie, aber auch weil es, zumindest was mich betraf, einfach Spaß machte. Ich habe einmal sogar einen Tischtennistisch für die ganze Familie gebastelt. Das Einzige, was ich nicht gemacht habe, war, meinen Kamin selbst zu fegen, Teppiche zu verlegen und die Bäume in meinem Garten selbst zu fällen.

Und jetzt? Na ja, mal ehrlich: Es wäre nicht vollkommen

unmöglich für mich, das alles auch jetzt noch selbst zu machen. Aber das Tolle am Altsein ist, dass man es nicht mehr *muss*. Und man braucht sich deswegen nicht mal zu schämen. Ich wäre mir mit dreißig schön blöd vorgekommen, wenn ich am Straßenrand gestanden und auf einen Mann gewartet hätte, der mir den Reifen wechselt. Und ich wäre entsetzt gewesen, wenn mir am Bahnhof ein Mann höflich angeboten hätte, meinen Koffer die Treppe raufzutragen. Ich hätte mich zu Tode geschämt, eine Behindertentoilette zu benutzen, auch wenn alle anderen besetzt gewesen wären.

Aber jetzt, als ältere Frau, habe ich nicht mehr das Gefühl, mir etwas zu vergeben, wenn ich um Hilfe bitte. Wenn es irgendetwas zu tun gibt, das mir ein wenig mehr Mühe machen würde, lautet mein Motto: Ich rufe mir einen Handwerker.

Natürlich kann ich im Notfall immer noch meine Black & Decker aufheulen lassen. Und wenn es alte Damen schaffen, Einbrecher mit dem Mopp zu verscheuchen (und die Zeitungen berichten fast täglich von diesen Heldinnen des Alltags, die bekifften Hooligans eins mit dem Schrubber überbraten), dann kann ich natürlich auch ein Regal zusammenzimmern.

Aber ich habe keine Lust mehr dazu.

Wir Sechzigjährige gehören zu einer gesegneten Generation. Als wir jung waren, wurden wir bewundert und umworben – denn junge Leute waren gerade erst in Mode gekommen. Wir bekamen eine kostenlose Schulbildung und ziemlich gute medizinische Versorgung. Wir haben nie einen Krieg mitmachen müssen. Und selbst jetzt, egal, wie lahm und verkrüppelt wir sind, fühlen wir uns noch als etwas Besonderes – was natürlich ein Irrtum ist, und das wissen wir auch, intellektuell zumindest, aber da man uns immer als etwas Besonderes behandelt hat, ist es kein Wunder, dass wir das auch im Alter für uns reklamieren.

Mit Anfang, Mitte sechzig ist man in dieser wundervollen

Übergangsphase (was danach kommt, daran wollen wir im Moment gar nicht denken) zwischen Jugend und Gebrechlichkeit. Die Franzosen haben ein Sprichwort: »Si jeunesse savait, si vieillesse pouvait« – »Wenn die Jugend bloß wüsste und das Alter nur könnte«. Aber mit sechzig sind wir in der einmaligen Lage, *sowohl* zu wissen *als auch* zu können.

Himmlisch.

4. Freizeit

If you want to get a favour done
By some obliging friend,
And want a promise, safe and sure,
On which you may depend,
Don't go to him who always has
Much leisure time to plan,
If you want your favour done,
Just ask the busy man.

The man with leisure never has
A moment he can spare,
He's always »putting off« until
His friends are in despair.
But he whose every waking hour
Is crowded full of work
Forgets the art of wasting time,
He cannot stop to shirk.

So when you want a favour done,
And want it right away,
Go to the man who constantly
Works twenty hours a day.
He'll find a moment somewhere,
That has no other use
And help you, while the idle man
Is framing an excuse.

Anonym

Willst du etwas erledigt haben
von einem hilfreichen Freund
und willst du das Versprechen,
dass er auch nichts versäumt,
so geh nicht zu jenem,
der Zeit zur Verfügung hat,

wenn etwas soll erledigt werden,
sprich mit dem, dessen Zeit ist knapp.

Der Mann mit Muse hat nie
einen einzigen Augenblick Zeit,
er verschiebt immer alles so lange,
dass den Freund zur Verzweiflung er treibt,
Doch der dessen jede Stunde
mit Arbeit ist angefüllt,
verlernt, wie man Zeit vergeudet
und weiß nicht mehr, wie man sich drückt.

Willst du also etwas erledigt haben
und es soll geschehen sofort,
dann geh zu dem Mann, der immer
zwanzig Stunden malocht im Akkord.
Er findet gewiss den Moment,
der noch nirgendwo ist verplant,
und hilft, wo der Müßiggänger
sich redet heraus ohne Scham.*

»Das Problem mit den Rentnern«, sagte kürzlich eine wesentlich jüngere Freundin zu mir, »ist, dass sie *andauernd* beschäftigt sind.«

Viele, die in Rente gehen, fragen sich, was sie jetzt bloß mit all der Zeit anfangen sollen, die ihnen plötzlich zur Verfügung steht. Ich kann Ihnen nur eines raten: Machen Sie das Beste aus der kurzen Frist, die Ihnen noch verbleibt. Das Parkinson'sche Gesetz lautet: »Arbeit dehnt sich in genau dem Maß aus, in dem Zeit für ihre Erledigung zur Verfügung steht«. Nun, ich denke, dasselbe gilt für Ihre Mußestunden.

Nachdem Sie den Samstag den Enkelkindern gewidmet und am Sonntag Freunde zu sich eingeladen haben, steht am Montag das Treffen des Buchclubs an (ich selbst habe Besseres zu tun, Gesellschaftstanz, zum Beispiel); der Dienstag gehört dem Schreiben von Beschwerdebriefen im Namen des

Hausbesitzervereins an diverse uneinsichtige Behörden; am Mittwoch ist Lesetag in der Schule, da hilft man immer wieder gerne aus; der Donnerstag gehört der Ahnenpflege (Fotoalben bekleben und Stammbäume vervollständigen), und dann ist schon wieder Freitag – da muss man endlich das tun, was die ganze Woche über liegen geblieben ist, nämlich putzen, kochen, waschen – und natürlich stundenlang am Computer sitzen, googeln und E-Mails schreiben. Da bleibt keine Zeit mehr übrig, außer für ein Mittagsschläfchen. Und was den Garten betrifft und die Wohltätigkeitsarbeit – wo soll man das noch unterbringen?

Hier ein paar Vorschläge – und deren Für und Wider – für jene, die beim Eintritt ins Rentenalter nichts mit sich anzufangen wissen.

Ein neues Leben beginnen

Klingt verlockend, nicht wahr? Noch einmal ganz von vorne anfangen zu können? Das alte Leben einfach hinter sich lassen? Da ist schon was dran: Sie können sich durchaus noch einmal selbst verpflanzen und versuchen, in fremder Umgebung Wurzeln zu schlagen, ein letztes Mal zu erblühen, obwohl Sie sich vollständig im Winter Ihres Lebens befinden. Diese »Entwurzler« neigen dazu, ihr altes Leben komplett über Bord zu werfen, um endlich »das zu tun, was sie schon immer tun wollten, wenn sie nur Zeit gehabt hätten«: das Leben am Hofe Ludwigs XIV. zu studieren oder sich in die Feinheiten der Suffragettenbewegung zu vertiefen. Fröhlich schwitzend sitzen sie über ellenlangen Aufsätzen, besuchen endlose Kurse und Wochenendseminare.

Offen gesagt wird mir bei der Vorstellung, noch mal die Schulbank drücken zu müssen, ganz übel. Erstens bin ich

Schriftstellerin – ich verdiene mir mit dem Schreiben meinen Lebensunterhalt, und Essays *umsonst* schreiben zu müssen erscheint mir als das Widersinnigste, was ich mir vorstellen kann. Es fällt mir ja schon schwer, einen Dankesbrief zu verfassen, ohne eine Rechnung beizulegen. Und zweitens habe ich meine Schulzeit in meiner Jugend bereits voll und ganz verbüßt. Könnte ich es wirklich ertragen, noch einmal vor einem leeren Schreibheft zu sitzen, am Bleistift zu kauen und mir weitere zweihundert Wörter über, sagen wir, die Entwicklung des Gesundheitswesens in Bedfordshire zwischen 1858 und 1859 abzuringen? Nur um den Aufsatz dann einem zwanzigjährigen Jüngling von Lehrer auszuhändigen, *der auch noch die Frechheit besitzt, meine Arbeit zu benoten?!*

Nein, ich habe der Schulkantine, den verbeulten Schließfächern und den stinkenden Turnhallen schon vor vielen Jahrzehnten für immer Lebewohl gesagt. Gar nicht zu reden von der schrecklichen Schulbibliothek.

Das andere Problem bei der Weiterbilderei ist: In fortgeschrittenem Alter ist es gar nicht mehr so leicht, noch etwas komplett Neues zu erlernen. Siebenjährige tun sich leicht, Siebzigjährige weniger, deren Gehirnzellen sind nun mal, sagen wir's offen, schon ein wenig eingerostet. Die Synapsen sind geschrumpft und unsere mentalen Pfade eingetreten wie furchige alte Feldwege. Um bei diesem Bild zu bleiben: Die Ackerkrume unserer Gehirne ist nicht mehr weich, feucht und fruchtbar, sondern trocken, hart und klumpig.

Natürlich können Sie im Ruhestand etwas beginnen, was Sie noch nie getan haben und Teile Ihres Gehirns zum Einsatz bringen, die bis dato von jedem menschlichen Gedanken verschont geblieben waren. Sie könnten Blues-Pianist werden oder sich mit der chinesischen Porzellanmalerei des 14. Jahrhunderts befassen. Aber wäre es nicht besser, auf etwas aufzubauen, was Sie schon können, als beispielsweise mittelmäßige Aquarelle zu produzieren? Überlegen Sie doch mal: Was haben Sie bereits gelernt, auf dem Sie aufbauen könnten? Welche Hobbys haben Sie früher gepflegt? Haben Sie als junges Mädchen zum Beispiel gerne Ihre Kleider selbst genäht? Das könnten Sie jetzt wieder machen – oder ein verwandtes Gebiet erforschen: stricken, häkeln oder meinetwegen auch Möbel aufpolstern. Wäre das nicht sinnvoller, als ganz von vorne anfangen zu müssen, eine im reiferen Alter fast unüberwindlich schwere Aufgabe?

Im Übrigen sollten Sie Folgendes bedenken: Sie haben nicht mehr viel Zeit. Die meisten, die »ein neues Leben« anfangen wollen, sterben auf halbem Weg zum Ziel. Wie oft habe ich miterleben müssen, dass sich Freunde entschlossen, alle Brücken abzubrechen, sich in Italien einen alten Bauernhof herzurichten und dort ihren Ruhestand zu genießen. Aber erfahrungsgemäß endet ein solches Projekt doch so: Kaum liegt die letzte Schindel auf dem Dach, fällt einer der beiden tot um und lässt den anderen allein zurück, in einem fremden Land, in einem jetzt viel zu großen, fremden Haus, ohne jemanden, mit dem man es teilen kann.

Kein neues Leben anfangen

Ich bin vor allem deshalb so dagegen, auf meine alten Tage noch einmal ein neues Leben anzufangen, weil ich im Grunde genau das fast mein ganzes Leben lang versucht habe. In meiner Jugend haben junge Frauen davon geträumt, einen Job als Sekretärin zu bekommen, dann zu heiraten und Kinder zu kriegen. Ich wollte nie Karriere machen – meine Mutter hat damals Karriere gemacht, und ich habe darunter gelitten.

Ich gestehe, als Zehnjährige davon geträumt zu haben, einmal eine weltberühmte Opernsängerin zu werden (wobei die Betonung auf »weltberühmt« liegt). Ich konnte ganz passabel Klavier spielen, aber keineswegs konzertreif. Doch dann hat mir mein Vater eine alte Schellackplatte mit einer Aufnahme der *Glöckchenarie* aus *Lakmé,* gesungen von Lily Pons, geschenkt. Ich war hingerissen. Und nicht nur das, nach einiger Übung gelang es mir, die Arie selbst zu singen, am liebsten natürlich zusammen mit Lily.

Dann kam das Duett aus *La Traviata,* und ich fand heraus, dass ich beide Parts mitsingen konnte, die der Frau und die des Mannes. Ich stellte fest, dass meine Stimme eine recht gute Bandbreite hat. Und obwohl ich es nie wagte, um Gesangsstunden zu bitten, sehnte ich mich insgeheim jahrelang danach, Opernsängerin zu werden. (Vor zehn Jahren, mit fünfundfünfzig, habe ich dann tatsächlich einmal eine Gesangsstunde genommen und war am Boden zerstört, als die junge Gesangslehrerin sich keineswegs beeindruckt von meiner Stimme zeigte.)

Mein ganzes Leben lang wollte ich etwas anderes sein oder tun als das, was ich war oder gerade machte: Journalismus und Schriftstellerei. Mit achtundzwanzig packte mich der Rappel, ich bildete mir ein, unbedingt studieren zu müssen, Akademikerin zu werden. Ich schrieb mich an einer Uni ein, hatte aber im zweiten Semester einen derartigen Nervenzusammenbruch, dass ich von Männern in weißen Kitteln aus der Unibibliothek getragen und in eine Reha-Klinik am Primrose Hill verbracht werden musste.

Daraufhin setzte ich mir in den Kopf, Lehrerin zu werden. Ich besuchte Kurse und träumte davon, den Journalismus an den Nagel zu hängen und eine Schule zu leiten – wie meine Großtante in den Vierzigerjahren. Nach zehn Tagen Lehrerausbildung habe ich diesen Traum dann an den Nagel gehängt, nicht den Journalismus.

Vor fünf Jahren, mit sechzig, stellte ich dann fest, dass ich immer noch an meinen alten Kleinmädchenträumen hing. Wenn die Leute mich fragten, was ich von Beruf sei, antwortete ich zwar, dass ich bei der Zeitung arbeite, dass ich Journalistin sei – wahlweise sagte ich auch Kummerkastentante oder Schriftstellerin. Aber ich habe es nie wirklich geglaubt. Mit sechzig blickte ich jedoch auf mein Leben zurück und stellte fest, dass ich Tausende und Abertausende von Worten geschrieben, über ein Dutzend Kolumnen für verschiedene Zeitungen und Zeitschriften produziert und mehr als fünfzehn Bücher verfasst habe.

Kann es sein, dass ich in all der Zeit, in der ich von einem anderen Beruf, einem anderen Lebensweg geträumt habe, in Wirklichkeit Schriftstellerin *war*? Eine wirkliche, echte Schriftstellerin? Keine, die nur so tut, als ob?

Erst jetzt wird mir klar, dass ich genau das bin, was ich immer sein wollte, dass ich genau das tue, was ich am besten kann. Und mit dieser Erkenntnis fällt mir die Last der Schuldgefühle, meine Träume nicht verwirklicht zu haben, polternd von den Schultern. Sie können sich nicht vorstellen, wie erleichternd, wie befreiend das ist. Ich weiß jetzt, wer ich bin. Oder besser gesagt, *was* ich bin. Endlich. Jetzt werde ich nichts mehr ändern. Glauben Sie mir, es ist ungleich erfüllender, mit seinem alten Leben ins Reine zu kommen, als ein ganz neues zu beginnen.

Einen Erste-Hilfe-Kurs machen

Sie halten das für einen Witz? Aber bedenken Sie eins: Je älter wir werden, desto kränker werden wir auch. Wäre es da nicht nett, wenn man in der Lage wäre, einem guten alten Freund beispringen zu können, wenn er einen Schlaganfall erleidet? Oder sich nicht mehr aus der Wanne hieven kann oder an einer Fischgräte zu ersticken droht oder über Lähmungserscheinungen im linken Arm klagt? Wir könnten ihn dank unseres Fachwissens und unserer praktischen Kenntnisse vor dem sicheren Tod bewahren. Wer weiß, vielleicht haben wir sogar Glück und sind zur Stelle, wenn jemand im Bekanntenkreis einen klassischen Schwächeanfall erleidet (siehe »Zipperlein«). Würde man nicht als Held des Tages gefeiert werden, wenn man wüsste, in welche Stellung man den Betreffenden zu bringen hätte? Oder wenn man gar mit einem ganz normalen Kuli einen Luftröhrenschnitt vornehmen könnte?

Das Erbe der Kinder verprassen

Warum sollte man sich im Alter nicht ein schönes Leben machen? Da hat man sein Leben lang gespart und jeden Pfennig umgedreht, um es später einmal gut zu haben, und all das soll man dann den Kindern hinterlassen? Sie entschuldigen, wenn ich missbilligend die Lippen zusammenkneife, aber so ein schönes Leben kommt für mich nicht infrage. Ist nicht gerade ein hübscher Sack Geld das, was einen ein wenig über den Verlust eines Elternteils hinwegtröstet? Obwohl, wenn man Eltern von der Sorte hat, die sich von ihrem Geld ein schönes Leben machen, wird man sie nach dem Tode höchstwahrscheinlich nicht allzu sehr vermissen. Ich selbst würde von so einem Kurs abraten. Ich ziehe es vor, für das Erbe meiner Kinder zu sparen und mir auszumalen, welch großartige Imperien sie auf meiner bescheidenen Hinterlassenschaft errichten werden.

Aber ich bin nun mal ein netter, freigebiger und verantwortungsbewusster Mensch, ich kann nicht anders.

Ahnenforschung

Wenn ich anfangen würde, all meine alten Fotos in Alben einzusortieren, wäre ich nach einem Jahr noch nicht fertig (aber für so etwas habe ich ohnehin keine Zeit, Sie wissen ja, Rentnerstress …). Aber es gibt alte Leutchen, die ganz wild darauf sind, ihre Familiengeschichte zu erforschen.

Und ein solch uferloses Unternehmen kann so viel Zeit in Anspruch nehmen, wie Sie gewillt sind, dafür hinzugeben. Ich habe Freunde, die so begeistert über die Entdeckung sind, dass irgendwelche Familienmitglieder im 15. Jahrhundert Messerschleifer waren oder im 16. Butler, dass sie sogar an den Wochenenden nicht aufhören können, über Dokumenten zu sitzen (nur um Vorfahren zu entdecken, die, ehrlich gesagt, genauso langweilig zu sein scheinen wie sie selbst).

Neulich hat mich eine Freundin angerufen und gefragt, ob sie kurz vorbeikommen könne, denn sie habe mir was Aufregendes zu erzählen. Ich sagte, klar, und bot ihr, als sie ankam, einen Kaffee an, schwatzte kurz über dies und das und beugte mich dann interessiert vor, ganz wild darauf, den neuesten Klatsch zu erfahren.

»Du wirst es mir nicht glauben«, sagte sie atemlos, »aber ich habe gerade rausgefunden, dass meine Ururgroßmutter in einem Dorf in Lincolnshire gelebt hat und Hausschneiderin war!«

Ich gebe zu, die gute alte Kinnlade ist mir angesichts dieser bemerkenswert belanglosen Neuigkeit nicht gerade runtergefallen. Aber was erwartete sie von mir? Ich habe einen alten Verwandten, der mich in unregelmäßigen Abständen zwingt, den Stammbaum mit ihm durchzugehen. Wir springen von Ast zu Ast, erörtern Eheschließungen im Jahre 1548, und ich muss mich immer wieder verstohlen kneifen, um wach zu bleiben.

Ich hatte mal Besuch von einem Verwandten, den ich nie getroffen hatte. Bewaffnet mit Heirats- und Geburtsurkunden und diversen anderen Dokumenten kam er extra aus Edinburgh angereist, um mich in die kniffligeren Einzelheiten unseres Familienstammbaums einzuweisen. Ich bin fast gestorben vor Langeweile. Das Einzige, was mich davon abgehalten hat, war das Bewusstsein, dass er meinen Todestag sofort seinem dummen Stammbaum hinzufügen würde.

Aber bloß weil ich nichts für diese Art von Hobby übrighabe, heißt das noch lange nicht, dass es nichts wert ist. Vielleicht ist es ja genau das Richtige für Sie, und wenn ja, dann herzlichen Glückwunsch und viel Spaß. Immerhin sagt ein chinesisches Sprichwort: »Wer seine Ahnen vergisst, ist wie ein Bach ohne Quelle, wie ein Baum ohne Wurzeln.« Aber was wissen die schon?

Heutzutage wimmelt es auf den Friedhöfen geradezu von Senioren, die, mit Klemmbrettern bewaffnet, nach den Gräbern ihrer Vorfahren suchen. Ein, zwei Mal bin selbst ich gezwungen gewesen, das *Family Records Office* in London aufzusuchen, und habe jedes Mal Bauklötze gestaunt über all die Oldies in Windjacken, die konzentriert vor endlosen Reihen von Computern saßen und sich durch irgendwelche Datenbanken klickten (Gewöhnlich ist der Mann derjenige mit der Hand auf der Maus, und die Frau steht hinter ihm, eine Hand auf seiner Schulter, und späht mit zusammengekniffenen Augen auf den Bildschirm.). Diese Szenerie erinnerte mich an eine dieser Massenhochzeiten von Anhängern der Moon-Sekte. Oder an einen Aufmarsch in Nordkorea. Oder als würde man durch ein Kaleidoskop schauen, auf eine nicht enden wollende Reihe von Senioren, die auf Bildschirme starren.

Falls Sie bereits alles über Ihre Ahnen herausgefunden haben, verzweifeln Sie nicht, denn dann können Sie sich als nächstes Großprojekt an Ihr Haus machen. Ich habe einmal eine Volkszählungsakte von 1911 studiert und herausgefunden, dass in meinem Haus damals zwei Kellner mit ihren Gattinnen wohnten sowie eine Schneiderin, die mit einem Inspektor verheiratet war und die zwei Kinder hatten. Ich weiß zwar nicht so recht, was mir das nützt, aber es ist, für einen flüchtigen Moment zumindest, durchaus interessant. (Besonders verstörend fand ich die Erkenntnis, dass mir mein Haus, obwohl ich es gekauft habe, eigentlich gar nicht wirklich *gehört,* das ist reine Illusion. Im Prinzip habe ich es lediglich auf Lebenszeit gepachtet. Als die Schneiderin und ihr Inspektor hier wohnten, dachten sie sicher auch, dass dies *ihr* Haus sei. Irgendwie machte mich das sauer auf mein Haus; es war ein ähnliches Gefühl, als würde man im Speicher alte Liebesbriefe von seinem Mann finden – die er an andere Frauen geschrieben hat.)

Alte Amstrad-Disketten durchsehen

Kürzlich hat man mich gebeten ein Buch, das ich vor gut fünfzehn Jahren geschrieben habe, auf den neuesten Stand zu bringen. Leider hatte ich es auf einem alten Amstrad CPC* verfasst, und natürlich war der längst auf dem Sperrmüll gelandet. In der wilden Hoffnung, die alten Disketten vielleicht doch aufgehoben zu haben, begann ich zu suchen. Und tatsächlich: Unter einer staubigen alten Taucherbrille und verschrumpelten Schwimmflossen stieß ich auf eine Plastikbox mit alten 3-Zoll-Disketten, darunter auch die Kopie des gesuchten Buchs.

---

* In Deutschland unter dem Namen »Schneider CPC« bekannt. War vor allem in den Achtzigerjahren verbreitet.

Wie froh war ich da, sie nicht weggeworfen zu haben! Aber wie kam ich jetzt an die Informationen auf der Diskette heran – wie ihr die gespeicherten Geheimnisse entlocken? Ich ging ins Internet. Und nur wenige Minuten später stieß ich zu meiner Verblüffung auf eine Ein-Mann-Firma in Cornwall, deren Motto lautete: »Immer auf dem ältesten Stand der Technik!« Das klang vielversprechend. Und tatsächlich bot dieser gesegnete Mann an, für nur einen Fünfer Daten von alten Amstrad-Disketten auf brandneue CD-ROMs zu übertragen.

Die Unterhaltung mit ihm war wie eine Art Zeitreise in die Achtzigerjahre. Wir unterhielten uns über alte Programmiersprachen, über C, LOGO, Turbo Pascal & Co., über CP/M-Disketten (die kein Mensch je benutzte, denn das hätte das Ding in einen Computer verwandelt, und mit solchem Unsinn wollten wir nichts zu tun haben), ASCII-Files und das gefürchtete Limbo. Mit Wehmut erinnerten wir uns an die alten Nadeldrucker mit ihren Endlospapier-Schlangen. Ich erzählte ihm von meiner schrecklichen Angst vor allem Technischen, insbesondere vor Computern, und wie mein Sohn mich damals geradezu zwingen musste, einen Amstrad anzuschaffen, und wo ich schon einmal dabei war, erzählte ich ihm auch gleich noch, wie schwer ich mich dieser Tage mit der neuen Technik tat.

Und er erzählte mir von seinem seltsamen Leben in der Welt der Amstrads – den wahren Morris Minors der Computerwelt.

Es klingt unglaublich, aber es gibt immer noch Leute, die ihn benutzen. Das ist, als würde man plötzlich herausfinden, dass Zeppeline noch immer in Gebrauch sind. Gut, die jungen Verkäufer in den Computergeschäften von heute würden wahrscheinlich bloß verständnislos den Kopf schütteln, wenn man das Wort »Amstrad« erwähnte, aber es gibt immer noch User im australischen Outback, ein oder zwei in den Vereinigten Staaten, eine größere Konzentration in der Gegend von Norwich (wen wundert's), ein Grüppchen in Cumbria und ein paar oben im Nordosten von Schottland, in der Nähe von Cromarty. Und wer sind diese seltsamen User? Pfarrer und Pastoren zum Beispiel, die in ihren Datenbanken verzweifelt nach alten Predigten suchen, die sie sonntags – aufgewärmt – auf den Altar bringen können. Dann sind darunter Schriftsteller – romantische und ernsthafte – und Dichter. Und viele Senioren natürlich, die ihren Enkelkindern ihre Lebenserinnerungen hinterlassen wollen und deshalb alte LOGO-Files durchforsten. Und schließlich auch einige junge Leute, die nach dem Tod der Eltern herausfinden wollen, was Mum und Dad auf den alten Dingern wohl ausgeheckt haben mochten.

Ausmisten ist gut und schön, aber die Entdeckung dieser Disketten spricht für das Horten von Vergangenem. Ja manchmal, wenn mich wieder einmal lästige Pop-Ups nerven oder ich von Spam heimgesucht werde, wünschte ich, ich hätte den guten, verlässlichen alten Amstrad nicht weggeworfen.

Ich warte auf den Tag, an dem ich Zeit haben werde, die alten Disketten gründlich durchzusehen. Mein altes (oder besser gesagt, jüngeres) Ich wiederzuentdecken. Wäre das nicht viel interessanter, als etwas über andere herauszufinden?

Was mich auf mein nächstes Thema bringt:

Seine Memoiren schreiben

Es heißt, jeder Mensch trägt mindestens ein Buch in sich. Also wo ist Ihres? Seine Memoiren zu schreiben ist ein wunderbares Unterfangen, das *alles* beinhaltet, was ich bisher erwähnt habe – Genealogie, alte Amstrad-Disks, das Sortieren von alten Fotos und ja, mit alten Zeitgenossen sprechen, die man schon fast vergessen hat. Und es ist nicht trocken, wie reine Ahnenforschung – man kann sich in der hohen Kunst des Schreibens versuchen und nicht nur jenen Menschen, die einem das ganze Leben lang treu zur Seite standen, gebührende Anerkennung zollen, sondern sich auch an fiesen Lehrern oder alten Bossen rächen. Man kann sogar sein eigenes Buchcover entwerfen.

Und man hat das Vergnügen, sein Buch selbst zu publizieren (Machen Sie sich nichts vor, kein Verlag würde auch nur das geringste Interesse an Ihren Ergüssen zeigen. Außer natürlich, Sie haben in Ihrem Leben schon zehn Brustvergrößerungen – oder -verkleinerungen – hinter sich, haben herausgefunden, dass Sie das uneheliche Kind von Elvis Presley sind, waren im Big-Brother-Container [und selbst das ist ein alter Hut] oder Sie haben in Ihren besten Jahren mindestens fünf Prostituierte ermordet. Falls das nicht der Fall sein sollte, müssen Sie für das Erscheinen Ihres Werks schon selbst berappen.) und Bingo! schon sind all Ihre Weihnachtsgeschenkprobleme gelöst.

Außerdem wird Sie die Beschäftigung mit dem Schreiben Ihrer Lebensgeschichte davon abhalten, Ihre Enkelkinder mit Storys über »die harten Zeiten nach dem Krieg« (welchem bitte schön?) zu Tode zu langweilen.

Ihren Partner verlassen

Ich weiß, ich weiß, ich sollte so etwas wirklich nicht vorschlagen. Aber es könnte Ihre letzte Chance auf ein bisschen Glück sein. Besonders wenn Sie das alte durch ein jüngeres Modell ersetzen. Aber selbst wenn kein jugendfrischer Adonis oder eine Aphrodite auf Sie wartet, dann schauen

Sie doch mal ganz unverbindlich in das Kapitel *Wieder allein*, und informieren Sie sich über die Vor- und Nachteile des Singlelebens.

Alte Vorurteile über Bord werfen

Als ich jung war, hatte ich eine starke Abneigung gegen drei Dinge: Pantomime, Marionettentheater und Proust. Wenn einer meiner Bekannten eine diesbezügliche Neigung eingestand, strich ich ihn sofort aus meinem Adressbuch und aus meinem Leben. Für mich waren Pantomime, Marionettentheater oder Proust der Inbegriff von Anmaßung.

Das Alter hat mich zum Umdenken gebracht. Eine gute Pantomime oder eine Marionettentheater-Aufführung sind den meisten amerikanischen Spielfilmen vorzuziehen, und was Proust betrifft – haben Sie ihn eigentlich je gelesen? Er ist einfach wundervoll! Mit ihm kann man sich gut und gerne ein ganzes Jahr lang beschäftigen. Schlagen Sie ihn mal Ihrem örtlichen Buchclub vor – damit machen Sie selbst die größten Labersäcke wenigstens eine Zeitlang mundtot.

Es ist erstaunlich, wie viele Dinge, die wir als Kinder und Jugendliche kategorisch abgelehnt haben, uns im Alter immensen Genuss bereiten. Und ich spreche ausdrücklich nicht nur von Rosenkohl.

Stricken

Es ist in Mode, über das Stricken die Nase zu rümpfen. Ich habe neulich eine Radiosendung gehört, in der die Verfasserin eines Strickbuchs zu Gast war. Die Arme! Die Moderatorin hat sie so herablassend behandelt, dass bei mir die blanke

Wut hochkam. »Aber Sie könnten doch ...«, rief die Interviewerin und schien gar nicht zu wissen, was sie als Erstes nennen sollte, das besser war als *stricken*. »Sie könnten doch *ins Fitnessstudio gehen*!« – »Oder«, warf die andere Dame, die ebenfalls zu Gast war, in vorauseilendem Gehorsam ein, »Sie könnten *ein Buch lesen*!«

Können Sie sich etwas weniger Produktives, Egoischeres, Zeitverschwenderisches vorstellen, als ein Buch zu lesen oder ins Fitnessstudio zu gehen? Diese Strickerin hatte in den vergangenen Monaten Pullover, Socken, Mützen, Decken, Westen, ja sogar Schürzen gestrickt ... Und was haben ein Fitnessstudiogänger und ein Leser vorzuweisen? Nichts. Ich muss zugeben, dass ich meine Urgroßmutter manchmal verstehen kann, die zornig wurde, wenn sie meine Oma mal wieder in irgendeiner Ecke beim Schmökern eines Buchs ertappte. »Schon wieder diese elende Leserei!«, kreischte sie dann, »dieses unnütze Herumhocken! Los, auf, *tu endlich was Richtiges*!«

Ich war nach der Behandlung, die diese arme Strickkünstlerin von Seiten der zwei Emanzenschnepfen erfahren hatte, derart erbost, dass ich ins nächste Handarbeitsgeschäft eilte, eine Strickzeitschrift, Nadeln und Wolle kaufte und mich zuhause sofort daranmachte, Söckchen für meinen Enkelsohn zu stricken – mit sage und schreibe fünf Nadeln (was keine Kleinigkeit ist, so viel kann ich Ihnen versichern). Danach strickte ich ihm gleich noch ein Mützchen, und derzeit arbeite ich an einem Pullover. Es gibt nichts Entspannenderes, Friedlicheres und Nützlicheres, als in der warmen Stube zu sitzen und etwas zu stricken. Und man kann dabei sogar Radio hören – und sich ärgern.

Sport

Meine gesamten sportlichen Aktivitäten bestehen darin, morgens aufzustehen, die Treppe runterzugehen, ein Bad zu nehmen, wieder raufzugehen, mich an den Computer zu setzen, wieder runterzugehen, mir einen Kaffee zu machen und *gelegentlich* zu meinem Auto zu gehen. Aber ich kenne viele Senioren, die regelmäßig ein- bis zweimal pro Woche ins Fitnessstudio gehen.

Als ich das letzte Mal ein Fitnessstudio betrat, war der Testosteronpegel im Raum beinahe mit Händen zu greifen. Meine Augen wurden geblendet von den wogenden Hügeln gut eingeölter Bizepse, und im Hintergrund dröhnte eine Musik, die näher zu identifizieren mir graute (weshalb ich es sein ließ). Da ich kaum in der Lage bin, einen Bleistift zu heben, schämte ich mich fürchterlich, als es mir nicht gelang, das für mein Alter erforderliche Minimum zu stemmen. Nein, wenn ich schon keuchen und schwitzen muss, dann tue ich das lieber in der Abgeschiedenheit meines Hauses als vor reihenweise gestählten jungen Körpern.

Physisch habe ich zweifellos vom Fitnessstudio profitiert, gleichzeitig fühlte ich mich aber derart demoralisiert, dass ich jedes Mal nach dem Training wie ein zertretener Wurm nach Hause kroch, um mich zu duschen und den Turnhallengestank abzuwaschen. Und was das Schwimmen betrifft … W. C. Fields hat übers Wasser gesagt: »*Fish fuck in it.*« Wer kann schon mit Sicherheit sagen, wer mein örtliches Schwimmbad alles als Toilette benutzt. Und da ich mich als Kind selbst das ein oder andere verzweifelte Mal, wenn es nicht anders ging, ein wenig im Wasser erleichtert habe, kann ich mir schlecht vorstellen, dass es andere nicht ebenso machen.

Außerdem ist Sport so *langweilig*. Ich als Frau erledige gerne zwei – oder sogar drei – Sachen auf einmal. Ich könnte nie und nimmer einfach nur dasitzen und mir eine Radiosendung anhören, ich muss dabei bügeln oder stricken (siehe oben), oder irgendwas reparieren.

Das Gärtnern ist ein viel produktiverer Sport – wenn man das Glück hat, über die eigene kleine Scholle hinter dem Haus zu verfügen. Oder einkaufen gehen – da hat man zumindest ein Ziel. Und ist es nicht erstaunlich, dass man durchaus in der Lage ist, vier Ein-Liter-Kartons Milch, zwei Tetrapacks Saft, zwei Tüten Kartoffeln und zwei riesige Melonen nach Hause zu schleppen, aber im Fitnessstudio nicht mal die kleine Hantel hochkriegt?

Stichwort: Aqua-Gymnastik. Schon mal gehört? Auch Wassergymnastik genannt. Wieder so ein neuer Trend für Senioren. Dahinter steckt, glaube ich, der Gedanke, dass aufgrund des Wasserdrucks die Muskeln besonders gut trainiert, dabei aber nicht so stark belastet werden wie außerhalb des Wassers – damit die verkalkten alten Knochen nicht brechen. Aber der Anblick einer Rentnerpolonaise von alten Ladys, die durchs Wasser waten wie Raumfahrer, ist so erschreckend, dass ich es nur einmal ausprobiert habe. Es gibt eine Schmerzgrenze. Auch ein alter Mensch kann nur so und so viele Demütigungen ertragen. Und für mich ist bei Aqua-Gymnastik diese Schmerzgrenze erreicht. Glücklicherweise bin ich jetzt selbstbewusst genug (siehe Kapitel 3), um zu Wassertreten entschieden »Nein!« zu sagen.

Nachdem ich jetzt mit allen Mitteln versucht habe, Ihnen den Sport madig zu machen, möchte ich hiermit ausdrücklich feststellen, dass ich einige Leute kenne, die durch regelmäßiges Sporttreiben regelrecht neue Menschen geworden sind. Sport vermindert Depressionen, heißt es.

Aber ich für meinen Teil habe eben einfach keine Zeit dafür. Und keine Lust.

Geräteschnickschnack

Wenn Sie, wie ich, eine regelrechte Phobie vor neuen technischen Geräten aller Art haben, sich jedoch entschließen – weil Sie ohnehin nichts Besseres zu tun haben –, diese zu überwinden, dann kann das nur gewinnbringend sein. Sollten Sie Zweifel hegen, lassen Sie sich gesagt sein, dass Sie es hier mit einer Person zu tun haben, die beim Anblick ihres ersten Amstrads einen Nervenzusammenbruch erlitt, die von ihrem jungen Sohn mit Gewalt davon abgehalten werden musste, das furchteinflößende Gerät sofort aus dem Fenster zu werfen, und die aus lauter Furcht davor ihr Arbeitszimmer tagelang nicht mehr betrat.

Wenn *ich* es also geschafft habe, mir LOGO, Pascal & Co. zum Freund zu machen (und später sogar den Sprung zum großen Bruder Windows zu schaffen), dann ist es auch Ihnen möglich, im reiferen Alter zum *wissenden Senioren* zu werden. Schaffen Sie sich ein Handy mit integriertem Fotoapparat an! Lernen Sie, Ihre Schnappschüsse mit Photoshop zu bearbeiten, stürzen Sie sich in die Geheimnisse eines Blackberrys! Lernen Sie, den neuen Flachbildschirmfernseher selbst zu programmieren, nehmen Sie Fernsehsendungen auf Festplattenrecorder auf, überspielen Sie Ihre alten Videokassetten auf DVDs! Ich will nicht behaupten, dass ich das alles kann, aber wenn ich Zeit hätte, würde ich mir einen netten jungen Mann kaufen und ihn zwingen, mir das alles ganz langsam und Schritt für Schritt zu erklären.

Kreuzworträtsel

Also, auf Kreuzworträtsel lasse ich nichts kommen, das sage ich gleich. Ich liebe sie, seit ich als Kind abends mit meiner Großmutter zusammensaß und ihr beim Kreuzworträtsellösen half. Ach, das waren noch Zeiten! Da wurde noch nach Gedichten gefragt, zum Beispiel »Gezeit der ..., reicher Ernte Zeit« (John Keats) 5 – und ich schlug dann immer im *Oxford Book of Quotations* nach. »Nebel! Ja natürlich!«, rief meine Großmutter dann aus, wenn ich ihr die Antwort gesagt hatte. »Das trifft sich gut! Da bekommen wir ein »N« bei 7 senkrecht und ein ziemlich interessantes »l« in 10 waagerecht. Wie klug du bist, mein Schätzchen. Was würde ich bloß ohne dich anfangen?«

Ich erinnere mich noch gut an die Lieblingsrätselfrage meines Vaters: »Napiers Schuldeingeständnis in Indien«. Die Antwort lautet (wie jeder weiß, der im Geschichtsunterricht aufgepasst hat): »Peccavi« (Latein für: »Ich habe gesündigt«, Englisch: »*I have sinned*«) und bezieht sich auf die Eroberung der indischen Stadt Sindh durch General Napier im Jahre 1843. Napier durfte die Nachricht nur in einem verschlüsselten Telegramm weitergeben. Ich weiß, das werden viele Nicht-Kreuzworträtselfans nicht verstehen, aber die schiere Genialität dieses Rätsels entzückt mich noch heute.

Dieser Tage löse ich leidenschaftlich gerne das Jumbo-Kreuzworträtsel aus der *Times*, zusammen mit einer Freundin, die im Lake District wohnt. Wir knacken es gemeinsam am Telefon und haben einen Riesenspaß dabei. Das Gute am Rätsellösen ist nicht nur, dass dabei das Gedächtnis trainiert wird (wie weit das allerdings zutrifft, weiß ich nicht), sondern man hat auch einen hervorragenden Vorwand, in alten Lexika nachzuschlagen. Wie der folgende Dialog beweist, kann man den Großteil seines Ruhestands mit dem Nachschlagen der Herkunft bestimmter Wörter verbringen – und sich gegenseitig mit Spitzfindigkeiten langweilen: »Ja, *Oilee*, so nannte man tatsächlich die jungen Minenarbeiter in walisischen Bergwerken, aber ein *Oilie* ist laut dem *New York Slang Dictionary* (neu überarbeitete Auflage) jemand, der mit Ölgeschäften reich geworden ist. Wenn es also hier heißt: ›klingt wie‹, dann muss es *oilee* sein.«

»Oder *oilie*«, seufzt meine Freundin dann verzweifelt. »Beides würde passen. Wir werden die Wahrheit nie erfahren!«

Zurückschalten

Sie können tun, was Sie wollen. Aufstehen, wann es Ihnen passt. Schlafen, wann immer Sie müde sind. Nachmittags fernsehen. Essen, was Ihnen schmeckt. Hingehen, wohin Sie wollen.

Aber es spricht vieles dafür, den Genuss der neuen Freiheiten ein wenig langsamer angehen zu lassen und den Rest seines Lebens damit zuzubringen, in Pantoffeln und Morgenmantel im Haus herumzuwerkeln, jeden Tag mal einen Blick ins Internet zu werfen und die langen Stunden zwischen Sonnenauf- und Sonnenuntergang mit dem Lösen so kniffliger Fragen wie »Soll ich jetzt gleich noch eine Tasse Tee trinken, oder erst später?« zu verbringen.

Eine Freundin hat neulich zu mir gesagt: »Ach, es ist so schön, einfach nur zu faulenzen. Ich glaube, ich habe das zuletzt so richtig als Teenager gemacht.«

Viele Senioren sehen den Eintritt ins Rentenalter als Chance, ein Leben voller Aktivitäten und Abenteuer zu beginnen. Ich für meinen Teil sehne mich jedoch nicht nach dem Geräusch sich öffnender Türen, sondern vielmehr nach dem Knallen zuschlagender. Und nach eher häuslichen Freuden.

Schiffsmeldungen

Wenn Sie sich richtig entspannen wollen, dann hören Sie sich die Schiffsmeldungen im Radio an. Das bringt nicht nur wehmütige Erinnerungen an die guten alten *Radio Days* zurück, sondern hat auch etwas angenehm Ernsthaftes. Bei den Schiffsmeldungen machen die Ansager nicht diese blöden kleinen Witzchen wie heutzutage bei der Wettervorhersage. »Brrr, Sie holen besser Ihren Friesennerz raus, morgen wird's kalt und stürmisch!« Solchen Unsinn kriegen Sie bei den Schiffsmeldungen nicht zu hören. Auch wenn man kein Wort davon versteht, wird einem dennoch bewusst, dass irgendwo da draußen, in der Weite der See (oder des Ozeans, wie man heute wohl sagt), ein Seemann im Südwester am Ruder steht und mit gespitzten Ohren alles über Rockall (Felsinsel im Nordostatlantik) oder die Doggerbank zu erfahren versucht. Und das macht das eigene Zuhause umso gemütlicher.

Ein weiterer Grund, warum das Anhören der Schiffsmeldungen eine so therapeutische Wirkung hat, ist, dass es viele von uns Alten – nun, mich jedenfalls – an unsere Großeltern erinnert, die sich die Meldungen regelmäßig mit ernsten Gesichtern, eine Tasse Tee in der Hand, angehört haben (warum, weiß ich auch nicht, sie hatten nichts mit der See zu tun, waren weder Fischer noch bei der Küstenwache). Aber ich fühle mich dann immer sicher, warm und geborgen.

Vögel und Gartenarbeit

Wenn es Ihnen wie mir geht, werden Sie feststellen, dass man sich im Alter eher nach innen als nach außen zu orientieren beginnt. Mir ist mein Zuhause jetzt viel wichtiger als früher, und ich pflege es auch mehr. Fand ich Vögel früher langweilig und unwichtig, kann ich jetzt gar nicht genug kriegen von den kleinen Piepmätzen, die bei mir im Garten herumhüpfen. Ich gestehe, dass ich mir sogar ein Buch über Vogelkunde zugelegt habe, um nachschlagen zu können, ob ich es nun mit einem Kleiber oder einer Schafstelze zu tun habe. Ich habe sogar ein kleines Vogelhäuschen in meinem Garten aufgestellt und einen Katzenschreck aufgehängt. Außerdem informiere ich mich regelmäßig im Internet, welche Nüsse welche Vögel anlocken.

Leider ist es mir aufgrund meines Grauen Stars nicht mehr möglich, immer ganz genau bestimmen zu können, welche Vogelart das kleine braune Ding ist, das da in meinem Garten herumhüpft, aber ich erfreue mich dann einfach an dem Gedanken, dass es entweder ein Goldfink, eine Meise oder ein Buchfink ist.

Und dann ist da natürlich noch die Gartenarbeit, zu der ich mittlerweile ein ganz anderes Verhältnis habe. Früher habe ich sie immer für so etwas wie Hausarbeit im Freien gehalten. Man sagt uns Oldies ja nach, dass wir Gartenarbeit deshalb so sehr schätzen, weil wir dann endlich wieder etwas hegen, pflegen und aufziehen können, nachdem die Kinder das Nest verlassen haben und uns nur noch die Kapuzinerkresse zum Betütteln bleibt. (Das Tolle an der Kapuzinerkresse ist, dass sie nicht aus*zieht*, sondern aus*samt*: Will heißen, wenn ein paar Pflänzchen verwelken, braucht man sich nicht schluchzend ins Schlafzimmer zurückzuziehen und am nächsten Morgen mit verquollenen Augen zu kämpfen. Vor allem braucht man aber nicht so zu tun, als ob es einem überhaupt nichts ausmacht, dass die Kinder weg sind.)

Ich versuche immer, meine Pflanzen aus Samen zu ziehen, und freue mich dann riesig, wenn eine von hundert es bis zur Blüte schafft.

Aber Vorsicht! Ich habe neulich gelesen, dass eine halbe

Stunde Gartenarbeit, fünf Tage die Woche, die sexuelle Leistungsfähigkeit erhöht. Schon ein bisschen Unkrautjäten, Gießen und Schnippeln genügt, um das Risiko der Impotenz um 38 Prozent zu verringern. Also immer mit der Ruhe – außer natürlich, Sie wollen mehr Sex. Nun, keine Sorge, auch darüber gibt es ein Kapitel.

5. Tod

Ein Gutes hat das Sterben: Man muss dafür
nicht extra aus dem Bett aufstehen.

Kingsley Amis

Als Kummerkastentante bemühe ich mich, Verständnis für
fast alles zu haben. Ich kann Menschen verstehen, die Selbstmord begehen wollen. Ich verstehe die Phobie mancher Menschen, in der Öffentlichkeit mit ihrem Namen zu unterschreiben. Und ich kann mir vorstellen, dass es Menschen gibt, die
an einer Reihe seltsamer Sexualpraktiken Befriedigung finden. Nur für eines habe ich wenig Verständnis: die Angst
vor dem Sterben. Vielleicht ja deshalb, weil ich selbst so viel
über den Tod nachdenke. Das mache ich schon immer. Als ich
zwanzig wurde, schloss ich einen Pakt mit mir selbst: Wenn
das Leben bis zu meinem dreißigsten Geburtstag nicht besser geworden wäre, würde ich mich von einer Klippe stürzen.

Es wurde nicht besser. Aber weil ich mittlerweile einen
kleinen Sohn hatte, kam das Herunterstürzen von Klippen
erst einmal nicht mehr infrage. Und so ging es mit den Be-
gründungen immer weiter, bis jetzt, wo ich endlich weniger
Jahre vor mir habe als hinter mir (hoffe ich jedenfalls). Und
wo ich so lange gewartet habe, wäre es jetzt fast schade, so
kurz vor dem Ende noch von einer Klippe zu springen. Irgendwie ist es wie mit dem Lesen im Bett: Es ist zwei Uhr
morgens, man ist hundemüde und würde schrecklich gerne
schlafen, hat aber nur noch zwanzig Seiten, und die will man
unbedingt noch zu Ende bringen.

Für mich ist der Tod etwas, worauf ich mich freue. Ich stelle mir das Sterben wie eine Heimkehr vor. Als Erlösung von

allen Ängsten und Sorgen. Und das Totsein als die langersehnte, wohlverdiente Ruhe. Aber der Gedanke, irgendwann wieder herkommen zu müssen, wenn auch vielleicht nur als Rotkehlchen, geschweige denn als Mensch – nein, danke, davor graut mir.

Außerdem müssen wir ohnehin *alle* irgendwann sterben. Da ist es doch viel besser, sich darauf zu freuen, statt sich davor zu fürchten. Die Leute sagen immer, wie dumm es doch sei, das Leben als halb leeres Glas zu betrachten, anstatt als halb volles. Warum soll man das nicht auch mit dem Tod so halten? Mir erscheint das nur vernünftig. Wenn mich eine alte Frau anruft und ins Telefon schluchzt: »Ich habe gerade erfahren, dass ich nur noch einen Monat zu leben habe!«, dann hätte ich gute Lust zu sagen: »Was hast du denn erwartet, meine Liebe? Dass du ewig lebst?«

Ein 75-jähriger Freund, der gerade eine öde Totenwache für einen 85-jährigen, parkinsonkranken Freund hinter sich gebracht hatte, der zehn Tage lang mit dem Tod gerungen hatte, sagte zu mir: »Ich begreife nicht, warum immer alle so überrascht sind, wenn jemand stirbt. Keiner von uns hat besondere Beziehungen zum Tod. Die Anzeichen, dass wir irgendwann sterben werden, sind doch schon vom Tag unserer Geburt an vorhanden.«

Wir Oldies haben jahrelang Zeit gehabt, uns an den Gedanken zu gewöhnen, dass wir irgendwann sterben müssen. Wir sollten uns wirklich nicht so anstellen und uns vor allem nicht so vor dem Tod fürchten. Wir sollten den jungen Leuten vielmehr ein Beispiel geben, ihnen zeigen, dass der Tod eine willkommene Erlösung ist, wenn das Leben eine allzu große Last wird. Oder wenn einem klar wird, dass man lange genug auf der Party herumgesessen hat und die Gastgeber sogar schon anfangen, zu gähnen und heimliche Blicke auf die Uhr zu werfen.

Außerdem ist jetzt sowieso eine günstige Zeit zum Sterben

Noch so ein Plus für uns Oldies. Wir befinden uns in einer Rezession und werden sie so schnell auch nicht wieder los. Die globale Erwärmung (wenn man daran glaubt) verheißt das Ende der Welt, wie wir sie kennen. Und ehrlich gesagt wüsste ich auch nicht, was am Horizont noch Interessantes auf die Menschheit wartet. Wenn ich, sagen wir, in der Renaissance gestorben wäre, hätte ich mir schon vor Frust in den Hintern getreten. All die Kunstwerke, die Gemälde, die ich verpasst hätte! All die atemberaubenden Erfindungen und neuen Theorien, die damals in der Luft lagen! Aber jetzt? Ich will ja nicht als Miesmacher dastehen, aber worauf bitte schön könnte man sich heutzutage freuen? Die Literatur hat einen toten Punkt erreicht, ja, das Buch an sich scheint langsam überflüssig zu werden. Bald werden wir alles nur noch von irgendwelchen kleinen Bildschirmen lesen müssen – eine Vorstellung, bei der ich jetzt schon einen steifen Nacken bekomme. Die moderne atonale Musik kann man kaum anhören, und aus der letzten Kunstausstellung, die ich besuchte, bin ich schreiend davongelaufen. Alles wird von Maschinen erledigt, nicht mal mehr bei der Auskunft hat man es mit einem lebenden Menschen zu tun. Unsere Individualität geht flöten, alles wird immer uniformer, wir inbegriffen. Das letzte Mal, dass ich einen *Anflug* von echter Begeisterung über das, was sich in der Welt abspielt, hatte, war in den Sixties. Und ich glaube nicht, dass dieses Gefühl des Überdrusses nur wir Oldies haben. Es liegt ein *Fin-de-siècle*-Geist in der Luft, ein Gefühl, dass es so nicht mehr lange weitergehen kann, dass unsere moderne Zivilisation am Ende ist.

Eine gute Zeit, um auszusteigen, finde ich.

Ist der Tod nicht einfach faszinierend?

Ich habe schon mehr als einen Menschen sterben sehen, und alle sind sie am Ende ganz friedlich gegangen. Also: Kein Grund zur Sorge. Viele waren sogar froh. Selbst Freud hat 1936 in einem Brief an einen Freund geschrieben: »Ich kann mich einfach nicht an die Leiden und Nöte des Alters gewöhnen und freue mich jetzt schon auf die Reise ins Nichts.«

Keinen, den ich beim Sterben begleitet habe, hat sich vor dem Ende gewehrt, hat zornig die Faust geschüttelt, hat »gegen das Verblassen des Lichts gewütet«, wie Dylan Thomas schrieb. Tatsächlich waren die letzten Worte von drei Freunden sogar ausgesprochen höflich. Sie sagten »Danke« für einen kleinen Liebesdienst und schlossen dann für immer die Augen. Und ein junger Verwandter sagte einen Tag vor seinem Tod zu mir: »Weißt du, Virginia, mein Körper schaltet jeden Tag ein bisschen mehr ab – ich kann nicht mehr aufstehen, kann kein Glas mehr an die Lippen führen –, und es ist komisch, aber es macht mir überhaupt nichts aus. Ich kann dir gar nicht sagen, wir furchtbar *interessant* das alles ist.«

Das ist die richtige Einstellung.

Was ist überhaupt so toll am Leben?

Das Problem ist, dass viele Menschen es als einen Wettbewerb ansehen, so alt wie möglich zu werden. Als der Autor und Dramatiker Simon Gray erfuhr, dass er nur noch ein Jahr zu leben habe, wurde ihm bewusst, wie verquer seine Auffassung vom Tod eigentlich immer gewesen war. Man habe es bis zu diesem oder jenem Alter »geschafft«, oder dieser oder jener hätte »gut und gerne noch zwanzig Jahre mehr machen können«.

Wenn man die Alternative betrachtet, kommt man unweigerlich zu dem Schluss, dass Altsein nur halb so schlimm ist. Denn was wäre denn die Alternative? Ewig zu leben? Nein danke.

Übrigens wird der Wunsch nach Unsterblichkeit nirgendwo so deutlich wie in Miami, das nicht umsonst auch als »Wartezimmer Gottes« bekannt ist. Als ich kürzlich dort war und mit dem Lift von meinem Hotelzimmer in die tausend Stockwerke unter mir befindliche Lobby hinabfuhr, hielt der Lift im sechshundertsten Stockwerk an und ein sehr alter, sehr adretter Herr in fleckenlosem weißem Leinenanzug mit einem verschnörkelten Spazierstock betrat den Lift. Er besaß dieses feine, fast durchscheinende weiße Haar, in dem man jeden Bürstenstrich sieht. Und auf *seiner* Krawatte war kein Eigelb! Ich spielte schon (fast) mit dem Gedanken, dass ich nichts dagegen hätte, ein paar Enkelkinder mit ihm zu zeugen. Wir fuhren ein paar Sekunden schweigend weiter nach unten, dann schaute er mich plötzlich stolz an und krächzte mit dünnem Stimmchen: »Ich bin achtundneunzig, wissen Sie.«

Also, wenn einer meiner Enkelsöhne damit prahlt, er sei schon viereinhalb, dann kann ich das ja verstehen, aber ein erwachsener Mann? Womöglich hat dieser arme alte Herr den lieben langen Tag nichts anderes zu tun, als *achtundneunzig zu sein.* Und was erwartete er von mir? Was sollte ich sagen? »Ach, wie schön!« Oder ehrlicher: »Sie Armer! Hoffentlich müssen Sie nicht mehr allzu lange leben. Aber keine Sorge, bald haben Sie's hinter sich.«

Dieser Stolz auf ein hohes Alter findet sich übrigens überall. Sogar der Mann, der in der Moschee in unserem Stadtviertel aushilft, hat mich kürzlich beiseitegezogen und mir ins Ohr geflüstert: »Ich bin schon neunundachtzig!« Aber er besaß zumindest so viel Verstand hinzuzufügen: »Das Alter ist höchst ungnädig.«

In Miami findet man die ältesten alten Leute, die ich je gesehen habe. Man sieht dort erschreckend wächserne, geliftete Gesichter auf gebrechlichen, gebeugten, runzligen Körpern. Ich kann mir vorstellen, dass diese Mumien sich mit 150 noch einreden werden, dass dies »das neue 130« sei.

Ich habe in Amerika vor Seniorengruppen Vorträge gehalten. Vom Podium sahen die uralten Leutchen vor mir wie ein Faltenmeer aus, drohten jeden Moment zu zerbröseln (so schien es mir jedenfalls). Konnte es sein, dass sie eine dieser *Longevity-Massages* (so etwas wie »Langlebigkeits-Massage«) bekommen hatten, für die in meinem Hotel Werbung gemacht wurde? Das Wort *Longevity* erinnert mich an eine Streckbank, auf der man langsam in die Länge gezogen wird. Ich stieß dort in der Lobby auch auf ein Buch mit dem Titel: *Longevity: 100 Tipps wie man 100 wird*. Himmel hilf! Was ich brauche, ist ein Buch mit dem Titel »Wie Sie dafür sorgen können, dass mit spätestens 75 Schluss ist. 100 Tipps für einen raschen und schmerzlosen Tod«.

Aber ich will nicht unfair sein. Die meisten Menschen, die ich kenne, sagen, sie haben weniger Angst vor dem Tod als vor dem *Sterben*. Womit sie ganz recht haben, finde ich. Denn wer will schon halb blind, taub und/oder verwirrt durchs Leben tattern? Bei manchen Menschen ändert sich gar die Persönlichkeit. Alzheimerpatienten werden mitunter gewalttätig und attackieren jene, die sie ihr Leben lang geliebt und geschätzt haben. Das ist kein Leben. Für niemanden.

Eine Bekannte von mir hing in den letzten Tagen ihres Lebens an einer dieser Maschinen, die einen nicht sterben lassen. Und obwohl keinerlei Hoffnung bestand, dass sie genesen würde, diskutierten Angehörige und Ärzte tagelang darüber, ob man sie »vom Apparat nehmen solle« oder nicht. Gott sei Dank hat am Ende die Vernunft gesiegt, und die Frau wurde von ihren Leiden erlöst.

Was die Menschen heutzutage alles durchmachen müssen, wenn es ums Sterben geht, ist schlimmer als das, was man Tieren zumutet – was nun aber nicht pauschal heißen soll, dass Tiere es grundsätzlich toll haben. Als mein Kater todkrank war, ging ich mit ihm zum Tierarzt, um ihn einschläfern zu lassen, aber angesichts der modernen Geisteshaltung, die »das Recht auf Leben« so übertrieben groß schreibt, zauderte selbst der Veterinär. Schlussendlich musste ich meinen Kater wieder mitnehmen, und der Arme litt noch drei Wochen schreckliche Qualen, bis er eines Nachts beinahe krepierte. Ich rief den Veterinär-Notarzt, und dieser sagte mit einem tiefen Seufzer, dass ich jetzt »eine schwere Entscheidung treffen müsse«.

»Die hab ich längst getroffen!«, kreischte ich, »Sie erlösen ihn jetzt *sofort* von seinen Leiden!«

Wenn also die Rede davon ist, Menschen um jeden Preis am Leben zu erhalten, denke ich immer: Was soll die Aufregung? Ich habe bereits länger gelebt als die meisten Menschen vor hundert Jahren. Mit fünfundsechzig habe ich das Gefühl, auf Pump zu leben und jeder zusätzliche Tag ist ein Bonus. Proust hat geschrieben: »Wir alle sind Tote im Wartestand.«

Und gibt es nicht Momente, in denen selbst der Lebensfrohste von uns sagt: »Jetzt reicht's aber«? Ich bin fünfundsechzig, und die Vorstellung, dass ich mich noch weitere zehn Weihnachten lang zerfleische – kommen die Kinder jetzt zu mir, gehe ich zu ihnen, oder wollen sie Weihnachten lieber bei ihren Freunden verbringen? –, erschreckt mich. Ganz zu schweigen von der Tatsache, dass es nicht gut für unsere Kinder ist, wenn wir zu lange auf Erden herumhängen. Ich jedenfalls bin erst dann *einigermaßen* erwachsen geworden, als meine beiden Eltern tot waren.

Platz machen

Ich weiß, wenn auch der zweite Elternteil stirbt, kann man sich plötzlich ganz schön verloren fühlen. Auf einen Schlag ist man eine richtige Waise. Andererseits ist man aber auch endlich frei. Meine Eltern waren wie zwei gewaltige Rhododendronbüsche, in deren Schatten ich immer stand. Als sie starben, vermisste ich sie natürlich – aber ich konnte endlich den freien Himmel sehen und die warme Sonne spüren. Endlich konnte ich wachsen. Und ich bin meinen Eltern heute noch dankbar, dass sie zu einem Zeitpunkt starben, als ich noch jung genug war, um ein Leben ohne ihre liebevolle, aber manchmal erdrückende Gegenwart zu genießen.

Ich habe fünfundsiebzigjährige Bekannte, die sich immer noch um ein mittlerweile vollkommen vertrotteltes Elternteil kümmern. Sie schleppen sich auf brüchigen Knochen ins Pflegeheim, verbringen ein paar Stunden am Bett einer uralten Ruine, die sowieso nicht mehr weiß, mit wem sie's da zu tun hat, und schleppen sich dann wieder nach Hause. Ich habe Bekannte, deren greisenhafte Eltern immer noch ihr Leben bestimmen. Alte Leute sollten sich rechtzeitig verabschieden und nicht die Gänge verstopfen wie Gäste auf einer Party. Wie sollen sich junge Leute entwickeln, wenn sie immerzu von uns Tattergreisen erdrückt werden?

Wir leben sowieso viel zu lange. Im Jahr 2040 wird in Großbritannien die Anzahl der Menschen über 64 der Prognose nach von 9,5 Millionen auf 15 Millionen steigen. Wissenschaftler schätzen, dass ein Mensch, der am Ende dieses

Jahrhunderts geboren wird, eine um zwanzig Jahre höhere Lebenserwartung hat als unsere Generation. Grässlich. Martin Amis spricht sogar von einem künftigen Krieg der Generationen; von alten Leuten, die die Hospitäler verstopfen und die Sozialleistungen monopolisieren, von einem »silbernen Tsunami«, der über die Gesellschaft hereinbrechen und zu schweren sozialen Unruhen führen wird.

Andere ins Jenseits befördern

Baronin Warnock hat gesagt, sie würde lieber sterben, als in ein kostspieliges Pflegeheim zu gehen. Dieses Geld käme viel besser ihren Kindern zugute. Ich bin ganz ihrer Meinung. Und falls Sie glauben, ich übertreibe, dann lassen Sie sich gesagt sein, dass geschätzte 80 Prozent aller Senioren lieber Sterbehilfe in Anspruch nehmen würden, als krank oder verwirrt vor sich hin vegetieren zu müssen.

Ich selbst bewahre in fast jedem Zimmer meines Hauses und in meiner Brieftasche eine Patientenverfügung auf, und natürlich haben auch mein Arzt und mein Anwalt eine solche bekommen. Mein armer Sohn hat sich schon so oft anhören müssen, wie ich von ihm beseitigt werden will, falls ich eine Last für ihn werde, dass ich mich manchmal wundere, dass er sich nicht einfach ein Kissen nimmt, es mir aufs Gesicht drückt und der Sache hier und jetzt ein Ende macht.

Sich selbst ins Jenseits befördern

Wir in England haben offenbar die verschämteste, schwächlichste Recht-auf-Sterben-Lobby in ganz Europa. *Dignity in Dying,* früher auch Freiwillige Euthanasiegesellschaft genannt, danach EXIT (ein weit mutigerer Name), darf offenbar nicht einmal die Telefonnummer von Dignitas, der in der Schweiz ansässigen Sterbehilfeorganisation, herausgeben.

Was mache ich also, wenn ich das Leben satthabe, obwohl ich körperlich und geistig noch fit bin? Wenn ich denke: Also, ich glaube, ich habe genug. Das Leben hängt mir zum Hals raus. Ich würde gerne was Neues anfangen.

Nun, ich müsste es selbst machen.

Ich könnte eine Überdosis Medikamente nehmen. Ich habe irgendwo in einer Schublade, unter alten Pullis und Unterhemden, eine Flasche mit uralten rotgrünen Kapseln. Das Verfalldatum ist zwar längst abgelaufen, aber ich hoffe, dass sie das Ihre zu dem Giftcocktail beitragen werden, den ich mir im Fall der Fälle aus diversen Medikamenten zusammenstellen würde. Zumindest ist es tröstlich zu wissen, dass sie da sind.

Falls ich die Pillen bis dahin verloren habe – was gut sein kann –, habe ich auch noch diverse andere Methoden, wie ich mich selbst ins Jenseits befördern könnte, im Hinterkopf. Leider darf *Dignity in Dying* mittlerweile keinen Selbstmordratgeber mehr herausgeben (schade), aber – ha! – ich habe noch einen von 1981 mit dem schönen Titel *Guide to Self-Deliverance*. (»Man benötigt zwei Plastiktüten [Fünfzig-Liter-Müllbeutel bieten sich an] …«; »Beim Suizid mittels Autoabgasen ist zu beachten, dass die Verbindung zwischen Auspuff und Schlauch vollkommen dicht ist … ein Staubsaugerschlauch wäre hier hervorragend geeignet …«)

Das einzige Problem ist, dass ich vergessen habe, wo ich die Broschüre hingelegt habe …

Zudem steht zu befürchten, dass meine Angehörigen entsetzt und enttäuscht von mir wären, wenn ich mich selbst aus dem Leben befördern würde. Selbstmord hinterlässt bei den Hinterbliebenen immer das ungute Gefühl, als wären sie nicht liebevoll oder unterhaltsam genug gewesen, als dass es der Betreffende weiter mit ihnen und dem Leben ausgehalten hätte. Man sollte also, um der lieben Angehörigen willen, den Selbstmord am besten als Unfall tarnen. Ich zum Beispiel habe mir überlegt, dass ich einem Feuerwehrauto hinterherrasen und mich dann in das brennende Gebäude stürzen könnte – es sähe dann auf den ersten Blick so aus, als würde ich die Eingeschlossenen retten wollen, in Wirklichkeit würde ich das alles jedoch nur machen, um zusammen mit ihnen verkohlen zu dürfen.

Eine andere Möglichkeit, den Heldentod zu sterben, wäre, sich einen alten, kranken Hund anzuschaffen, der nicht mehr lange zu leben hat, ihn in die Themse zu werfen und hinterherzuspringen, angeblich, um ihn zu retten. Kinderleicht wäre es auch, sich von einem Streifenwagen überfahren zu lassen – dem entkomme ich regelmäßig nur knapp –, aber das wäre unfair dem Fahrer gegenüber.

Oder man könnte einfach nach Zimbabwe fliegen und versuchen, Präsident Mugabe den Garaus zu machen, sozusagen als letzte gute Tat.

Und bis dahin …

Bis die Stunde kommt, in der Gevatter Tod mich abholt, gibt es noch so manchen netten Zeitvertreib auf meiner To-do-Liste. Das Durchsehen von Todesanzeigen zum Beispiel. Ich freue mich immer, wenn ich einen Namen lese, dessen Träger ich kannte.

Ein anderer Ansatz wäre auch, dass Sie sich mit dem Verfassen Ihres Testaments vergnügen. Ich selbst habe meins schon mehrmals umgeschrieben, je nach Lust und Laune.

Wenn mich jemand besonders ärgert, streiche ich ihn kurzerhand heraus. Umgekehrt, wenn ich vorübergehend ganz verrückt nach jemandem bin, wird er als Erbe hineingeschrieben. Manchmal vermache ich die ganze Knete aber auch einfach einem rumänischen Waisenhaus.

Kurzum: Das Testamentschreiben ist eine wundervolle Art, seine Rachegelüste oder Liebesgefühle auszuleben, ohne andere damit zu belasten. Gewöhnlich kehre ich nach einigen Monaten wieder reumütig zur Urfassung zurück. Ich darf eben bloß nicht mitten in einer Familienfehde oder während einer schwachsinnigen Liebesaffäre den Löffel abgeben.

Das Wichtigste beim Nachlassschreiben ist den meisen Erblassern aber wohl, dass man (wenigstens kurzzeitig) ein bisschen echte Macht ausübt.

Ein weiteres gutes Mittel gegen Sterbensfrust ist, dass Sie sich Ihre eigene Beerdigung ausmalen. Ich habe mir oft überlegt, wie ich wohl unter die Erde gebracht werden möchte. Manchmal neige ich zum konservativen Modell (Kirche, Vikar in Kleid und Vollbart) oder zum progressiven (unter einer alten Eiche, Humanist in Jeans und Vollbart). Aber verraten Sie bloß Ihren Angehörigen nichts von Ihren Wünschen, das nimmt ihnen ja den ganzen Spaß, wenn es später dann darum geht, Ihre Beerdigung zu organisieren (siehe Beerdigungen).

Und schließlich – die berühmten letzten Worte. Jawohl, Sie können ruhig jetzt schon damit anfangen, sich etwas Passendes zu überlegen. Immer wenn Sie nachts aufwachen und sich über irgendwas Sorgen machen, könnten Sie sich stattdessen überlegen, was Sie wohl auf Ihrem Sterbebett sagen würden.

Hier ein paar Vorschläge:

Noël Coward sagte: »*Goodnight my Darlings.*«

John Barrymore: »Sterben? Kommt nicht infrage! So was Profanes würde ein Barrymore nie tun!«

Der Dichter und Universitätsprofessor A.E. Housman (zu seinem Arzt, der ihm gerade einen guten Witz erzählt hatte): »Gut! Wirklich gut! Den muss ich oben auf dem goldenen Parkett erzählen!«

Louis IV. zu seinen trauernden Höflingen: »Was heult ihr? Habt ihr geglaubt, ich würde ewig leben?«

Karl Marx: »Raus jetzt. Letzte Worte sind für Narren, die noch nicht genug geredet haben.«

Ramón Narvaez, ein spanischer General, als ihn sein Priester bat, seinen Feinden zu vergeben: »Ich brauche ihnen nicht zu vergeben. Ich habe sie alle erschießen lassen.«

George Sanders, in einem Abschiedsbrief: »Liebe Welt, ich verlasse dich jetzt, weil ich mich langweile. Ich überlasse dich deinen Sorgen. Viel Glück.«

Logan Pearsall Smith, Lexikograf: »Schon wieder ein sonniger Tag! Gott sei Dank muss ich nicht aufstehen und ihn genießen!«

Und, am allerbesten, Francisco »Pancho« Villa: »Lasst mich nicht so gehen. Sagt ihnen, ich hätte irgendwas gesagt.«

6. Sex

As I grow older and older
And totter towards the tomb
I find that I care less and less
Who goes to bed with whom

Dorothy L. Sayers

Da ich werd immer älter und älter
und werd alsbald taumeln zum Grab
lässt es mich immer kälter und kälter
wer mit wem im Bett sich traf.*

O nein, nicht schon wieder Sex! Das denke ich mir jedenfalls in den letzten Jahren, wenn mir dieses verwünschte Drei-Buchstaben-Wort mal wieder aus der Zeitung entgegenspringt. Ehrlich, manchmal habe ich das Gefühl, ich habe genug Sex für zwei Leben gehabt.

Na ja, aber vielleicht bin ich auch eine Ausnahme. Als typisches Kind meiner Zeit – und wir sprechen hier von den *Sixties* – war ich hoffnungslos verunsichert und depressiv. Es überrascht daher nicht, dass ich, als ich neulich mal zusammenzurechnen begann, mit wie vielen ich ... – nun ja, ich werde Ihnen nicht verraten, wie viele es genau waren ... – aber mir kam das Grausen und ich sagte mir: »Virginia, das ist jetzt *wirklich* genug, herzlichen Dank, und könnten wir jetzt *bitte* auch mal an was anderes denken.« An Rhabarberkuchen zum Beispiel, oder wie man Grasflecken aus einer Schürze rauskriegt.

Lassen Sie mich hinzufügen, dass jeder, der glaubt, er müsse mich jetzt beneiden, sich bitte erinnern soll, dass in den Sechzigern der Satz »Nein heißt auch Nein« unbekannt war. Wir Mädchen gerieten in die schrecklichsten Schlamassel. Wenn man nicht vergewaltigt wurde (und ich kann mich an ein, zwei Male erinnern, wo man das, was mir da passierte, durchaus so bezeichnen kann), dann wurde man so eingeschüchtert, dass man am Ende doch mitmachte. Ich werde nie diesen für meine Jugendzeit so typischen Vorfall vergessen: Ich war mit einem Mann zum Essen ausgegangen – und er bezahlte. Wenn damals aber der Mann bezahlte, erwartete er im Gegenzug fast immer Sex dafür. Dementsprechend lud er mich auf einen Kaffee zu sich ein und signalisierte mir dann mehr oder minder unverblümt, dass er mit mir schlafen wolle. Ich erwiderte auf diese Avancen, dass ich lieber nach Hause gehen würde.

Seine Antwort lautete: »Warum das denn? Es dauert doch nur ein paar Minuten.«

Sex war in den Sechzigern ein Ersatz für Liebe, und wo immer ich heute auch stehe – oder liege (ich verrate nichts) –, eines weiß ich ganz genau: Ich habe es satt, mein Leben noch länger von meinen Trieben bestimmen zu lassen, vom magenzusammenziehenden Klammergriff sexueller Begierden – wenn ich eigentlich lieber etwas anderes machen würde. Und mit »etwas anderes machen« meine ich nicht, tolle Bücher zu lesen oder großartige Gemälde zu malen, sondern einfach den Haushalt machen, den Rasen mähen oder mich über die Nebenwirkungen eines neuen Arthritismedikaments im Internet schlauzumachen.

Sollte ich heutzutage doch wieder einmal dieses bestimmte Ziehen im unteren Körperbereich verspüren – Gott sei Dank kommt das nur noch selten vor –, wenn mich also gewisse Gelüste anwandeln, dann funkeln meine Augen bei der Aussicht auf ein wenig Matratzensport (wahlweise auch auf ein bisschen Herumgeschubst-Werden auf einem Küchentisch – Gott, war das unbequem!) nicht mehr automatisch.

Nein, heutzutage hole ich erst einmal tief Luft. Und wenn ich feststelle, dass das Gefühl nicht stark genug ist, dass man sich darum kümmern müsste, dann sage ich ein Stoßgebet und mache mit der Bügelwäsche weiter. Es ist herrlich, dass ich jetzt nicht mehr darauf angewiesen bin, mit einem leicht angetrunkenen Bekannten oder einem naiven jungen Burschen ins Bett zu hüpfen, bloß um meine sexuellen Bedürfnisse zu befriedigen.

(Ich war ziemlich erleichtert, als ich las, dass selbst die große Diana Rigg anlässlich ihres sechzigsten Geburtstages sagte, dass sie zwar keine Probleme damit habe, wenn andere Leute in ihrem Alter weiterhin sexuell aktiv seien, sie für ihren Teil sei jedoch froh, »das nicht mehr mitmachen zu müssen« – obwohl sie ein wundervolles, erfülltes Sexualleben gehabt habe.)

Auch ich bin vor einer Überbewertung von Sex nicht gänzlich gefeit. Selbst nachdem ich mit meinen nächtlichen Aerobicübungen Schluss gemacht und in den Siebzigerjahren zu einer Art sexueller Normalität gefunden hatte, spielte der Sex wenigstens theoretisch in meinem Leben als Kummerkastentante immer noch eine große Rolle. Bis vor ein paar Jahren (insgesamt waren es über vierzig) habe ich Tausende von Leserbriefen beantwortet, in denen es meist um Sex ging. In den Siebzigern wurde man geradezu mit Sexualwissenschaft und obskuren Ratschlägen von noch obskureren »Experten« bombardiert. Selbige versuchten sogar, uns weiszumachen, dass wir verschrumpeln würden, wenn wir nicht jede Nacht Sex hätten, und dass wir, ganz überhaupt und wo wir schon einmal beim Thema wären, total verklemmt seien. Ein Gutes habe das offene Sprechen über Sex jedoch: denn wer ein tolles Sexualleben habe, der brauche sich nicht um andere Dinge in seiner Beziehung Sorgen zu machen. Wenn ich mich recht erinnere, wurde sogar eine Zeitlang der simultane Orgasmus von Mann und Frau – welcher meines Wissens übrigens eine Unmöglichkeit ist – als das einzige wirklich erfüllende Sexualerlebnis hingestellt. Männer sollten lernen, mehrere Orgasmen pro Nacht zu haben, ohne zu ejakulieren (was die Selbstbeherrschung, die Konzentration und die übermenschlichen Fähigkeiten eines Sadhus erfordert haben muss, der diese Technik jahrelang einhändig auf einem einsamen Berg geübt hat), es wurden Bücher über G-Punkte und H-Punkte und wie man sie findet, verfasst. Man diskutierte darüber, ob es so etwas wie eine weibliche Ejakulation gebe und ob Analsex das eheliche Sexleben wieder in Schwung bringen könne. Spiegel, Rollenspiele, Videos, Dreierpaarungen, Viererpaarungen, Multipaarungen, das alles wurde einem damals wie sauer Bier angetragen.

Ich selbst habe zu meiner Zeit, ob Sie's glauben oder nicht, nicht weniger als drei Sexualratgeber verfasst, die alle einschlägigen Stichworte behandelten – angefangen bei A für Analsex über M für Masturbation, O für Orgasmus bis zu Z für das Zzzz, das der Mann macht, wenn er sich nach dem Sex auf die Seite rollt. Ich muss sagen, ich kann vor allem die Zs jetzt gut verstehen. Ich hatte selbst oft das Gefühl, dass ich nach dem Verfassen solcher Ratgeber ein gutes Mittagsschläfchen nötig hätte.

In meiner Eigenschaft als Kummerkastentante habe ich einmal ganz behutsam versucht, die Wogen in einer Beziehung ein wenig zu glätten: Eine Frau hatte mir geschrieben, sie liebe Sex, komme aber nie zum Orgasmus. Was stimme nicht mit ihr?, wollte sie wissen. Ich antwortete, dass mit *ihr* alles in Ordnung sei. Wenn sie Gefühle der Nähe, der Entspannung, der Sinnlichkeit, der Zufriedenheit und Erfüllung verspüre, spiele es keine Rolle, ob sie einen Orgasmus habe oder nicht. Aber nachdem die Zeitschrift in Druck gegangen war, erhielt ich prompt einen Leserbrief von einer anderen Frau, die schrieb: »Liebe Virginia, ich habe jede Nacht drei Orgasmen, aber diese schönen Gefühle, die Sie schildern, hatte ich noch nie. Was stimmt nicht mit mir?«

Kein Wunder, dass ich mich heute, im reiferen, abgeklärteren Alter, in meinem Single-Bett räkle und Gott danke, dass ich das alles hinter mir habe. Ich habe mir das sexy T-Shirt gekauft, es viel zu oft getragen und jetzt der Seniorenhilfe gespendet.

Ich kann es nur mit Kingsley Amis halten, der siebzigjährig auf die Frage, ob er noch Sex habe, antwortete, er sei entzückt darüber, dass sich seine Libido verabschiedet habe, denn nun habe er herausgefunden, dass er »sechzig Jahre lang an einen Idioten gekettet gewesen sei«.

Mit wem soll man überhaupt noch Sex haben?

In Kleidern macht es mir nichts aus, mich im Spiegel zu betrachten, aber im Evaskostüm? (Ist das nicht ein netter, altmodischer Ausdruck? Das sagte man in den Fünfzigern, als das Wort »nackt« noch als vulgär galt.) Schließlich sieht ab sechzig keiner mehr als Nackedei berauschend aus. Ich möchte mit keinem Mann ins Bett gehen, dessen Bauch beim Liebesspiel ein Eigenleben entwickelt. Oder mit einem, dessen Brust aussieht wie eine runtergelassene Jalousie. Als ich jung war, sagte eine damals sechzigjährige Bekannte zu mir: »Für meinen Geschmack ist die ganze Sexerei in meinem Alter ein wenig würdelos, meine Liebe.« Damals hielt ich sie für verrückt, aber heute kann ich sie verstehen.

Nichts geht mehr

Rien ne va plus, heißt es beim Roulette, und so kann es uns Oldies auch im Sexroulette gehen. Bei Männern lässt im Alter die Libido nach, manche werden schleichend impotent – sie haben weichere Erektionen und brauchen länger, bis sie zur Ejakulation kommen. Frauen finden Sex zunehmend schmerzhaft – trotz Hormoncremes und Hormonersatztherapie-Tabletten – es fühlt sich trotzdem an, als würde man innerlich mit Schmirgelpapier abgerieben.

Die Schriftstellerin Diana Athill hat mit einundneunzig gesagt: »Man liest heutzutage immer wieder geradezu grässlich obszöne Artikel über Greisensex. Darüber, dass es, wenn man es nur immer wieder probiert und alle möglichen Cremes benutzt, auch im Alter noch klappen kann. Um Gottes willen! Es soll doch Spaß machen! Wenn man eine Wanne voll Vaseline dazu braucht, kann man auch gleich aufhören damit.«

Uns Frauen rät man immer: »Höre auf deinen Körper.« Nun denn: Hören Sie ruhig auf Ihren Körper. Bei vielen älteren Frauen sagt er beim Sex: »Autsch! Autsch! Autsch!«

Eine neue Art von Freiheit

Das Interesse am Sex zu verlieren hat auch einen großen Vorteil: Man kann jetzt viel schönere Freundschaften mit Männern pflegen. Es ist herrlich festzustellen, dass ein Mann keine Angst mehr hat, mit mir allein zu sein, weil er fürchten muss, dass ich mich eventuell mit einem Raubtierbrüllen auf ihn stürzen könnte. Und ich brauche keine Angst zu haben, dass er dasselbe mit mir macht. Es ist toll, dass meine Freundinnen mir sogar dankbar sind, wenn ich ihre verwaisten Männer mal ausführe, während sie weg sind, anstatt sich Sorgen zu machen, ich könnte sie ihnen ausspannen. Und ich habe gehört, dass manche ältere Männer die Frauen ihrer Generation sogar viel interessanter finden, weil sie ihnen jetzt ohne Ablenkung zuhören können. Kennen Sie den Witz von dem alten Mann und dem Frosch? Der Frosch sagt zu dem alten Mann: »Wenn du mich küsst, verwandle ich mich in eine wunderschöne Prinzessin!« Der Mann antwortet: »Ach, in meinem Alter ist mir ein sprechender Frosch lieber.«

Keinen Sex zu haben bedeutet nicht, dass Sie nicht mehr sexy sind

Bloß weil man keine Lust mehr auf Sex hat, heißt das noch lange nicht, dass man sich jetzt in eins dieser Hosen tragenden, make-up-losen Kurzhaar-Neutren verwandeln muss. Ich mache nichts lieber, als mich schön herzurichten, ich höre nichts lieber als Komplimente, wie jung und sexy ich aussehe; ich mache nichts lieber als flirten – im vollen Bewusstsein, dass es zu nichts führt. Ist es nicht toll, wenn man einem Mann begegnet und sich nicht gleich überlegt: Wird er mit mir ausgehen? Soll ich mit ihm schlafen? Ihn heiraten? Kinder von ihm bekommen? – fast noch bevor man sich die Hand geschüttelt hat.

Einen Treffer landen bedeutet für mich jetzt nicht mehr, es bei einem Mann zu schaffen, sondern einen guten Parkplatz vor dem Supermarkt zu finden.

Wissenschaft und Statistik

Obwohl mir Bügeln mittlerweile lieber ist als Sex, möchte ich nicht verhehlen, dass es Oldies zu geben scheint, die es auf ihre alten Tage immer noch treiben wie die Karnickel. Obwohl die meisten meiner Altersgenossen mit mir übereinstimmen, wenn sie sagen, dass ihnen allein vor dem Gedanken gruselt, mit jemandem ins Bett zu gehen, der auch nur annähernd in unserem Alter ist. »Ich könnte mir gerade noch vorstellen, was mit einem Fünfzigjährigen anzufangen«, sagte neulich eine Freundin zu mir, »aber dieser Fünfzigjährige müsste schon blind sein, um was mit mir anfangen zu wollen.«

Wie ich gehört habe, behaupten 98 Prozent aller verheirateten Männer in Schweden, mit *über siebzig* immer noch Sex zu haben. Typisch Schweden, kann ich da nur sagen, das Land der Pornografie, der Blondinen, von Schnaps und Pflicht-Sexualunterricht in der Grundschule. Was kann man da schon anderes erwarten? Die Inuit mögen ja über hundert Worte für »Schnee« haben, aber ich wette, die Schweden haben keine Ahnung, wie man »Heute nicht, Schatz« sagt.

Im Übrigen ist das mit Umfragen so eine Sache. Lügt nicht eigentlich *jeder*, wenn es um sein Sexualleben geht? Und alte Knaben ganz besonders? Ich für meinen Teil glaube ja, die halten das für eine Art Sport. Sie denken bei sich: Ha, da schaust du, was? Hast geglaubt, uns auf den Sperrmüll werfen zu können, wie? Aber wir sind genauso scharf wie jeder andere!

Ich selbst glaube kein Wort davon. Es stimmt, ich rede mit meinen Altersgenossen nur sehr selten über Sex, aber ich glaube, das hängt eher damit zusammen, dass er uns einfach weniger wichtig ist als früher. Mir ist außerdem aufgefallen, dass immer mehr alte Paare nicht nur in getrennten Betten schlafen, sondern oftmals auch in getrennten Zimmern. Und viele haben sich vor Jahren schon scheiden lassen und schlafen nun sogar in getrennten Häusern.

Und jene, die noch im gemeinsamen Bett schlafen, werden sicher Mrs. Patrick Campbell, der Schauspielerin, zustimmen, die sagte, dass »die Ehe ein Resultat der tiefen Sehnsucht nach dem Frieden des Ehebetts ist, nach der ganzen Aufregung auf dem Sofa«.

Aber vielleicht bin ich ja nur eine typische verklemmte Engländerin. Vielleicht irre ich mich ja. Vielleicht legen sich die britischen Senioren ja nicht mit einem warmen Kakao oder einem steifen Whisky ins Bett, sondern bumsen sich hinter verschlossenen Türen fröhlich durch die Nacht.

Ein Loblied auf den Sex in reiferen Jahren

Falls Sie zu der Oldie-Fraktion gehören, die immer noch gerne Sex hat, obwohl sie manchmal einen Kran bräuchte, um ins Bett zu kommen, bietet Sex im Alter viele Vorteile.

Sie wollen es zwar weniger oft, aber wenn, dann nehmen Sie sich mehr Zeit dafür. Viele ältere Paare behaupten sogar, dass der Sex mit dem Partner jetzt viel schöner sei. Das ist einleuchtend, denn inzwischen werden ja beide gelernt haben, wie sie den anderen am besten befriedigen können – im Gegensatz zu damals, als wir noch jung und unerfahren waren und das Ganze oft nur aus einem peinlichen, hektischen, ungeschickten Rumfummeln bestand.

Ein Bekannter von mir, der Sexualtherapeut ist, sagte einmal, dass im Alter eher »der Weg das Ziel ist«. Außerdem ist das Schöne am Oldie-Sex doch, dass man sich nun endlich keine Sorgen mehr über eine mögliche Schwangerschaft machen muss. Man muss die Pille nicht mehr nehmen und sich auch kein Gummihütchen mehr in die Vagina einführen (erinnern Sie sich noch, wie grausam es war, das Ding wieder rauszufischen? Würg, wie die Jugend sagen würde).

Bessere Liebhaber?

Natürlich haben ältere Leute die Erfahrung auf ihrer Seite. Benjamin Franklin hat einem jungen Mann (zugegebenermaßen nicht gerade schmeichelhaft) die Vorzüge älterer Frauen angepriesen: »Stülpen Sie ihr einen Korb über Kopf und Oberkörper, und dann schauen Sie sich den unteren Teil an. Er unterscheidet sich kaum von dem, was jüngere Frauen haben. Und da im Dunkeln alle Katzen grau sind, kann die fleischliche Ergötzung mit einer älteren Frau genauso schön, *wenn nicht sogar noch schöner sein* als mit einer jüngeren. Immerhin liegt in der Übung der Schlüssel zum Erfolg.«

Wie gesagt – ältere Leute haben mehr Erfahrung. Aber ob ältere Männer nun länger können oder nicht, sei dahingestellt. Sie sind gewiss weniger selbstsüchtige Liebhaber als junge Männer. Mit ihnen gibt es weniger Gefummel, weniger Verlegenheit, und dafür hat man viel mehr Spaß. Außerdem ist ein älterer Mann nicht gleich eingeschnappt, wenn Sie mal keine Lust haben oder wenn Sie die Fernsehsendung erst zu Ende sehen möchten … Wer sich mit fünfzig oder sechzig mit seiner Sexualität immer noch unwohl fühlt, der lernt es nie mehr. Der alte Herr in Sandy Wilsons *The Boyfriend* mag recht haben, wenn er singt: »*It's never too late to fall in love*«, und dass reife Liebe die beste ist – wie alter Wein.

Was Frauen angeht, möchte ich auf Howard Jacobson verweisen, der sagte: »Ein reiferes Alter ist in meinen Augen weit schöner. Es gibt nichts Erregenderes als einen Menschen, der die Welt gesehen hat und der dennoch etwas in dir sieht, das er begehrenswert findet ... Erotik hat nichts mit Jugend und Schönheit zu tun, sondern ausschließlich mit Intelligenz und Erfahrung, gewürzt, wenn möglich, mit einer Prise Enttäuschung.«

Ältere Männer sind natürlich viel galanter als jüngere (was nicht zuletzt daran liegen könnte, dass sie in einer PC-freien Welt aufgewachsen sind). Ein älterer Mann wird einer Frau die Tür aufhalten; ein älterer Mann wird ihr Blumen bringen; ein älterer Mann wird ihr sagen, wie schön sie ist; ein älterer Mann wird ein sauberes Hemd anziehen, bevor er sich bei ihr blicken lässt. Ein älterer Mann wird entsetzt sein, wenn seine Begleiterin im Restaurant ihre Kreditkarte auf den Tisch knallt und darauf beharrt, ihre Rechnung selbst zu bezahlen. Und weil ältere Männer gewöhnlich eine eigene Wohnung haben, besteht eher keine Gefahr – wie bei leckeren jüngeren Exemplaren –, dass sie gleich nach dem ersten Mal bei einem einziehen wollen. (Kennen Sie den? »Was ist ein Musiker ohne Freundin? Obdachlos.«)

Eine Bekannte von mir heiratete nach einer heißen Affäre mit einem attraktiven Zweiundzwanzigjährigen plötzlich einen Mann, der alt genug war, um ihr Vater sein zu können. Als sie bemerkte, dass ich mich fragte, was sie mit dem kahlköpfigen alten Knacker denn wolle, erklärte sie: »Weißt du, er gibt mir das Gefühl, jung zu sein. Und nicht nur das: Er ist unglaublich dankbar, dass ich es der Mühe wert finde, mich mit ihm abzugeben. In seiner Gesellschaft fühle ich mich also nicht nur unglaublich attraktiv, sondern auch hilfsbereit und großzügig. Was will man mehr?«

Ach ja – die Liebe

Sex ist nicht gleich Liebe – Gott sei Dank. Einmal wurden alten Paaren in einer Fernsehsendung Ratschläge gegeben, wie sie »den Funken in ihrer Beziehung neu entzünden« könnten. Ich schüttelte den Kopf und dachte: Mein Gott, wie krass. Funken, das war doch früher einmal. In unserer Jugend sind genug Funken geflogen, das reicht doch für ein ganzes Leben. Jetzt reicht es doch eigentlich vollkommen aus, sich an den Resten des Feuers und der kuscheligen Wärme der Glutasche zu erfreuen.

Rupert Brooke hat – erst siebenundzwanzigjährig – ein wundervolles Gedicht verfasst, das es meiner Meinung nach nicht besser ausdrücken könnte:

> And blood lies quiet, for all your're near,
> And it's but spoken words we hear,
> When trumpets sang; when the mere skies
> Are stranger and nobler than your eyes
> And flesh is flesh, was flame before;
> And infinite hungers leap no more
> In the chance swaying of your dress;
> And love has changed to kindliness.

> Und das Blut liegt still, obschon du bist nah
> Und nur das gesproch'ne Wort ist noch da
> Wo einstmals Trompeten sangen; der Himmel ist
>   schlicht
> Viel fremder und edler noch als dein Blick
> Und Fleisch ist Fleisch, wo Flamme einst war
> Und endloses Begehren ist nimmerdar
> Nur ein flücht'ger Hauch an deinem Kleid
> Und Liebe ward zu Freundlichkeit.*

Leider wahr.

7. Rezession

Eine Tugend besaß er in hoher Vollkommenheit, die Klugheit, leider nur zu oft die einzige, die uns noch übrig bleibt, wenn wir zweiundsiebzig geworden sind.
Der Landprediger von Wakefield – Oliver Goldsmith

Auch ich habe mir, wie jeder, große Sorgen wegen der Rezession gemacht. In einem fort habe ich mich gefragt, was wohl aus mir im Besonderen und aus der Welt im Allgemeinen werden soll. Ich überlegte, dass ich – falls es hart auf hart kommen sollte – mein Haus verkaufen könnte, dass ich mir einen Job als Regaleinräumerin bei *B and Q* suchen, bei reichen Freunden auf dem Boden schlafen und schließlich, arbeitslos, obdachlos und rentenlos, kleinen Kindern die Brotkruste vom Munde stehlen, unter meinen Fetzen verbergen und unter irgendeiner Themsebrücke in meinem Umzugskarton unbeobachtet verschlingen könnte.

Aber eines Tages bin ich um neun Uhr morgens aufgewacht – das passiert, wenn man um halb fünf Uhr in der Früh eine viertel Temazepam (übrigens gebührenfrei! Ohne einen Cent dafür berappen zu müssen!) mit einer Tasse heißem Kakao runterspült, weil man vor lauter Sorgen nicht einschlafen kann – und war plötzlich ganz ruhig. Ich erkannte, dass *ich* mir wirklich keine Sorgen zu machen brauche. Ich befinde mich in einer hervorragenden Ausgangslage. Ich bin, wie die meisten Oldies, in »schweren Zeiten« aufgewachsen. Rezessionen und Notzeiten sind für mich das tägliche Brot meiner Kindheit gewesen.

Mit anderen Worten, ein großer Vorteil, den wir Oldies haben, ist, dass wir wissen, wie man mit nichts auskommt.

Wir wissen, was es heißt, in harten Zeiten zu leben. Nun ja, in einigermaßen harten zumindest. Wir wissen, wie man gebackene Bohnen aus der Dose isst – mit einem Kamm. Ich, die 1944 geboren wurde, kann mich noch an Lebensmittelkarten erinnern. Ich erinnere mich an meine erste Banane. An meine erste Avocado (damals noch Avocadobirne genannt). Als ich in den Siebzigerjahren als Kummerkastentante bei der Zeitschrift *Woman* anfing, stieß ich in einem Aktenschrank, ganz hinten in einer Schublade, auf ein Infoblatt mit dem Titel »Wie man eine Avocadobirne isst«. Der erste Satz lautete: »Sie dürfen eine Avocadobirne keinesfalls wie eine richtige Birne verzehren …«

Ich kann mich noch an die Buden an den Straßenecken erinnern, in denen man alles Mögliche reparieren lassen konnte: Puppen, Bleistifte und so weiter. Ich weiß, wie man alte Bettlaken wendet und weiter verwendet … eine schöne, irgendwie gemütliche Erinnerung. Wir haben das Weihnachtspapier jedes Jahr aufgehoben und im nächsten Jahr wieder verwendet. Nachdem meine Mutter es gebügelt hatte, war es wieder wie neu. Auch hatten wir natürlich eine Krimskrams-Schublade, in der alte Schnüre und Bänder von Geschenken und Paketen sorgfältig aufgerollt zur Wiederverwendung aufgehoben wurden.

Wir wissen Dinge, die junge Leute nicht mehr wissen

Wir Oldies haben mittlerweile die Geduld zu warten, bis ein Artikel reduziert wird. Wir kennen auch die Supermärkte, die mittwochs ab 17 Uhr Frischware zum halben Preis verkaufen. Wir schrecken vor dem neuesten technischen Schnickschnack zurück und kaufen ihn deshalb auch nicht.

Ich kenne Schriftsteller, die ihre Bücher immer noch von Hand schreiben – nicht selten auf den Rückseiten alter Briefumschläge. Wir Oldies schämen uns nicht, bei Lidl und Aldi einzukaufen.

Wir wissen noch, wie man aus Hühnerknochen eine würzige Brühe zubereitet – ja, wir wissen noch, wie man *überhaupt* kocht, was man von vielen jungen Leuten heutzutage nicht mehr behaupten kann. Wir wissen, was »Reste« sind und wie man aus den Resten von Resten köstliche Gerichte zaubert. Ich weiß, dass man samstags am besten erst nachmittags zum Markt geht, weil das Gemüse dann billiger ist, und ich glaube mich erinnern zu können, ein großes Huhn über eine ganze Woche gestreckt zu haben – erst gebraten, dann kalt als Salat, und was davon übrig blieb, habe ich zu Hackfleisch verarbeitet und daraus die köstlichste Suppe gekocht, die man sich vorstellen kann – eine Suppe, die für zwei weitere Tage reichte.

Wir Senioren wissen, dass es kein Grund ist, schreiend davonzulaufen, nur weil der Käse ein bisschen pelzig geworden ist. Den Schimmel kratzt man kurzerhand ab, und schon ist der Käse wie neu. Wir lassen uns nicht von aufgedruckten Haltbarkeitsdaten einschüchtern – für uns zählt noch die eigene Nase. Wenn jüngere Leute in meinen Vorratsschrank schauen, sind sie oft entsetzt, dass ich darin uralte Linsen oder pasteurisierten Joghurt aufbewahre – und noch entsetzter, wenn ich verkünde, dass sie genau das zum Abendessen serviert bekommen.

Ich hatte neulich ein Stück Schweinefleisch, das schon ein bisschen grün um die Kiemen aussah. Ich hab es gründlich unter fließendem Wasser abgeschrubbt und stundenlang gekocht – und es schmeckte köstlich. Ich weiß, was Sie jetzt denken: Zu der komme ich nicht zum Essen. Aber wenn ein Laib Brot zehntausend Pfund kostet, werden Sie dankbar sein, ein Stück grünes Schweinefleisch bei mir aufgetischt zu bekommen.

Apropos sparen: Es ist mir im Laufe meines Lebens zur zweiten Natur geworden, beim Verlassen eines Raums das Licht auszuschalten, um Strom zu sparen und die Tür hinter mir zu schließen, damit die Wärme drinbleibt. Und ich habe Verstand genug, den Kessel nicht ganz vollzumachen, wenn ich mir nur eine Tasse Tee machen will.

Und was die jahreszeitlich bedingte Kleiderfrage betrifft, so weiß ich das Zwiebelprinzip zu würdigen – Lagenlook. Tatsächlich bräuchte ich nur tief genug in meinen Kommodenschubladen zu wühlen und ich würde eine schöne warme Strickjacke und eine lange wollene Unterhose zutage befördern. Da bin ich mir ganz sicher. Und ich finde es durchaus nicht entwürdigend, in Pudelmütze, Strickjacke, Wollhandschuhen und Winterstiefeln in der Küche am Herd zu stehen.

Ich weiß, wie man Socken stopft. Ich weiß, was ein »Sockenei« ist. Es würde mir nicht im Traum einfallen, mir ein solches zum Frühstück zu kochen. Ich schneide die Knöpfe von alter Kleidung, die ich nicht mehr brauche, ab und hebe sie in einer Knopfschachtel auf. Ich weiß, wie man Manschetten wendet, und ich kann aus den Knöpfen eine nahrhafte Suppe kochen.

Sie verstehen schon, worauf ich hinauswill …

Schneidern

Meine Mutter hat früher Geld gespart, indem sie unsere Kleidung aus Stoffresten nähte, wenn es wieder einmal schwer war, an neue Stoffe zu kommen. Und als der New Look aufkam, hat sie aus alten Verdunkelungsvorhängen die hübschesten schwarzen Dior-Cocktailkleider genäht – mit herrlich wippenden weiten Röcken. Ich selbst habe mir in den Sechzigern aus schlabberigen Männerpullis hübsche Minikleider gemacht, indem ich sie lila färbte.

Manchmal überkommt mich der Drang, mir einfach einen alten Perserteppich überzuwerfen und so auf die Straße zu gehen.

Ich bin sicher, mit den passenden Accessoires würde ich damit durchkommen.

Die verrücktere Sorte Tipps

Während der Ölkrise in den Siebzigerjahren habe ich die Leser meiner Kolumne gebeten, mir ihre ganz persönlichen Spartipps zu verraten. Ich selbst wusste natürlich, wie man Seifenreste aufkocht, in ein Gefäß füllt und als neue Seife wiederverwendet (einfach abstoßend). Auch habe ich eine Methode entdeckt, wie meine Seidenstrümpfe doppelt so lange halten: einfach das Bein mit der Laufmasche abschneiden und den Rest mit einer ebenso präparierten anderen, einbeinigen Strumpfhose kombinieren. Bingo!

Aber auf das Bizarre war ich nicht gefasst. Eine Leserin schrieb, man solle alte Pullis ja nicht wegwerfen, sondern den Halsausschnitt zunähen, die Ärmel abschneiden und unten in den Torso einen Gummibund einnähen – und schon habe man eine warme wollene Unterhose für den Winter!

Eine andere beschrieb eine ganz raffinierte Art, Papier zu falten, um so Briefumschläge zu sparen, eine andere riet, alte Gummihandschuhe der Länge nach in schmale Streifen zu schneiden – und schon habe man einen Jahresvorrat an Gummibändern!

Und was nächstes Weihnachten betrifft: Ich habe da eine Schublade, in der ich unliebsame Weihnachtsgeschenke aufbewahre – um sie im nächsten Jahr unter meinen Freunden zu recyceln.

In meinem Teil von Shepherd's Bush haben sich viele polnische Einwanderer niedergelassen. Ich bin es gewohnt, alte Leute in Schuttcontainern rumstochern und alte Bretter herausziehen zu sehen, die sie dann zu Brennholz umfunktionieren und in ihren Gartenschuppen lagern. Diese Jäger und Sammler können nicht anders, das Wühlen in Abfall ist eine lebenslange Angewohnheit. Und keine schlechte, finde ich. Ich überlege, mich ihnen nicht nur anzuschließen, sondern die Ellbogen zu benutzen, wenn es gilt, das beste Stück Holz aus einem Container zu angeln.

Neue Sachen

Wir Oldies brauchen ja eigentlich keine neuen Sachen mehr, oder? Als ich mir neulich einen neuen Küchenherd anschaffte, sagte eine Freundin zu mir: »Der überlebt dich garantiert!«

Womit sie garantiert recht hatte. Ich habe jede Menge Sachen, die mich überleben werden … Ein neues Bügelbrett werde ich in diesem Leben nicht mehr brauchen. Oder eine neue Trittleiter. Oder eine neue Bohrmaschine. Und es wird zweifellos eine Zeit kommen, in der ich mir die letzte Zahnbürste meines Lebens kaufe. Ja, ich habe eine ganze Menge von Dingen, die man heutzutage als »Zeugs« bezeichnet.

Wir haben gespart und jeden Pfennig umgedreht

Ich weiß, viele von uns finden, dass es uns nicht annähernd so gut geht, wie es uns eigentlich gehen sollte. Aber die meisten von uns Oldies haben zumindest ein bisschen was zur Seite gelegt – den sogenannten »Notgroschen«. Bei Lichte betrachtet, haben viele von uns sogar mehr als nur einen Notgroschen. Wir *Over-Sixties* besitzen tatsächlich vier Fünftel der landesweiten monetären Ressourcen. Und das Tolle ist, da wir wahrscheinlich kaum älter als fünfundachtzig werden (bitte, Gott, wenigstens in meinem Fall!), haben wir nur eine begrenzte Zeit, um unser Geld auszugeben. Tatsächlich werden viele von uns feststellen, dass es ihnen besser geht als je zuvor.

Ein weiterer großer Vorteil in Zeiten der Rezession für uns ist, dass wir nicht zu einer Generation gehören, die es gewohnt ist, auf Pump zu leben. Die Einführung der ersten Kreditkarten haben wir mit Skepsis oder sogar mit Ablehnung beobachtet. Und der Werbeslogan der Kreditinstitute: »Jetzt können Sie sich jeden Wunsch *sofort* erfüllen« hat bei uns eher das Gegenteil bewirkt. Wir sind es gewohnt zu warten, bis wir genug gespart haben, um uns einen Wunsch erfüllen zu können. Wir warten sogar gerne. Es erhöht die Vorfreude. Manchmal warten wir so lange, bis wir feststellen, dass wir das Gewünschte gar nicht mehr haben wollen. Es kann uns auch passieren, dass unser Objekt der Begierde viel billiger geworden ist, wenn wir endlich daran denken, es uns anzuschaffen. Oder obsolet.

Selbst wenn wir nicht reich sein sollten, so wissen wir aus unserer Generation jedoch, wie wir aus dem, was wir haben, etwas machen können.

Untermieter

Vielen jungen Leuten würde es nicht im Traum einfallen, einen Untermieter bei sich aufzunehmen. Ich weiß gar nicht, ob es überhaupt noch »Untermieter« heißt – bei diesem Wort denkt man doch automatisch an magere, staubige Bankangestellte, die mit einer flackernden Kerze in der Hand steile, mit schäbigem Teppichboden belegte Treppen zu ihrer Kammer hinaufsteigen …

Aber immer wenn ich ein Zimmer in meinem Haus frei hatte, habe ich einen Untermieter reingestopft. Ich bin sicher, ich könnte in Krisenzeiten sogar mehrere Familien in der Abstellkammer unter der Treppe unterbringen.

Was soll's?

Wir Oldies sind harte Zeiten gewöhnt – und erwarten nicht viel vom Leben. Wir sind im Kalten Krieg aufgewachsen, was einen gewissen Nihilismus fördert: Was nützt das alles noch, fragte man sich zu meiner Zeit, wenn jeden Moment ein Atomkrieg ausbrechen und die Welt vernichten könnte? Diese Ungewissheit hat uns zynisch und skeptisch gemacht. Abfalltrennung? Bullshit. Wir horten trotz der Bedrohung durch eine globale Erwärmung unsere stromfressenden Glühbirnen. Das ist kein Egoismus, es liegt vielmehr daran, dass wir unser ganzes Leben lang unter wechselnden Bedrohungen gelebt haben – angefangen bei Hölle und Fegefeuer, mit denen man uns in der Sonntagsschule drohte, über die Schweinebucht und einen unmittelbar drohenden Atomkrieg, über AIDS, das angeblich die Weltbevölkerung ausrotten würde, bis hin zur Vogelgrippe – nein, wir haben den Ruf »Wolf!« zu oft gehört, um ihn noch glauben zu können.

Selbstangebautes

Viele von uns besitzen ein eigenes Gärtchen. Unsere Bekannten haben uns ausgelacht, als wir mit Körben voller selbstgezogener Tomaten die Runde machten und uns gegen Ende der Saison gezwungen sahen, tonnenweise grünes Tomatenchutney in alten Nescafégläsern einzumachen. Jetzt haben wir so viel Gemüse, dass wir die Lachenden sind. Wer weiß, vielleicht wird bald der Tauschhandel wieder eingeführt, dann können wir unser Gemüse für Handwerkerdienste eintauschen oder unsere Bohnen und Birnen auf dem Schwarzmarkt verkloppen. Außerdem können wir Eigenheimbesitzer ins Gartenhäuschen ziehen, wenn unser Haus bis zu den Dachbalken vollgestopft ist mit Untermietern, und nur gelegentlich im Haus vorbeischauen, um ein Bad zu nehmen oder die Miete zu kassieren.

Im Geschichtsunterricht haben wir gelernt, dass nur die Iren mit Runkelrüben-Vorräten und Schießeisen die große Hungersnot überlebt haben. Sobald ich also zu einer Knarre komme, werde ich meinen Garten in einen Gemüseacker verwandeln, einen Stacheldrahtzaun drum herum bauen, mich im Gartenhäuschen verschanzen und nur gelegentliche Ausfälle unternehmen, um all das Bargeld auszugeben, das sich unter der Matratze meiner Campingliege angesammelt hat.

Zurück zur Kindheit

Für uns Oldies, die wir in den vergleichsweise frugalen Fünfzigerjahren aufwuchsen, ist der Gedanke, zu einer neuen Sparsamkeit zurückfinden zu müssen, vielleicht sogar verlockend. Selbstredend meine ich damit nicht die Sparsamkeit, die man aus echter Armut an den Tag legen muss – weil man von Sozialhilfe lebt oder kurz davor steht, sein Haus zu verlieren. Ich meine vielmehr die Sparsamkeit, wie sie die mehr oder weniger gut gestellte Mittelschicht übt, jene also, die sich ein Buch wie dieses kaufen würden. Wäre es nicht ein schöner Gedanke, den Toast mal wieder am offenen Kamin (im Gegensatz zu einem elektrischen) rösten zu können? Über einem Feuer, das wir Alten noch zu entzünden gelernt haben? Gefolgt von einer geselligen Runde, Scharaden oder Rommé? Wir Oldies gehören ja noch einer Generation an, die sich selbst zu beschäftigen weiß und nicht auf elektrische Geräte angewiesen ist.

Wir sehen unseren Lebensinhalt nicht in unendlichen Shoppingtouren, so wie die Jüngeren, wir definieren uns nicht ausschließlich über das Fernsehprogramm des vorangegangenen Abends – nein: Wir haben noch andere Ideen. Wir können beispielsweise einen Abend in Gesellschaft eines guten Buchs erquicklicher finden als Fernsehen oder Ausgehen.

Ich fühle mich oft fremd in der glitzernden Konsumwelt von heute. Ich kann nicht fassen, wie man 500 Paar Schuhe besitzen kann – oder sogar nur mehr als sechs (inklusive Hausschuhe). Ich bin gern shoppen gegangen, aber nie bis zum Umfallen. Wir Oldies tun das gewöhnlich nicht. Ein Glück für uns.

Man sagt, dass, wenn man endlich genug Geld hat, um es zu verheizen, der Ofen bereits ausgegangen ist. Aber das ist okay. Dann zieht man eben einen Pulli an. Oder sogar ein Sweatshirt, wenn's sein muss.

Oder, noch besser, klumpige Fußwärmer, die wir aus aufgedröselten alten Topflappen gestrickt haben.

8. Arbeit

> Mit dreiundsechzig – und nur noch
> einem Viertel des Lebens vor sich –
> hat man immer noch Pläne.
>
> Colette

Wenn es Ihnen Ihr ganzes Leben lang peinlich war, auf die Frage nach dem Beruf mit »Regaleinräumer im Supermarkt« antworten zu müssen, können Sie nun guten Gewissens sagen: »Ich bin in Rente.« Nur ein höchst unangenehmer Mensch wird dann die Unverschämtheit besitzen und nachfragen, was Sie denn vor Ihrer Rente gemacht haben. Sie können diesen Menschen dann abwimmeln, indem Sie seufzen: »Ach, das viele Reisen … die Konferenzen … Gott sei Dank hab ich das jetzt alles hinter mir!«

Wer kann schon wissen, dass die »Geschäftsreisen« Ihre tägliche U-Bahn-Fahrt zwischen Greenford und Wood Green waren und die »Konferenzen« lediglich freundliche Auskünfte an Kunden, die die Butter suchten.

Plötzlich nicht mehr arbeiten gehen zu müssen, kann ein ganz schöner Schock sein. Was fängt man jetzt bloß mit seiner Zeit an?

Im Allgemeinen stellen wir jedoch nach dem ersten Schock bald fest, dass wir nun endlich Dinge tun, die wir schon lange machen wollten, anstatt einen Job auszuüben, der in mancher Hinsicht zwar erfüllend, im Großen und Ganzen aber langweilig und öde war. Im Ruhestand ist man zwar alt, aber man ist sein eigener Herr. Nie wieder muss man an irgendwelchen schrecklichen Betriebsausflügen teilnehmen oder an Betriebswochenenden, um den »Teamgeist« zu schulen.

Gut, man wird vielleicht den kameradschaftlichen Plausch am Wasserspender vermissen, aber ist es nicht herrlich, in der Weihnachtszeit nie wieder »wichteln« zu müssen? Nie wieder einen gehäkelten Peniswärmer auspacken und so tun zu müssen, als fände man dieses oberpeinliche Geschenk schrecklich witzig? Nie wieder ein Flipchart ansehen zu müssen, nie wieder »Focus-Gruppen« aus Amerika willkommen heißen zu müssen, nie wieder eine dieser grässlichen Kollegen-Verabschiedungsfeiern besuchen zu müssen, die vor der eigenen stattfinden? Ist es nicht fantastisch, endlich *nicht* mehr einem Team angehören zu müssen, in dem man höchstens die Hälfte der Kollegen auch nur einigermaßen ausstehen kann?

Aber wenn Ihnen die Arbeit »mehr Spaß macht als der Spaß selbst«, wie Noel Coward einst sagte, dann sollten Sie Ihren Ruhestand vielleicht dem Ziel widmen, eine neue Beschäftigung zu finden und diese wie eine Arbeit zu behandeln. (Und sagen Sie nicht, dass alles, was nach dem Job kommt, nicht Arbeit sein kann. Jeder, der schon einmal versucht hat, ein Dorffest zu organisieren, wird wahrscheinlich den festen Arbeitszeiten einer Bürotätigkeit nachweinen.)

Sie könnten natürlich auch so tun, als würden Sie weiterhin arbeiten. Nein, ich meine nicht so wie dieser Mann aus der Sherlock-Holmes-Geschichte, der, nachdem er seine Stellung verloren hatte, weiterhin jeden Morgen das Haus verließ, sich ein paar Straßen weiter in Lumpen hüllte, das Gesicht mit Ruß beschmierte und sich an einer Hauptstraße zum Betteln aufstellte. Nein, was ich sagen will, ist, dass Sie eine unbezahlte Arbeit annehmen und so tun könnten, als wäre dies nun Ihr neuer Beruf. Wenn Sie besondere Fähigkeiten haben, können Sie sich bei einer Entwicklungshilfeorganisation melden. Die warten da offenbar nur auf Oldies mit Erfahrung.

Oder, wenn Sie wirklich verzweifelt sind, könnten Sie sogar für Geld arbeiten. Bei *B and Q* beispielsweise, einer der wenigen Firmen, die auch Senioren noch Berufschancen bieten. Vergessen Sie nicht, Winston Churchill war schon fünfundsechzig, als er Premierminister wurde und seinen epischen Kampf gegen Hitler aufnahm (der um die vierzig war).

Wahlweise könnten Sie auch Freiwilligenarbeit leisten. Das Problem dabei ist nur, dass man heutzutage nicht mehr einfach irgendwo reinmarschieren und mit anpacken kann. Man braucht fast immer irgendwelche Vorkenntnisse und muss sich dann auch noch zu einer Mindestarbeitszeit verpflichten. Außerdem muss man, wenn man im Rahmen des Jobs mit Menschen zu tun hat, fast immer ein polizeiliches Führungszeugnis vorweisen, um zu belegen, dass man keine kriminelle Vergangenheit hat. Ich persönlich finde, dass es die ganze Mühe nicht wert ist, denn nicht selten fühlt sich das bezahlte Personal von den Freiwilligen bedroht, die ihre Arbeit oft besser machen (zumindest mit mehr Freude und Begeisterung) als die in Lohn und Brot stehenden Kollegen.

Aber Sie könnten ja auch Glück haben und nicht genommen werden. Als ich in meinem Wohnviertel anbot, freiwillige Jugendarbeit zu leisten (eine Arbeit, für die ich, das weiß ich, sehr gut geeignet wäre), hörte man nur meinen gepflegten South-Kensington-Akzent und erwiderte brüsk, dass alle Posten besetzt seien.

Wenn Sie gerne arbeiten, Ihre Erfahrungen einbringen, mit Menschen zu tun haben und bewundert werden möchten – ohne dabei zu viele Verpflichtungen einzugehen –, dann würde ich Ihnen empfehlen, sich in die Gemeindearbeit zu stürzen – mit anderen Worten: Ihre Nase in die Angelegenheiten Ihrer Mitmenschen zu stecken.

Wenn es noch keinen Anwohnerverein in Ihrer Nachbarschaft gibt, dann gründen Sie einfach einen. Wenn es aber doch schon einen gibt, dann werden Sie eben Mitglied und kämpfen Sie sich bis in den Vorstand. Besuchen Sie die öffentlichen Sitzungen der örtlichen Polizei. Engagieren Sie sich bei der Nachbarschaftswache. Halten Sie Ihre Augen offen für unpassende Bau- oder Verkehrsprojekte in Ihrem Stadtviertel. Opponieren Sie. Gewinnen Sie die Zustimmung des Anwohnervereins und gehen Sie gegen diese Projekte vor. Organisieren Sie Protestmärsche, Petitionen, Zusammenkünfte und Demonstrationen. Werden Sie eine richtige Nervensäge: Schreiben Sie Leserbriefe an die Zeitungen. Legen Sie Widerspruch gegen Gebühren für Falschparken ein. Kaufen Sie sich einen Abfallstock und patrouillieren Sie sonntags durch Ihr Viertel, picken Abfall auf und werfen ihn demonstrativ in öffentliche Abfalleimer. Spähen Sie hinter Ihrem Vorhang hervor und notieren Sie sich die Nummernschilder von Bauarbeitern, die illegal Bauschutt auf die Straße werfen. Bearbeiten Sie den örtlichen Stadtrat so lange, bis er Recyclingtonnen aufstellen lässt. Bearbeiten Sie ihn, bis er überflüssige Tonnen entfernen lässt. Ihrer Fantasie sind keine Grenzen gesetzt.

Unser Anwohnerverein hat es beispielsweise geschafft – in Zusammenarbeit mit anderen Anwohnervereinen – den Bau einer Trambahnlinie zu verhindern, die durch unsere Hauptstraße führen sollte. Ein Plan, den kein geringerer als Ken Livingstone, der wohl bekannteste Londoner Bürgermeister, erdacht hatte – und Ken Livingstone war nicht gerade als Mann bekannt, der sich leicht von seinen Zielen abbringen lässt.

Man wird Sie als Ärgernis betrachten, vielleicht sogar als nervtötende alte Schachtel, aber persönliches Engagement bei der Gemeindearbeit ist eine wunderbare Art, die Bewohner Ihres Stadtviertels kennen zu lernen und Einfluss auszuüben. So sehr sich die Leute auch über Sie ärgern mögen, es bringt sie dazu, einander kennen zu lernen und das berühmte »Gemeinschaftsgefühl« zu entwickeln.

Selbstverständlich ist Gemeindearbeit keine Arbeit, wie Sie sie kannten – aber dennoch Arbeit.

9. Sich verkleinern

Achtzig Jahre! Keine Augen mehr, keine Ohren
mehr, keine Zähne mehr, keine Beine mehr, kein
Atem mehr! Und das Erstaunlichste ist, dass man
letztlich auch ohne das alles auskommt!

Tagebuch – Paul Claudel

Wenn man älter wird, schrumpft alles. Oder sollte es zumindest. Und ich finde das ganz gut. Anstatt sich nach der Eroberung neuer Welten zu sehnen, möchte man sich auf und in sich selbst zurückziehen. Man will nicht mehr expandieren, man will kontrahieren. Für mich ist das keineswegs deprimierend. Es ist wie das Reduzieren einer Soße, die erst nach stundenlangem Einkochen ihren richtigen Geschmack bekommt.

Wir Oldies halten nicht viel von übertriebenem Konsum. Nicht nur, dass wir – hoffentlich – relativ gesättigt sind, sowohl materiell als auch emotional, wir wissen überdies aus langer Erfahrung, dass der Erwerb von noch mehr materiellen Gütern uns nicht glücklicher macht. Neuanschaffungen bedeuten nur zweierlei: erstens weniger Platz und zweitens mehr zum Abstauben.

Als ich kürzlich an einer Kreuzfahrt (siehe Reisen) teilnahm, ist mir aufgefallen, dass die Horde der mitreisenden Senioren bei den Landgängen die Souvenirbuden und fliegenden Händler tunlichst mied. Ein alter Herr sagte seufzend zu mir: »Ich habe genug russische Matrjoschkas und genügend Kastagnetten. Ich besitze jede Menge Tonfiguren mit Strohhüten auf den Köpfen, die auf Toneseln sitzen. Mein Ziel ist es, absolut nichts mehr von meinen Reisen mitzubringen außer der Kleidung, mit der ich aufgebrochen bin.«

Fragen Sie einen alten Menschen, was er sich zum Geburtstag wünscht, und fast immer wird er irgendetwas mit einer geringen Lebensspanne nennen. Blumen. Badeöl. Theatertickets. *Marrons glacés.* Pflanzen. Raumspray. Kerzen. Mückenspray. Was man in unserem Alter auf keinen Fall mehr will, ist etwas Bleibendes. Denn uns ist klar geworden, dass man seine Besitztümer tatsächlich nicht »mitnehmen« kann. Als Folge davon beginnt man sich mehr und mehr von ihnen zu lösen. Für die meisten von uns, die ihr ganzes Leben lang dem Erwerb von mehr Besitztümern gewidmet haben, ist dieses »Ballastabwerfen« (sprich, unsere Vergangenheit) eine immense Erleichterung. Um ganz ehrlich zu sein, bin ich im Grunde meines Herzens froh, wenn einer meiner Enkelsöhne mal wieder eine Blumenvase zerbricht. Jedes Stück weniger ist eine Last weniger.

Ich kann mir mittlerweile gut vorstellen, dass Buddha am Ende seines Lebens nichts weiter besitzen wollte als seine Gebetsmatte. Mehr und mehr wird auch mir das Wegwerfen von Dingen zum Bedürfnis.

Ich habe früher sehr viel fotografiert und besitze zwei große Schubladen voll mit dicken Fotoalben – katalogisiert, datiert und alles. Mittlerweile muss ich mich jedoch fast zwingen, den Fotoapparat überhaupt einzupacken, wenn ich irgendwo hinfahre, geschweige denn, ihn rauszunehmen und ein paar Fotos zu schießen. Ich kann einfach keinen Sinn mehr in der Fotografiererei sehen.

Im Rentenalter kommt oft noch einmal der Moment, in dem wir überlegen, noch ein letztes Mal umzuziehen. Könnte natürlich sein, dass Sie in ein kleineres Haus oder in eine kleinere Wohnung umziehen *müssen*, um Kapital flüssig zu machen. (Aber Achtung! Finger weg von Bungalows! Die machen einen bloß alt und schwach – älter und schwächer jedenfalls. Ärzte behaupten, der beste Wohnsitz für alte Leute sei ein handtuchschmales Haus aus dem 18. Jahrhundert mit vielen steilen Treppen, das auf einem Hügel steht. Das hält fit.)

Aber wohin soll man als alter Mensch seinen Wohnsitz verlegen? Als sie jünger waren, haben viele meiner Freunde davon geträumt, im Alter aufs Land zu ziehen. Ein paar wenige haben es tatsächlich gemacht; wesentlich mehr Provinzler ziehen im Alter aber in eine Stadt oder wenigstens eine größere Ortschaft. In urbanen Zentren ist der öffentliche Nahverkehr besser getaktet; Freunde wohnen näher, und auch die medizinische Versorgung ist gewöhnlich besser und effizienter.

Wie auch immer: Sobald Sie also ein kleineres Haus oder eine kleinere Wohnung am Ort Ihrer Wünsche gefunden haben, können Sie so richtig mit dem Ballastabwerfen beginnen. Vielleicht ist der Zeitpunkt ja gerade jetzt besonders günstig, dieses komische Massagegerät loszuwerden, das Sie vor zwanzig Jahren auf einer Esoterikmesse gekauft haben. Oder das rostige alte Fahrrad zu entsorgen, das Sie zur Benutzung für Gäste aufgehoben hatten. Und die alte spanische Flamencogitarre aus den Sechzigern hat nun, da Ihre Finger gichtig werden, wohl auch nicht mehr viel Sinn. Auch sollten Sie jetzt endlich – wenn Sie wissen, wie – Ihre alten Schallplatten auf CDs übertragen.

Und wo Sie schon dabei sind, wäre jetzt die beste Zeit, ein wenig Geld für einen Experten auszugeben, der zu Ihnen ins Haus kommt und sich all Ihren Schnickschnack ansieht, um festzustellen, was er nun eigentlich wert ist. Oder wollen Sie das nach Ihrem Tod den gramgebeugten Hinterbliebenen überlassen? Auch könnten Sie Ihren Kindern und Enkeln jetzt schon einige Dinge schenken, um dem Fiskus ein Schnippchen zu schlagen. Überzeugen Sie sich bitte auch davon, dass Sie alle peinlichen Briefe und Mementos vernichtet haben, vor denen Sie Ihre Lieben besser verschonen wollen.

Wollen die denn wirklich wissen, wie sehr Sie sie vermissten, nachdem sie ausgezogen waren? Oder wie sehr es Sie verletzte, als sie Ihren Geburtstag vergaßen? Ich glaube kaum, dass es sie freuen würde, auf Liebesbriefe zu stoßen, die eine andere Frau an Ihren Mann geschrieben hat (*nachdem* Sie ihn geheiratet hatten, wohlgemerkt). Auch täten Sie Ihrer Familie keinen Gefallen, wenn diese auf die Geburtsurkunde eines Kindes stieße, das Sie im Übermut Ihrer Jugend adoptiert hatten. Oder die Tatsache, dass Sie einst Krebs hatten, ihn aber überwanden und der Familie nie etwas davon erzählt haben. Jetzt ist die Zeit gekommen, alte Spuren sauber zu verwischen, alte Skelette aus alten Schränken herauszuholen und zu Knochenmehl zu verhäckseln.

Ist es nicht einfach *wunderbar*, endlich von einer Besitzgier befreit zu sein, die Sie Ihr Leben lang plagte? Ich jedenfalls kann mich zu meiner Schande erinnern, dass meine ersten Worte etwas in der Richtung waren wie »Meins! Meins!« Das höre ich mich jetzt sehr viel seltener und gewiss mit sehr viel weniger Vehemenz sagen. »Das gehört mir – na ja, uns … ach, was soll's, nimm es einfach!«

Ich hätte nie gedacht, dass Geben tatsächlich seliger sein kann als Nehmen.

10. Aussehen

Then, on a three-legg'd Chair,
Takes off her artificial Hair:
Now, picking out a Crystal Eye,
She wipes it clean and lays it by.
Her Eye-Brows from a Mouse's Hyde,
Stuck on with Art on either Side;
Pulls off with Care, and first dis-
plays'em,
Then in a Play-Book smoothly lays'em.
Now dextrously her Plumpers draws,
That serve to fill her hollow Jaws.
Untwists a Wire; and from her Gums
A Set of Teeth completely comes.
Pulls out the Rags contriv'd to prop
Her flabby Dugs – and down they drop.
Proceeding on, the lovely Goddess
Unlaces next her Steel-Rib'd Bodice;
Which by the Operator's Skill,
Press down the Lumps, the Hollows fill,
Up goes her Hand, and off she slips
The Bolsters that supply her Hips.
With gentlest Touch, she next explores
Her Shankers, Issues, running Sores,
Effects of many a sad Disaster;
And then to each applies a Plaster.
But must, before she goes to Bed,
Rub off the Daubs of White and Red;
And smooth the Furrows in her Front,
With greasy Paper stuck upon't.
She takes a Bolus ere she sleeps;
And then between two Blankets creeps.

»A Beautiful Young Nymph
Going to Bed« – Swift

Zu Ehren des schönen Geschlechts, verfasst von Dr. Jonathan Swift:

Bockt sich auf einen Dreibein-Stuhlen,
ihr künstlich Haupthaar abzupulen;
pflückt auß ein Aug, so von Crystallen,
wischt's rein, und lässt's aufs Schränkchen fallen;
die Brauen, die von Mäusefellen
kunstreich ob jedem Auge angeklebt,
tut für ein Schauspielbüchel ab sie pellen,
wo sie mittzwischen glatten Seiten abgelegt;
entfernt sich flink die Wattepfropfen,
die ihre hohlen Wangen stopfen;
knüpft auf 'nen Draht: und ihrem Gaum' entgähnt
ein künstlich Set, komplett bezähnt;
zieht aus den Fetzen, so statt eines Mieder
die schlaffe Zitze stützt. Die hängt nun nieder.
Sodann sieht man das göttlich-holde Wesen
den stahlgerippten Schnürleib lösen,
der nach dem Heilsplan seines Schöpfers soll
das Dicke flacher machen und das Hohle voll.
Hoch fährt die Hand: die soll entspreiten
die Bolster so die Hüften breiten;
beginnt dann zärtlich zu erkunden
die Pickel, Mitesser & nassen Wunden;
gar manchen traurigen Desasters Würkung.
Auf jedes wird ein Pflästerchen gepappt zur
    Stärkung.
Doch eh' sie sich ins Bette retiriert,
wird noch der rot & weiße Schminkputz
    abgeschmiert,
die Furchen in der Stirn geglättet
mit Schmierpapier, das eingefettet;
muss noch 'ne Doctors-Pille schlucken
und kreucht dann zwischen zween Decken.

Ich lege großen Wert auf mein Äußeres. Was nicht unbedingt heißt, dass ich immer toll aussehe, aber ich halte es für eine moralische Pflicht, nicht allzu grässlich daherzukommen. Gut auszusehen hebt nicht nur die eigene Stimmung, sondern auch die Stimmung jener, denen man auf der Straße begegnet. Meiner Ansicht nach ist ein gepflegtes Äußeres also gleichbedeutend mit guten Manieren und zeugt von einer guten Kinderstube.

Es gibt keine Entschuldigung dafür, sich im Alter gehen zu lassen. Und doch tun das so viele von uns Oldies.

Halten Sie an einer beliebigen Autobahnraststätte in England und Sie werden Horden von alten Leuten sehen, die sich nach dem Aufstehen sichtlich keine Mühe mit ihrem Aussehen gemacht haben. Die Frauen tragen gewöhnlich einen grässlichen Kurzhaarschnitt, der nicht mehr Pflege braucht, als regelmäßiges Nachstutzen, in etwa so wie eine Hecke (wahrscheinlich wird das vom städtischen Gartenpflegeamt gleich miterledigt); sie haben sich nicht die Mühe gemacht, sich auch nur ein bisschen zu schminken, und tragen die typisch asexuelle Rentneruniform von heute: ein amorphes »Top«, dazu eine Windjacke und darunter eine ausgebeulte Jogginghose. Das Outfit krönen schließlich die unvermeidlichen Turnschuhe. Einige dieser Frauen scheinen das Frausein vollkommen aufgegeben zu haben – sie sehen aus wie ein Klumpen auf zwei Beinen.

Ich weiß, was diese Frauen sagen würden, wenn ich sie offen kritisierte: »Aber ich will's doch nur bequem haben.« Dabei, und das scheinen sie zu vergessen, ist es so leicht, es auch in etwas Hübschem bequem zu haben.

Aber egal wie bequem oder unbequem die Kleidung auch sein mag, sie sollte nicht bequem *aussehen*. Ich kann mich an einen Bekannten erinnern, der nach einer fürchterlich schlechten Theatervorstellung in der Garderobe der Schauspielerin erwartet wurde. Was sollte er zu ihr sagen? Die Wahrheit? Oder doch lieber eine Notlüge vorschieben? Er entschied sich schließlich für folgenden Satz: »Darling! Du siehst aus, als hättest du einen Riesenspaß gehabt!« Mit anderen Worten: »*Du* hast vielleicht Spaß gehabt, aber das Publikum hat einen Gähnkrampf gekriegt.«

Wenn also jemand über Ihre Schuhe oder Ihre Kleidung sagt, »die sehen aber wirklich bequem aus«, sollten Sie schleunigst nach Hause rennen und etwas anziehen, das aussieht, als hätten Sie sich ein bisschen mehr Mühe gegeben.

Und die Männer – was ist mit denen passiert? Ich nehme an, als sie jung waren, war ihnen ihre äußere Erscheinung noch irgendwie wichtig. Doch spätestens im Rentenalter tragen fast alle runde Trommelbäuche vor sich her, und viele machen sich nicht einmal mehr die Mühe, sich zu rasieren – und nicht etwa wegen des »männlichen Looks«. Fahren Sie mal nach Frankreich, und Sie werden sehen, dass die Menschen dort, egal welchen Alters, Wert auf ein gepflegtes und hübsches Äußeres legen. Und das sieht man ihnen auch auf den ersten Blick an.

Freunde von mir haben mich gefragt: »Aber wozu? Jetzt, wo ich alt bin, schaut mich doch sowieso niemand mehr an. Ich bin vollkommen *unsichtbar*. Ich habe Falten. Ich sehe nach nichts mehr aus.«

Ihnen möchte ich erwidern, dass wir Oldies, ganz besonders in England, eine tolle Zeit haben können, wenn wir nur ein wenig mehr auf unser Äußeres achten. Der diesbezügliche Standard ist hierzulande ebenso niedrig wie der unserer englischen Küche (zumindest außerhalb der großen Metropolen). Mit einem Minimum an Aufwand können Sie aus sich eine Art ältliche Marlene Dietrich zaubern. Oder eine Tina Turner. Alles, was Sie brauchen, ist ein wenig Flair und Mut.

Natürlich sollten Sie nicht auf den Privatkrankenkassenlook setzen. Wissen Sie, was ich damit meine? Diese Werbeplakate, auf denen gewöhnlich ein verblüffend jung aussehendes älteres Paar abgebildet ist, beide mit vollem, silbergrauem Haar, gewöhnlich im Partner-Windjacken-Look. Er hat immer den Arm um ihre Schulter gelegt, und beide schauen mit leuchtenden Augen in eine mittlere Distanz, als würden sie auf einer Klippe stehen und aufs Meer hinausschauen. Er steht vielleicht neben einem Ankerspill, was den Schluss zulässt, dass er möglicherweise eine Jacht besitzt (und somit Vermögen hat), während sie gerade so viel Lippenstift trägt, um anzudeuten, dass sie's, wenn nötig, immer noch draufhat. Manchmal sind sie vor dem Hintergrund eines Golfplatzes abgebildet, manchmal beim Spaziergang durch einen herbstlichen Laubwald (Sie verstehen die Metapher, oder?), mit funkelnden Augen, die Gesichter voll frischer Hoffnung, denn wenn einmal die Zeit für eine künstliche Hüfte kommt, wird die private Krankenkasse natürlich zahlen.

Dann gibt's da noch diese Anzeige (gewöhnlich in Zeitschriften wie »Bild der Frau« oder »Das goldene Blatt«) von der alten Dame, die mit perfekt gelegter weißer Dauerwelle fröhlich in ihrem Treppenlift in den nächsten Stock fährt. Oder das Modell »Mumie«, das gewöhnlich am Fuß irgendeiner Treppe liegt und den Notfallknopf umklammert, der um ihren Hals hängt, verzweifelt darauf hoffend, dass bald Hilfe eintrifft.

Solche Menschen habe ich im wirklichen Leben nie gesehen, und wenn, dann würde ich sie gar nicht sehen wollen.

Natürlich kann man sein Äußeres nur bis zu einem gewissen Punkt verbessern (außer man lässt größere Renovierungsarbeiten am Gesicht vornehmen). Ich zum Beispiel merke, dass ich, je älter ich werde, mehr und mehr wie meine Mutter aussehe. Oscar Wilde hat einmal gesagt, die größte Tragödie

143

jedes Mädchens sei, »einmal so zu werden wie ihre Mutter«. Meine Mutter hat jedoch ziemlich gut ausgesehen ... Schon als ich noch ein Kind war, haben die Leute zu uns gesagt: »Man sieht auf den ersten Blick, dass ihr Mutter und Tochter seid! Ihr seht aus wie Zwillinge!«

Als ich dann älter wurde, hielten uns Taxifahrer gewöhnlich für Schwestern. Meine Mutter wurde dann ganz albern und affektiert und kramte in ihrer Handtasche nach einem besonders dicken Trinkgeld.

Wir haben beide unsere Haare gelockt, unsere Stimmen sind so ähnlich, dass ich, wenn ich mir Aufzeichnungen von alten Radiointerviews von ihr anhöre, immer denke, dass *ich* das sein muss. Wir haben beide einen üppigen Busen und einen Ballenzeh am rechten Fuß. Und wir sind beide brünett und haben Schlupflider, die uns leicht orientalisch aussehen lassen. Außerdem haben wir die gleiche Retroussé-Nase und den gleichen breiten Mund. Als meine Mutter vierundfünfzig war, hat sie sich die Lider liften lassen – für ihren Geschmack sah sie allmählich ein wenig *zu* orientalisch aus –, und als ich vierundfünfzig wurde und mir eine Freundin auf einer Party sagte, ich sähe aus wie eine bengalische Prinzessin, habe auch ich mir die Lider machen lassen. Als meine Mutter sechsundfünfzig wurde, hat sie sich ein richtiges Lifting geleistet – das Gesicht und auch den Hals (»Eidechsenhals« nannte sie das). Als ich sechsundfünfzig wurde, habe ich dasselbe machen lassen.

Und jetzt, nachdem ich mein ganzes Leben lang versucht habe, dem Jungenhaarschnitt zu entfliehen, auf den meine Mutter immer bestand (»Es sieht so *französisch* aus, Kind!«, »Aber ich will nicht französisch aussehen, ich will *englisch* aussehen!«), habe ich endlich aufgehört, meine Haare lang wachsen lassen zu wollen, sie aufzudrehen, einzudrehen, diesen oder jenen Schnitt auszuprobieren – und bin genau bei jenem knabenhaften Haarschnitt hängen geblieben, der mir, wie meine Mutter wusste, am besten steht. Ein Haarschnitt, genau wie sie ihn hatte.

Die Preisfrage lautet also: Wie kann man sein Aussehen so verändern, dass man im Alter besser aussieht als in der Jugend? Einige meiner Freunde, das lässt sich nicht leugnen, haben das erlitten, was die Franzosen einen *Coup de vieux* nennen. Als man sah sie das letzte Mal traf, und das war vor nicht allzu langer Zeit, da sahen sie noch einigermaßen okay aus – und dann sieht man sie wieder und steht vor einer totalen Ruine. Als wäre über Nacht ein Abbruchkommando aufgetaucht und hätte eine tragende Mauer in ihrem Gesicht entfernt – überall Schutt und Zerstörung.

So leid sie mir ja eigentlich tun – aber ihr Zusammenbruch ist unser Gewinn (ja, ich bin eitel genug, dass ich mich zu dieser Kategorie dazuzähle), denn wir, die wir uns vor dem Abbruchkommando verbarrikadiert haben, kommen jetzt *noch* vorteilhafter zur Geltung. Und, um ehrlich zu sein, selbst jene, deren Fensterrahmen ein wenig wackelig geworden sind und dringend justiert gehörten, wirken jetzt mehr wie sie selbst als je zuvor. Krähenfüße und Lachfältchen können nämlich eine wunderbare Transformation zur Folge haben: Das Gesicht sieht jetzt viel individueller, origineller und zugänglicher aus als in den Tagen von Pfirsichhaut und seidigem Wallehaar.

Es hängt nur davon ab, wie man mit seiner Situation umgeht.

Selbstverständlich gibt es aber auch einen Mittelweg zwischen totaler Ruine und jenen, die mit achtzig aussehen, als wären sie dreißig. Bei letzteren Zeitgenossen hat man immer das Gefühl, eine gute Fee habe sie mit dem Zauberstab berührt, und die ganze perfekte Fassade würde Schlag Mitternacht zerbröseln. Aber auch Sie können, ohne allzu große Mogelei, so attraktiv, umwerfend oder subtil elegant werden, wie Sie nur wollen. Wie Eleanor Roosevelt sagte: »Schöne junge Menschen sind Zufälle der Natur. Schöne alte Menschen sind Kunstwerke.«

Und glauben Sie mir, Sie können jetzt, im Alter, viel besser aussehen, als damals in Ihrer Jugend. Ich sehe gelegentlich schöne alte Menschen und denke mir dann unwillkürlich: »Mein Gott, muss die/der in ihrer/seiner Jugend gut ausgesehen haben.« Aber wenn ich dann zufällig Jugendfotos dieser Personen sehe, bin ich regelmäßig enttäuscht, wie gewöhnlich sie ausgesehen haben – ein junger Mensch wie alle anderen in ihrer Generation.

Keiner von uns will auf grässliche Weise alt aussehen, aber es liegt in unserer Hand, auf gute Weise alt auszusehen. Niemand will wie eine Gemeindehalle aus den Fünfzigern aussehen, die von Hooligans verwüstet wurde. Aber ich hätte nichts dagegen, wie Tintern Abbey auszusehen. Oder wie der Tempel von Karnak. Ich habe eine Freundin, die jetzt schon nach Kleidungsstücken Ausschau hält, die sie in möglicherweise kommenden schweren Zeiten gebrauchen könnte. Sie besitzt mittlerweile mehrere elegante Hüte, die sie als ihre »Krebshüte« bezeichnet – falls sie einmal eine Chemotherapie machen muss und ihr alle Haare ausfallen. Und neulich ist sie in einem neuen Mantel bei mir aufgetaucht. Während sie sich vor mir drehte und wendete, äußerte sie ihre Zweifel, ob sie ihn nun behalten solle oder nicht. Aber dann sagte sie: »Ach, weißt du was, ich gebe ihn doch nicht zurück. Das ist ein guter Mantel, um sich darin begraben zu lassen.«

Um auch im Alter noch gut auszusehen, muss man jedoch ein paar Grundregeln beachten. Die nun folgenden Tipps stammen von meiner Mutter, und die musste es ja wissen, schließlich war sie in den Sechzigern Professorin für Mode am *Royal College of Art* und half Berühmtheiten wie Ossie Clark, dem Fashiondesigner der Sixties, auf die modische Landkarte. Ich teile ihr Wissen gerne mit Ihnen.

1. Ziehen Sie niemals etwas Weißes an, ganz besonders nicht in der Nähe des Gesichts. Es lässt gelbe Zähne gelber aussehen und das Weiß der Augen schleimig grau wirken, durchsetzt mit kleinen roten geplatzten Äderchen.

2. Halten Sie Ihre Oberarme immer sorgfältig bedeckt. Vermeiden Sie es tunlichst, der Öffentlichkeit jene Hautfladen (auch bekannt als »Bingofladen«), die unter den Oberarmen hängen, zuzumuten. Dasselbe gilt für die Röllchen unter der Achsel, zwischen Oberarm und Oberkörper.

3. Um ehrlich zu sein, halte ich nicht viel davon, die Lesebrille an einer Schnur um den Hals zu tragen. Es lässt den Betreffenden, wie eine Freundin einmal sagte, »aussehen, als wäre er taub«. Mich erinnern solche festgebundenen Brillen immer an die Fäustlinge von Kindern, die diese früher an Schnüren trugen, die durch die Jackenärmel gefädelt wurden, damit sie nicht verloren gingen.

4. Kaufen Sie sich spätestens alle sechs Monate einen neuen BH und achten Sie darauf, dass er immer schön straff sitzt. Sie wollen schließlich nicht zu jenen Frauen gehören, deren Brüste den Bauch berühren, wenn sie sich setzen. Oder noch schlimmer, wenn sie stehen.

5. Versuchen Sie nicht, einen Eidechsenhals mit einem Schal oder einem Rollkragenpulli zu kaschieren. Das sieht aus, als hätten Sie etwas zu verbergen – und die menschliche Fantasie wird immer etwas noch Schlimmeres heraufbeschwören als das, was da unter den Stoffschichten vor-

handen ist. Wenn ich an einer hohen, dichten Zypressenhecke vorbeifahre, muss ich immer an solche Schals denken. Ich frage mich dann unwillkürlich, was für ein grässliches Gebäude man wohl hinter dem Bewuchs verstecken mag. Ein Kernkraftwerk? Eine Justizvollzugsanstalt? Die britische Zweigstelle des Guantanamo-Gefängnisses?

6. Achten Sie immer auf ein makellos sauberes Erscheinungsbild. Ich weiß nicht, warum, aber junge Menschen können einen Abfallsack und löchrige Schuhe anziehen und sehen trotzdem toll aus. Aber ein alter Herr in tadellosem Nadelstreifenanzug, mit funkelnd polierten Schuhen und frisch gestärktem weißen Hemd, der ein wenig Eigelb auf der Krawatte hat, sieht abstoßend aus. Und wenn Sie unbedingt Hosen anziehen müssen, dann sehen Sie sich vorher immer den Saum an. Es ist erstaunlich, wie viel Pfützenwasser Hosensäume aufnehmen können. Und durch die gravitationsverachtende Kraft der Photosynthese (glaube ich zumindest) steigen die Grasflecken am Hosenbein hoch, bis sie fast bis ans Knie reichen. (Natürlich liege ich den Leuten immer mit meiner Sauberkeitspredigt in den Ohren, ohne zu merken, dass ich einen scheußlichen Butterfleck auf meinem Rock habe …)

7. Tragen Sie nie Sportkleidung, außer Sie sind tatsächlich ein in die Jahre gekommener Athlet oder superfit. Ansonsten lenkt das nur die Aufmerksamkeit auf ihre schlaffen Muskeln.

8. Wenn Sie das Gefühl haben, einen Kupferarmreif tragen zu müssen, um den Rheumatismus abzuwehren, dann verstecken Sie ihn bitte unter langen Ärmeln. Dass Sie ein verrückter alter Knacker sind, muss ja nicht jeder wissen.

9. Tragen Sie meinetwegen ruhig bequemes Schuhwerk – aber es sollte nie bequem *aussehen*. Alles mit Klettverschlüssen ist ein absolutes Tabu.

10. Wenn in Ihrem Schrank noch ein paar umwerfende Ossie-Clark-Kleider aus den Sechzigern hängen oder Glockenröcke aus den Siebzigern – was spricht dagegen, sie einmal wieder anzuprobieren? Wenn sie zu klein sind, gehen Sie auf Diät oder lassen Sie sie weiter machen, so dass sie passen. Sie werden einfach umwerfend aussehen.

11. Legen Sie sich den schicksten und teuersten Morgenmantel zu, den es für Geld zu kaufen gibt, denn es wird eine Zeit kommen, in der Sie das gute Stück kaum noch ablegen werden. Im Altersheim zum Beispiel, wenn Sie mit all den anderen Mumien zusammensitzen und ins Leere starren. Für diesen Fall der Fälle sind Sie dann zumindest hübsch verpackt.

12. Lassen Sie sich liften. Man wirft mir oft Heuchelei vor, wenn ich über die Freuden des Altwerdens rede, da ich selbst mein Gesicht habe liften lassen. Aber das tat ich nicht, um jünger auszusehen – ganz ehrlich! Ich tat es, weil ich nach Jahren tiefer Depressionen so fürchterlich niedergeschlagen aussah. Wenn ich morgens aufstand und in den Spiegel schaute, war selbst ich entsetzt über das, was mir da entgegenstarrte. Es passte nicht mehr zu dem optimistischeren Menschen, der ich inzwischen geworden war. Sogar mein Lächeln wirkte niedergeschlagen. Ich hatte mein Gesicht in eine Form geheult, die nicht nur mich deprimierte, sondern auch meine Mitmenschen. Und nachdem ich die Operation hatte machen lassen, sagte man mir nicht etwa, wie *jung* ich aussähe, sondern wie *gut* ich aussähe. Das ist doch viel netter.

13. Finger weg von Hosen – außer Sie sind eine äußerst grazile Frau. Männer werden im Alter oft zunehmend weib-

licher, während bei Frauen das Gegenteil passiert: Am Kinn sprießen Haare, die Stimme wird tiefer. Sie sollten diese Entwicklung nicht dadurch unterstützen, dass Sie sich wie ein Kerl anziehen. Außer natürlich, Sie sind einer. Nein, je älter Sie werden, desto femininer sollten Sie sich kleiden.

14. Wenn Sie eine Frau sind, sollten Sie nie am Make-up sparen. Es ist nicht nur so, dass Ihr Gesicht damit besser aussieht, Sie verkünden der Welt auf diese Weise auch, dass Ihnen noch etwas an sich und Ihrer Umgebung liegt. Und das freut jeden, dem Sie begegnen, ob im Supermarkt oder an der Ampel, in jenen seltsamen Momenten, wenn wir eine kurze Verbindung mit dem Fahrer des benachbarten Autos eingehen. (Apropos Make-up, ist Ihnen schon mal aufgefallen, dass Sie, obwohl es mittlerweile überflüssig ist, da unsere Haut ihre Elastizität verloren hat, immer noch diese komisch verzerrte Miene machen, wenn Sie sich die Augen schminken?)

15. Wenn Sie ein Mann sind, dann lassen Sie sich *bitte* keinen Bart wachsen! Das sieht aus, als würde ein räudiger Köter an Ihrem Kinn hängen. Außerdem verkünden Sie Ihrer Umwelt damit, dass Sie a) ein Problem mit Ihrer Maskulinität haben und b) kein Interesse, eine Frau oral zu befriedigen. Außerdem finde ich, dass heutzutage jeder grauhaarige Mann mit Bart eine unheilvolle Ähnlichkeit mit dem berüchtigten Dr. Harold Shipman* hat.

16. Wenn Sie ein Mann sind und Ihnen die Haare ausgehen, dann sollten Sie diese Tatsache *betonen* und nicht vertuschen. Rasieren Sie sich entweder gleich eine Glatze oder lassen Sie sich einen ganz normalen Haarschnitt verpas-

---

* Britischer Mediziner und Serienmörder, der nach Schätzungen 250 Patienten mutwillig tötete. Er erhängte sich 2004 im Gefängnis von Wakefield.

sen. *Auf gar keinen Fall* sollten Sie sich über einem Ohr einen Scheitel ziehen und die noch vorhandene dünne Matte quer über den Schädel kämmen. Das mag in Ihren Augen vielleicht ganz gut aussehen, aber glauben Sie mir: Von hinten ist es ein grässlicher Anblick. Auch lange Haare sind ein Tabu. Es gibt nichts Deprimierenderes als den Anblick eines alten Kerls mit schütterem, langem grauem Haar, vor allem, wenn diese Haare zu einem dünnen Pferdeschwanz zusammengefasst sind. Das sieht nicht cool aus, wie vielleicht beabsichtigt, sondern als wäre ein Überlebender aus den Sixties an Land gespült worden – der schon geraume Zeit im Wasser trieb.

17. Tragen Sie nie etwas, das den Eindruck macht, als wollten Sie auf Safari gehen.

18. Wenn Sie eine Frau sind und Ihr Kopf aussieht wie ein alter Schrubber, auf dem nur noch wenige Borsten übrig sind, zwischen denen die Kopfhaut zu sehen ist – um Gottes willen, schlucken Sie Ihren Stolz hinunter und legen Sie sich eine Perücke zu. Ich habe mir selbst mal eine gekauft, als meine Haare nach einer längeren Hormonbehandlung dünn und eigenartig kraus geworden waren. Schwitzend vor Verlegenheit betrat ich ein Perückengeschäft und schluckte die bittere Pille. Ich habe das Ding sogar ein paar Mal aufgesetzt. Die sind gar nicht so teuer – Sie brauchen ja nicht unbedingt eine Echthaarperücke. Und obwohl es unter den Dingern fürchterlich heiß wird und man sich darin möglicherweise vorkommt, als würde man eine Badekappe tragen (vor allem in einem Nachtclub ein seltsames Gefühl), gewöhnt man sich nach einer gewissen Zeit daran. Joan Crawford trug Perücken. Und wenn sie das konnte, können Sie es auch.

19. Mundpflege wird im Alter immer wichtiger. Was Zähne betrifft, würde ich eher davon abraten, sie weißen zu

lassen. Aber achten Sie auf Ihre Porzellankronen. Während die eigenen Zähne immer gelber werden, stechen die Kronen umso stärker hervor. Ihre Zähne sollten zumindest alle die gleiche Farbe haben. Und benutzen Sie regelmäßig Zahnseide. Das ist vor allem deshalb wichtig, weil sich unser Zahnfleisch im Alter zurückbildet. Jetzt ist oftmals der Wurzelansatz zu sehen, mit einer kleinen Einkerbung, in der sich vorzugsweise Spinat und Himbeersamen ansiedeln. Auch sollten Sie sich stets davon überzeugen, dass Ihre Zunge sauber ist. Manche alten Menschen haben einen gelblich-weißen Belag auf der Zunge. Sie selbst merken das nicht, wenn sie sich mit geschlossenem Mund im Spiegel betrachten, aber für das Gegenüber, mit dem sie sich unterhalten, ist es ekelerregend. Zungen lassen sich leicht mit Natron reinigen. Ein bisschen Pulver drauf und mit einer Zahnbürste abschrubben. Und schließlich sollten Sie nie vergessen, Ihre Mundwinkel zu überprüfen. Bei manchen alten Menschen klebt dort getrocknete Spucke. Widerlich. Wenn Sie dieses Problem haben, sollten Sie immer ein Taschentuch mit sich führen und sich ständig den Mund abwischen.

20. Machen Sie sich keine Sorgen, wenn Sie einen leichten Bauchansatz haben; das ist ganz normal, wenn man die sechzig überschreitet, da helfen weder Liegestützen noch sonstige Leibesertüchtigungen. Ich habe vor einiger Zeit eine große Messe zum Thema Alter in London besucht. Man konnte an jeder Ecke sein eigenes Begräbnis arrangieren. Oder sich mit anderen Senioren ein Ferienhaus in Spanien teilen. Auch gab es prächtige Sessel, die auf und nieder brummten und auf Knopfdruck Fußstützen ausspien. Es gab Testamentsformulare, und selbstverständlich war auch jede erdenkliche Krankenkasse mit

einem Stand vertreten. Überall standen gepflegte Männer in dunklen Anzügen herum und versuchten alle möglichen Versicherungen zu verkaufen. Aber es gab auch einen Wettbewerb: Gesucht wurde der älteste Bodybuilder der Welt. Der Gewinner war ein achtzigjähriges, besonders runzliges Exemplar mit Sonnenstudiobräune und erstaunlichem Bizeps. Doch selbst er hatte, wie ich zu meiner Beruhigung feststellte, mehr als nur einen kleinen Bauchansatz – obwohl er sicherlich sein ganzes Leben lang Gewichte gestemmt hatte. Trotzdem ist es ratsam, den Bauch zu kaschieren. Überwinden Sie sich und zwängen Sie sich, wenn es sein muss, in ein Miederhöschen oder einen sonstigen straffenden Bodysuit – Ihre Umgebung wird es Ihnen danken.

Falls Sie immer noch glauben, dass es unmöglich sei, auch im hohen Alter gut auszusehen, lesen Sie, was Howard Jacobson im *Independent* über Leonard Cohen schrieb:

Ein teuflisch attraktiver Mann Mitte siebzig. Manchen Männern bekommt das hohe Alter eben viel besser als die Jugend. Ganz besonders melancholisch-sinnlichen Männern, die sich nicht entscheiden können, ob sie nun glücklich sein sollen oder nicht. Dieses Nicht-Wissen hält sie, ebenso wie Nicht-Essen, hager wie Windhunde. Cohen ist verblüffend sehnig, wirkt so lakonisch wie eine Schlange im sonnigen Grase, und die tiefen Linien, die sein Gesicht durchfurchen und beseelen, zeugen von einem ausschweifenden Leben. Aber ich meine damit nicht Wein, Weib und Gesang, sondern ebenso starke Passionen wie eine überschwängliche Spiritualität, durchsetzt mit Perioden ekstatischen Zweifels.

Wenn Sie vor der riesigen Mühe zurückscheuen, sich einigermaßen präsentabel zu machen, könnten Sie als Alternativlösung aufgeben und alle Hemmungen fahren lassen – das ist immer noch besser, als gänzlich unsichtbar zu werden. Es gibt da einen wundervollen Film mit der alten Katherine Hepburn, mit dem Titel »Die Irre von Chaillot«. Sie spielt dort eine alte Dame, die in recht exzentrischer Aufmachung ihr Pariser Stadtviertel heimsucht. Auch Sie sind jetzt alt genug, um sich, vom modischen Standpunkt aus gesehen, fast alles erlauben zu können. Warum tragen Sie nicht einmal lagenweise goldene oder silberne Schals (vorausgesetzt, sie sind sauber), dazu riesige Strohhüte, gekrönt mit Bergen von Obst oder Gemüse? Keine Sorge, dass Sie wie eine Irre aussehen könnten. Sie sind ja jetzt selbstbewusst genug, nicht wahr?

11. Junge Menschen

When I was young my teachers were the old.
I gave up fire for form till I was cold.
I suffered like a metal being cast.
I went to school to age to learn the past.

Now I am old my teachers are the young.
What can't be molded must be cracked and sprung.
I strain at lessons fit to start a suture.
I go to school to youth to learn the future.

»*What Fifty Said*« – Robert Frost

Als ich jung war, da waren meine Lehrer alt.
Mein Feuer gab ich auf für kalte Form.
Ich litt wie ein Metall beim Guss.
Ich lernte die Vergangenheit beim Alter.

Nun bin ich alt, und nun sind meine Lehrer jung.
Was nicht mehr formbar ist, zeigt tiefe Risse.
Ich mühe mich, den Spalt zu schließen.
Ich lerne jetzt die Zukunft bei der Jugend.

Als ich jung war, mochte ich alte Menschen überhaupt nicht. In meiner Wahrnehmung hatten sie alle zittrige Lippen, tränende Augen, und außerdem rochen sie schlecht. Dazu diese runzeligen alten Hände mit dicken, hervortretenden Adern. Ich mochte nicht, wie sie sich anzogen, und war der tiefen Überzeugung, dass sie nichts, aber auch gar nichts mit mir gemein hatten. Außerdem verstanden die Alten die Welt nicht mehr, und uns Junge schon gar nicht. Wie alle meiner Altersgenossen in den Sixties war ich für die ältere Generation ein Buch mit sieben Siegeln. Immerhin waren wir eine Generation, die erst durch die Sixties erschaffen worden war. Gut, es gab die wilden Zwanziger, aber soweit ich weiß, betraf das nur eine bestimmte, abgegrenzte Gesellschaftsschicht: die »jungen Reichen«. Die neue Generation von »Swinging Young People« in den Sixties dagegen umfasste sämtliche Klassen.

Es fand eine gesellschaftliche Revolution statt. Die Alten konnten nicht begreifen, wie ich, ein Mädchen aus der oberen Mittelschicht, mich mit Kriminellen abgeben und wie ich mit East-End-Boys schlafen konnte – die dann später Designer, Fotografen und Unternehmer wurden.

Auch die Medien waren geradezu versessen auf diese neue junge Generation. Ich arbeitete damals als Rock-Journalistin bei der *Mail* und war die allgemeine Anlaufstelle, wenn es darum ging, den Älteren zu erklären, wie die Jungen tickten. Ich musste sogar ein Slang-Wörterbuch erstellen und Begriffe wie »*square*«, »*cool*«, »*fab*« und »*trendy*« erklären.

Ich weiß noch, wie eine alte Schachtel auf einer Party auf mich zugetattert kam und sich neben mich quetschte.

»Hallo!«, krächzte sie begeistert, »ich wollte Sie unbedingt kennen lernen, denn wissen Sie, ich *liebe* junge Menschen! Sagen Sie – warum tragen Sie Ihre Röcke so kurz und die Beatles ihre Haare so lang? Sollte es nicht umgekehrt sein? Hahaha!«

Ich konnte förmlich fühlen, wie sie mir einen Saugnapf ansetzte und meine ganze Jugend aussaugte.

Das Erste, was man übers Altwerden sagen muss, ist, dass es keiner absichtlich macht, um die Jungen zu ärgern. Das begreife ich erst jetzt, wo ich selbst alt bin. Dieser Tage ruft mich keine Zeitschrift mehr an, um zu fragen, warum die jungen Leute Drogen nehmen. Jetzt möchte man meine Meinung zu den neuesten Erkenntnissen in der Alzheimerforschung erfahren, oder warum Seniorensex so viel besser sein soll und was ich, die ich ja offensichtlich an der Schwelle des Todes stehe, von Euthanasie halte.

Ich befinde mich in einer merkwürdigen Position. Denn einerseits sind die Oldies von heute tatsächlich anders als früher. Mag sein, dass ich mir was vormache, aber ich bin der Meinung, dass die kulturelle Kluft zwischen mir und einem jungen Menschen von, sagen wir, dreißig schmaler ist als zwischen einem fünfundsechzigjährigen Menschen und mir, als ich jung war. Tatsächlich habe ich mehr Drogen genommen, mit mehr Männern geschlafen und – das scheint mir am allerwichtigsten – mehr Veränderungen erlebt als ein junger Mensch, der in den Achtziger- oder Neunzigerjahren geboren wurde. Ich kann mich noch an eine Zeit erinnern, in der ein Geschäftsmann mit Bowler und aufgerolltem Schirm herumlief. Meine Generation ist Zeuge enormer kultureller Umwälzungen geworden, was bedeutet, dass wir uns in der einmaligen Position befinden, sowohl die sehr Alten – die Neunzigjährigen – als auch die Jungen zu verstehen.

Gleichzeitig kann ich nicht bestreiten, dass ich ein altes Tantchen bin – und dass es in Bezug auf die jüngere Generation Dinge gibt, die ich einfach nicht mehr begreife. Wenn ich heutzutage das Wort »hip« höre, denke ich dabei nicht mehr an einen coolen Typen in engen Jeans, sondern an eine interessante Operation, von der ich etwas lernen kann. (Obwohl, neulich hat eine junge Verkäuferin zu meiner Verblüffung »fab« gesagt, als ich ihr das Geld passend gab. Ich habe sie einen Moment lang angestarrt, weil ich schon glaubte, sie sei vielleicht so alt wie ich und habe sich lediglich fünfhundert Mal liften lassen, aber nein, sie war jung, etwa zwanzig. Es scheint, als ob »fab« wieder im Kommen ist. Cool. Dennoch sollte man vorsichtig sein, welche alten Slangausdrücke man wiederbelebt. Wenn man sich selbst als »square«

bezeichnet und sein junges Gegenüber als »*swinging*«, wird man verstohlene Blicke auf Armbanduhren ernten. Oder auf das, was die Jugend heutzutage als Armbanduhr benutzt – Handys. Chips im Handgelenk.)

Die Tatsache, dass diese Kluft zwischen Jung und Alt, wenn auch vorhanden, im Laufe der Jahre immerhin schmaler geworden ist, bedeutet, dass es für uns Oldies einfacher ist, Kontakt mit jungen Menschen zu bekommen. Es ist immer gut, mit jungen Menschen befreundet zu sein, das erweitert den Freundeskreis-Horizont.

Als wir jung waren, konnten wir nicht »mit jungen Leuten befreundet sein«, weil wir selbst jung waren. Aber nun kann ich zu meiner großen Freude eine Art Mutterrolle für die Jugend spielen. Selbst als ich fünfzig war, waren junge Leute für mich noch eine vage Bedrohung. Jetzt, mit fünfundsechzig, nehme ich sie überhaupt nicht mehr als Bedrohung wahr. Und sie mich ebenso wenig. Denn es ist unwahrscheinlich, dass ich einem jungen Mädchen den Freund wegschnappen oder es hintergehen könnte, indem ich Klatsch weitertrage. Bei mir sind junge Leute sicher. Und so peinlich es mir ist, das zuzugeben, ich bin ganz verrückt nach ihnen.

Allerdings teilen diese Begeisterung nicht alle Oldies. Viele alte Menschen können junge Menschen nicht ausstehen. Als der mittlerweile dreiundachtzigjährige Komiker Frank Carson gefragt wurde, was er von den jungen Komikern von heute halte, antwortete er: »Ich hasse sie – ganz besonders Jack Dee und Jimmy Carr. Denn sie sind komisch – viel komischer als ich. Und so *jung*.« Und der Schauspieler Richard Griffiths schlug vor, dass die Post jedem Menschen ab fünfzig täglich eine Plastiktüte mit einem nassen Fisch zustellen solle, damit man, wann immer man einem jungen Menschen begegne, diesem den Fisch rechts und links um die Ohren knallen könne. Auf die Frage der Gepeitschten, warum man das tue, könnte man dann etwa antworten: »Weil du jung, attraktiv und erfolgreich bist«.

Aber ich bin, wie gesagt, ganz verrückt nach jungen Menschen. Und es schmeichelt mir ungeheuer, wenn sie mich ebenfalls mögen. Früher habe ich immer damit angegeben, dass mich einst Mick Jagger küsste (na ja, nur auf die Backe, aber immerhin), jetzt jedoch gebe ich vor meinen alten Freunden mit dem Alter – oder der Jugend – einiger meiner neueren Freunde an. Ich bin letztes Jahr nach Italien eingeladen worden, und als man mich fragte, wohin genau, antwortete ich: »Ach, nichts Besonderes … Sizilien … aber weißt du was? Die Dame, die mich eingeladen hat, ist sehr *jung.* Erst vierunddreißig. Eine gute Freundin, weißt du … Ja, und sie möchte, dass ich meinen Urlaub *bei ihr* verbringe. Sie *mag* mich. Sie ist wirklich sehr *jung* – jünger als mein Sohn, erst vierunddreißig, hab ich das schon erwähnt? Und sie hat *mich,* obwohl ich so viel älter bin, in ihr Ferienhaus eingeladen …« Ich benahm mich wie jemand, der zum Dinner mit einem Rockstar eingeladen worden war. Ich war trunken vor Glück.

Die Jungen sind für uns Oldies wie eine Droge. Als ich jung war, fuhr ich nichtsahnend meinen Sohn im Kinderwagen durch den Park spazieren, als plötzlich diese alte Schachtel hinter einem Busch hervorsprang und schrie: »Tutzi, tutzi! Was für ein *reizendes* Baby! Ist er nicht süß! Oder ist es eine Sie?«

Heutzutage sitze *ich* nichtsahnend hinter einer Hecke, und wenn eine junge Frau mit einem Kinderwagen an mir vorbeikommt, springe ich ebenfalls hervor und schreie: »Tutzi, tutzi! Mädchen oder Junge? Was für ein süßes kleines Wesen!«

Das Tolle am Altwerden ist, dass man nicht nur junge Freunde haben kann, sondern auch solche, die *noch* älter sind als man selbst. Wenn ich mit diesen noch älteren Zeitgenossen zusammen bin, fühle ich mich wie ein junges Ding. Es ist ein bisschen, als würde ich ihnen auf dem Schoß sitzen und andächtig den Geschichten aus ihrer Jugend lauschen – die ich übrigens furchtbar interessant finde.

Howard Jacobson, selbst nicht gerade ein junger Hüpfer, schrieb im *Independent:*

Ich persönlich liebe die Gesellschaft von Menschen, die »es hinter sich haben«. Dabei spielt keine Rolle, was genau »es« ist. Die Tatsache, dass sie was auch immer hinter sich haben, genügt. Ich liebe dieses gewisse Gemeinschaftsgefühl von Selbstironikern. Das Fehlen jedes Konkurrenzdenkens, unter dem das Leben der Aktiven so sehr leidet ... Ich liebe es, mit Menschen zusammen zu sein, die nicht von gestern sind ... die akzeptieren, dass wir alle Ruinen unter Ruinen sind ...

Die interessantesten jungen Menschen können wir sogar *hören,* da sie den Großteil ihres Lebens in lauten Nachtclubs verbringen und deshalb natürlicherweise brüllen müssen, wenn sie sich unterhalten, da ihr Gehör bereits geschädigt ist. Und selbst die weniger interessanten jungen Zeitgenossen sind immer noch interessant genug. Irgendjemand hat gesagt: »Gibt es eine schönere Musik als das Stimmengewirr junger Menschen?«

Ich habe Freunde in meinem Alter, mit denen ich mich selbstverständlich von gleich zu gleich unterhalte, aber jetzt ist mein Leben noch zusätzlich bereichert durch meine jüngeren Freunde, für die ich die Ältere, Weisere bin, an die sie sich in allen Lebenslagen vertrauensvoll wenden können. Wissen junge Männer eigentlich, wie ausgesprochen schmeichelhaft es für einen alten Menschen ist, wenn sie es der Mühe wert finden, ihnen mehr als eine halbe Stunde ihrer kostbaren Zeit zu schenken? Als meine Mutter alt war, brauchte nur ein junger Mann ihren Pfad zu kreuzen, und schlagartig lief sie wieder zu ihrer alten Form auf. Sie wurde dann geradezu peinlich mädchenhaft und albern, flirtete hemmungslos und war allein durch die Anwesenheit eines jungen Menschen, genauer gesagt, eines jungen *Mannes,* im siebten Himmel.

So demütigend es auch ist, ich finde es schwer, mich nicht ähnlich zu verhalten. Ich brauche nur den Blick eines jungen Mannes in einem Auto neben mir aufzufangen, und wenn er mir ein Lächeln schenkt, gehe ich den ganzen restlichen Tag auf Wolken.

Es ist nicht nur so, dass es schön ist, junge Menschen um sich zu haben. Unsere alten Freunde kippen nach und nach von der Stange, und wenn wir kein junges Gemüse nachziehen, sitzen wir auf einmal allein da. Es macht also Sinn, neue, jüngere Namen in unser Adressbuch aufzunehmen, um die alten, die man rausstreichen musste, zu ersetzen.

Wie ich höre, errichtet man in Holland eine ganze Stadt nur für Senioren. In Senior City bei Zeeland wird es weder Schulen noch Diskotheken, noch Tattoo-Studios geben. Und Motorräder sind verboten.

Für mich wäre so ein Ort der Vorhof zur Hölle.

12. Reisen

Als ich noch sehr jung war und den Drang verspürte, irgendwo anders zu sein, wurde mir von reifen Menschen versichert, die Reife werde dieses Jucken kurieren. Als ich das Alter erreicht hatte, das mich als reif beschrieb, war das mittlere Alter die verschriebene Medizin. Im mittleren Alter wurde mir versichert, das höhere Alter werde mein Fieber besänftigen, und jetzt, wo ich achtundfünfzig Jahre alt bin, wird das Greisenalter es vielleicht tun. Nichts hat bisher geholfen. Vier heisere Pfiffe einer Schiffssirene, und immer noch richten sich meine Nackenhaare auf, und meine Füße setzen sich in Bewegung. Das Dröhnen eines Düsenjets, ein warmlaufender Motor, ja nur das Klappern von Pferdehufen auf Straßenpflaster, und schon verspüre ich wieder den alten Schauder, der Mund wird mir trocken und der Blick träumerisch, die Handflächen werden heiß, und der Magen hebt sich bis hoch in den Brustkasten. Mit anderen Worten, es wird nicht besser mit mir, oder noch anders gesagt, einmal ein Tramp, immer ein Tramp. Ich fürchte, die Krankheit ist unheilbar.

Meine Reise mit Charley – John Steinbeck

Viele von uns haben eine Liste von »Dingen, die wir tun wollen, bevor wir sterben«. Der verstorbene Miles Kington zum Beispiel wollte noch »jodeln lernen, auf zwei Fingern pfeifen und die Worte ›Macho‹ und ›Chorizo‹ hintereinander aussprechen«. Andere wollen die Welt sehen und jene Orte abhaken, die sie immer schon besuchen wollten, aber nie Zeit dafür hatten. Ganz oben auf der Liste der meisten Senioren steht also – vorausgesetzt, das angesparte monetäre Polster erlaubt es – das Reisen.

Ich finde das seltsam. Reisen ist doch etwas, das man am besten dann tut, wenn man jung ist – es ist ganz natürlich für die Jugend, sich nach außen zu orientieren –, aber wir Oldies sollten doch, wie ein absterbendes Blatt, das sich nach innen rollt, eher weniger reisen oder doch zumindest nicht mehr so weit. Doch wieder einmal zeigt sich hier der beklagenswerte Trend meiner Generation, nicht zugeben zu wollen, dass man sein Haltbarkeitsdatum allmählich überschritten hat. Anstatt sich zu entspannen und die Früchte seiner lebenslangen Schufterei zu genießen, stürzt man sich in ein neues, ein (immer wieder) letztes Abenteuer und fliegt, um es mal so auszudrücken, bis zum Absturz.

Aber sie sind nicht dumm, die Senioren. Man findet nicht viele von ihnen schwitzend mit einem Rucksack durch Europa trampen oder sich in einem Pariser Restaurant als Tellerwäscher oder als Schafhirte in Australien das weitere Reisegeld verdienen, wie viele Youngsters in ihren müßigen Jahren, bevor es ernst wird.

Nein, Oldies reisen mit Komfort.

Kreuzfahrten

Auf Kreuzfahrtschiffen wimmelt es nur so von Mumien. Alle wollen sich – *bevor sie sterben* – noch einmal durch den Kanal von Korinth zwängen, durch den Bosporus schippern, sich die Städte rund ums Mittelmeer ansehen und von der Schönheit der norwegischen Fjorde verzaubern lassen. Schiffsreisen sind überdies ideal für alte Pärchen. Er ist zu alt, um noch selbst am Steuerrad zu stehen und liebt daher nichts mehr, als nach einem üppigen Frühstück mit prallvollem Bauch zufrieden auf dem Achterdeck zu stehen und zuzusehen, wie andere Kerle den Anker hieven oder das Großsegel brassen – oder was immer man auf einem Schiff eben so tut. Und die Frauen können sich derweil in die – gutbestückte – Schiffsbibliothek zurückziehen und nachschlagen, was es auf dem nächsten Landgang für (andere) Ruinen zu besichtigen gibt.

Das Dumme an Kreuzfahrten ist jedoch, dass so viele Senioren genau dieselbe Idee haben. Ich weiß ja nicht, wie es Ihnen geht, aber ich habe keine Lust, mich auf einem schwimmenden Gefängnis mit einer Horde krückenschwingender Mumien einsperren zu lassen. *Mit Menschen meines Alters.* Ich war mal auf einer Kreuzfahrt – gezwungenermaßen, weil ich eine Lesung halten musste – und stellte fest, dass es auf dem Schiff sogar eine Leichenkammer gab. Und die war, als wir schließlich wieder im heimischen Hafen anlegten, bis zum letzten Kühlfach voll mit Oldies, die es nicht mehr rechtzeitig nach Hause geschafft hatten.

(Im Übrigen habe ich auch keine Lust, in einem Zimmer von der Größe eines Sargs und einem Bett von der Größe eines Federmäppchens zu nächtigen. Ebenso wenig fühle ich mich bemüßigt, freitagnachmittags auf dem Zwischendeck Origami zu lernen oder montags in der Royal Tea Lounge auf dem Promenadendeck Schalbinden – »Entdecken Sie Ihren eigenen Stil! Lernen Sie unter fachgerechter Anleitung das Binden ausgefallener Knoten und das Wickeln raffinierter Schalarrangements«. Himmel, hilf!)

Manche Reedereien haben einen solchen Horror davor, zu schwimmenden Pflegeheimen zu verkommen, dass Sie Ihre Passagiere nötigen, vor Antritt der Reise ein Papier zu unterschreiben, in dem steht, dass man im Vollbesitz seiner physischen und mentalen Kräfte sei und die Landgänge ohne Schwierigkeiten mitmachen könne. Und wenn dann das graue Heer hinkender, an Krücken gehender Senioren schwankend das Schiff stürmt, glaubt man förmlich die Reederei mit den Zähnen knirschen zu hören, wenn diese Passagiere fröhlich mit ihren Bordkarten winken und behaupten, erst *nach* Unterzeichnung des Papiers auf einer Bananenschale ausgerutscht zu sein (oder sich einer plötzlichen Hüftoperation hatten unterziehen müssen).

Auch ist der Aufenthalt auf einem Schiff nicht gerade der Bewegung förderlich, denn man hat ja kaum Auslauf. Und man tut nichts als essen, essen und wieder essen, vier Mahlzeiten pro Tag.

Eigentlich heißt es ja, dass Reisen den *Horizont* weitet. In diesem speziellen Fall weitet es aber auch den Hüftumfang.

Man hat mir von einer alten Dame berichtet, deren Füße in ihren letzten Lebensjahren kaum mehr festes Land berührten. Die kurze Zeit zwischen den Kreuzfahrten verbrachte sie immer in einem Hotel in Portsmouth, wo sie, wie ich vermute, ihren Vorrat an Medikamenten und Pillen aufstockte, bevor sie wieder in See stach. (»Noch ein Bruchband, Lady Bonkers?«, mag der Apotheker gesagt haben. »Und die übliche Schiene für Ihren Ballenzeh? Nein, das kostet nichts, Sie sind ja über sechzig. Oh und übrigens, dieser chinesische Hut steht Ihnen ausgezeichnet.«) Ich glaube, die Reedereien haben versucht, sie auf eine Schwarze Liste zu setzen, denn man will ja schließlich niemanden dabeihaben, der nicht mal weiß, wie er heißt, wenn man krampfhaft versucht, auf Landgängen all seine geriatrischen Schäfchen beisammenzuhalten. Wenn da jemand verloren geht, findet man ihn nie wieder.

Trekking

Als mir zu Ohren kam, dass es Senioren gibt, die Trekking-reisen unternehmen, dachte ich anfangs, dass es sich um eine besonders robuste, abenteuerlustige Sorte von Oldies handeln müsse. *Dame* Freya Stark hat offenbar noch im Alter von achtundachtzig eine Pony-Trekking-Tour im Himalaja unternommen. Für mich wäre das jedoch nichts. Und zwar aus vielen Gründen. Erstens, ich wandere nicht gern (siehe Zipperlein), außerdem habe ich keine Lust, gerade im Hima-laja-Gebiet zu stürzen und mir die Hüfte zu brechen. Man würde mein Skelett dann Jahre später neben den Knochen eines Yetis finden. Nein, danke.

Aber als ich genauer nachforschte, stellte sich heraus, dass meinen trekkinglustigen Bekannten auf diesen Touren ein Heer von Sklaven vorauseilt, das Zelte aufstellt und sie bereits mit dampfenden Töpfen voller Köstlichkeiten erwartet, wenn sie endlich eintreffen. Ihr Gepäck mussten sie natürlich nicht selbst tragen. Das übernahmen Esel (sowohl menschliche als auch tierische). Ich finde, dass diese Art der Ferienbelustigung nicht den Namen »Trekking« verdient. Da kann ich ebenso gut in meinem Wohnzimmer auf und ab gehen oder meine steile Treppe rauf- und runterlaufen. Die Oldie-Trekking-Touren sind in meinen Augen der reinste Schwindel. Ich warte nur darauf, dass meine Bekannten mir als nächstes weismachen, sie hätten einen Tieftauchkursus gemacht. Am Ende stellt sich dann garantiert heraus, dass sie nur ein Vollbad in der heimischen Badewanne genommen haben.

Wandern

Wandertouren sind ungemein populär unter der britischen Seniorenschaft. Ausgestattet mit speziellen Wanderstöcken (die an Skistöcke erinnern), robusten Wanderschuhen, Klemmbrett und Kompass, die Rucksäcke prall gefüllt mit Proviant und Wasserflaschen, stolpern diese tapferen Seelen durch den Lake District und ruinieren mit ihren nagelbesohlten Schuhen die natürliche Erdkrume. Hut ab vor so viel Starrköpfigkeit, vor so vielen liebenswerten englischen Schrullen, und nicht zuletzt: Hut ab vor so viel absoluter Sinnlosigkeit. Ich selbst konnte nie begreifen, wie man »Gehen« als Selbstzweck betrachten kann. Genauso gut könnte ich behaupten, vierzehn Tage lang »atmen« gewesen zu sein.

Auszeiten

Es gibt da eine Website für echte Abenteurer im Seniorenalter, genannt *Gaps for Grumpies*. Der Gedanke dabei ist, dass sich Menschen über fünfzig eine Auszeit nehmen (Man fragt sich unwillkürlich: eine Auszeit wovon? Von der Pensionierung?) und in irgendwelche afrikanischen Dörfer oder peruanischen Felder abdüsen, um dort beim Bau von Schulen oder beim Graben von Brunnen zu helfen oder Kindern das Lesen beizubringen (Erwachsenen inklusive, wenn sie's noch nicht können sollten).

Dieses Konzept gefällt mir richtig gut. Denn man kommt auf diese Weise nicht nur in der Welt herum, man kann darüber hinaus tatsächlich mit dem Wissen, der Erfahrung und der Weisheit, die man im Alter angesammelt hat, etwas Nützliches anfangen. Ich habe so etwas zwar noch nicht

versucht, will es aber tun, sobald ich nicht mehr ganz so beschäftigt bin. Ehrlich.

Angst vor dem Fliegen

Nur leider gibt es ein kleines Problem bei der Realisierung
meiner Reisepläne. Wie komme ich in die afrikanischen Dörfer und auf die peruanischen Felder, wenn ich nicht fliegen
will? Um die Umwelt geht es mir dabei gar nicht – ich halte
nicht viel von dieser Panikmache vor der globalen Erwärmung, dem Treibhauseffekt, etc. –, ich will einfach deshalb
nicht fliegen, weil ich die Hosen voll habe. Mal ganz offen
ausgedrückt. Und das ist komisch, denn andererseits wird
man im Alter, wie ich bereits erläutert habe, in vieler Hinsicht so viel mutiger und selbstbewusster. In anderer Hinsicht
jedoch, und das trifft insbesondere auf mich zu, werden wir
Oldies in manchen Situationen buchstäblich zu bibbernden
Nervenbündeln.

Als ich das letzte Mal nach Stansted fuhr, um ein Flugzeug
zu nehmen, habe ich die Ausfahrt verpasst und musste bis
Cambridge und wieder zurück fahren, ehe ich den Flughafen
fand. Schweißgebadet kam ich eine Stunde später als geplant
in die Abfertigungshalle getaumelt.

Und erst kürzlich, als ich Terminal fünf nach einer Odyssee durch einen schlecht ausgeschilderten Kreisverkehr nach
dem anderen endlich gefunden hatte und die Dame am Ab-
fertigungsschalter »Hallo, wie geht es Ihnen?« zu mir sagte,
bin ich einfach in Tränen ausgebrochen. Ich habe geheult wie
ein Schlosshund. Man musste mich zu einer Bank führen, auf
die ich niedersank und mich, den Kopf in den Händen, erst
mal so richtig ausweinte. Und als man mich bei einer anderen Gelegenheit, in Gatwick, aufforderte, »mich selbst ein-

zuchecken«, erlitt ich vor lauter Schreck prompt einen Nervenzusammenbruch.

»Ich kann nicht!«, jaulte ich, »ich bin zu alt. *Ich verstehe das nicht!*«

Glücklicherweise kam mir ein uniformierter Flughafenbeamter zu Hilfe, aber als ich mich herzlich bei ihm bedankte, ermahnte er mich mit ernster Miene: »Sie müssen sich daran gewöhnen. Das ist die Zukunft.«

Na, wenn das die Zukunft ist, dann war das meine letzte Flugreise, dachte ich.

Wie alle alten Menschen, bringe auch ich bei der Sicherheitskontrolle alles durcheinander. Gewöhnlich packe ich meine Wasserflasche, mein Necessaire mit Nagelschere und kleinem Taschenmesser ins Handgepäck, und es wird prompt jedes Mal konfisziert. Ich versuche vor der Schleuse meinen Rock auszuziehen anstatt meine Schuhe, und einmal hatte ich doch tatsächlich schon fremde Schuhe und einen fremden Gürtel vom Laufband genommen und Anstalten gemacht, sie anzulegen, bevor man mich glücklicherweise noch davon abhielt.

Hotels

Wir Oldies haben gerne alles unter Kontrolle. Und das macht uns den Aufenthalt in Hotels so schwer. Als ich jung war, konnte ich einfach einchecken, den Koffer aufs Bett werfen und dann sofort zum Strand abdüsen. Jetzt muss ich nach dem Frühstück erst mal eine Stunde lang das Zimmer aufräumen und etwas leichte Hausarbeit erledigen, bevor ich irgendwas unternehme. Am ersten Tag, nach der Anmeldung, räume ich erst mal den ganzen Hotel-Schnickschnack in eine Schublade: die Plastikmappe, die kleinen Kärtchen, auf de-

169

nen »Bitte nicht rauchen« steht, und den unerwünschten elektrischen Wecker auf dem Nachtkästchen. Ich stelle die Stühle so um, wie ich es mag, packe aus (lege aber nichts in irgendwelche Schubladen, weil ich es sonst womöglich vergessen könnte), richte mir die Handtücher im Bad so zurecht, wie ich es bevorzuge, überprüfe, ob Heizung und Telefon funktionieren, und wenn es ein zweites Einzelbett im Zimmer gibt, reiße ich das Bettzeug herunter und türme es auf mein Bett, damit ich es nachts wärmer habe. Ich wasche jeden Abend vor dem Schlafengehen meine Tageswäsche und hänge sie zum Trocknen über die Duschvorhangstange. Als mich letztes Mal eine Freundin in meinem Hotelzimmer besuchen kam, sagte sie, hier sehe es aus wie auf einem türkischen Bazar: Über allen Möbeln hingen und lagen Seidenstrumpfhosen, Badeanzüge, Slips, Sarongs und andere Feinwäsche.

Züge

Natürlich kann man schlau sein und den Zug nehmen. Das habe ich vor etwa einem Jahr tatsächlich einmal gemacht. Ich bin von London bis nach Moskau gereist – ausschließlich mit dem Zug. Ich sage nur eines: nie wieder. Der Zug ist heutzutage ein höchst bejammernswertes Transportmittel. In dem letzten, in dem ich saß, sagte der Schaffner doch tatsächlich mit strenger Stimme über den Lautsprecher durch: »Meine Damen und Herren, in diesem Zug befindet sich eine besondere Vorrichtung für Ihre Füße. Sie heißt Fußboden.« Während ich normalerweise ziemlich tolerant bin, was das Benehmen anderer Leute betrifft, habe ich festgestellt, dass ich mich im Zug prompt in eine mieslaunige Griesetante verwandele. Muss dieser Kerl dort ausgerechnet im Ruhewagen sein Handy benutzen? Und ist der Sitz neben ihm wirklich besetzt, oder hat er seinen Koffer nur deshalb so hingestellt, damit er mehr Platz für sich hat? Züge haben so etwas an sich. Sie machen aus dem friedlichsten Zeitgenossen einen wutschäumenden Choleriker.

Fahrradtouren

Ich würde ja gerne mal eine Fahrradtour unternehmen, aber da mir mein Fahrradlehrer gesagt hat, mein Nacken sei in meinem Alter zu steif und ich könne mich nicht mehr weit genug umschauen, um ungefährdet Fahrrad fahren zu können, hänge ich Helm und gelbe Signalweste wohl doch besser wieder an den Nagel. Obwohl ich es natürlich, wenn ich mutig genug wäre, mit einem Dreirad (auch Trike genannt, um es von dem Spielgerät für Kinder zu unterscheiden) versuchen könnte. Ich sehe immer wieder alte Leutchen fröhlich auf ihren Trikes dahinradeln – wobei man heutzutage fast nur noch diese rasenden Rollstühle sieht, in denen, wie mir scheint, weniger die Alten und Gebrechlichen sitzen als vielmehr die übermäßig Fetten. (Kann mir irgendjemand verraten, welche Verkehrsregeln für diese rollenden Ungetüme gelten? Dürfen die wirklich sowohl auf dem Gehsteig als auch auf der Straße fahren?)

Autotouren

Daher bleibt für mich als einziges probates Reisemittel nur das Auto. Meine Großtante besaß einen alten Ford. Einen *sehr* alten Ford. Einen von denen, die als Blinker noch gelbe Schildchen hatten, die an der Seite herausklappten, auf der man abbiegen wollte. Der Ford meiner Tante hatte sogar noch eine Kurbel, um den Motor damit anzulassen. Der Wagen war so alt, dass sie steile Anstiege nur im Rückwärtsgang hinaufkam. Nein, ich besitze weder eine Pilotenmütze, noch liegt auf meinem Rücksitz eine Autodecke. Dafür habe ich aber auch keine Zentralverriegelung oder elektrische Fensterheber.

Immerhin habe ich mir kürzlich – nach dem Desaster von Stansted und Terminal fünf – ein fantastisches Zauberkästchen zugelegt: ein Navigationssystem. Damit kann ich jetzt nicht nur von Ort zu Ort gelangen, ohne einen Herzanfall zu riskieren (siehe Zipperlein), es geht jetzt sogar – im Gegensatz zu früher – ganz ohne Zank ab, wenn man mal mit der Familie unterwegs ist. Ich kann mich noch erinnern, dass es früher immer fürchterliche Kräche gab, wenn wir uns verfuhren. Kamen wir dann endlich im Hotel an, haben wir oft tagelang nicht mehr miteinander gesprochen. Wir Frauen wundern uns ja immer, warum die Männer nie nach dem Weg fragen, wenn sie sich unsicher sind. Doch jetzt muss das keiner von beiden mehr. Jetzt erfährt man von einer körperlosen Stimme, die aus dem Armaturenbrett dringt, wo es langgeht.

England

Ich habe im Alter eine erstaunliche Entdeckung gemacht: Es gibt jede Menge wunderschöner Orte in England, die ich noch nie gesehen habe. Irgendjemand hat einmal gesagt: »Ab sechzig lernt man die eigene Heimat schätzen.« Und das stimmt wohl. Wozu soll ich nach Italien reisen, wenn ich den Lake District in unmittelbarer Nähe habe? Warum auf dem Himalaja rumkraxeln, wo es hierzulande doch die Berge und die wilden schottischen Landschaften gibt? Und was ist schöner als Cornwalls Küsten? Wo findet man herrlichere Vögel als in Norfolk?

Eine ganz andere Art des Reisens

Nicht zu vergessen ist auch eine wesentlich existenziellere, Proust'sche Art des Reisens für uns Oldies. Diese Reisen unternimmt man vom behaglichen Bett aus. Man erwacht nach der langen Reise des Schlafs und beginnt mit dem Finger eine langsame, meditative Fahrt entlang dem verschlungenen Pfad des Bettbezugs, nimmt die wechselnden Farben und Muster in sich auf, wirft ab und zu einen müßigen Blick zur Decke und wandert dort mit den Augen die Risse ab. Dann wiederum kann man, an einen Berg weicher Kissen gelehnt, im Zimmer selbst auf Reisen gehen: Der Blick gleitet über das Nachtkästchen, das Glas mit den falschen Zähnen, das fürchterliche Buch, das man nur bis zur zweiten Seite geschafft hat (blöder Buchklub!), den Stapel Tablettenschachteln, die Ankleidekommode, die Bürste, den Spiegel und die Tapete. Es gibt Menschen, die auf diese Weise wochenlang unterwegs waren.

Versuchen Sie's mal.

13. Beerdigungen

Lately there's nothing but trouble, grief and strife
There's not much attraction about this bloomin' life
Last night I dreamt I was bloomin' well dead
As I went to the funeral, I bloomin' well said,
Look at the flowers, bloomin' great orchids
Ain't it grand, to be bloomin' well dead!
And look at the corfin, bloomin' great 'andles
Ain't it grand, to be bloomin' well dead!

Some people there were praying for me soul
I said, »It's the first time I've been off the dole«
Look at the mourners, bloomin' well sizzled
Ain't it grand, to be bloomin' well dead!
Look at the children, bloomin' excited
Ain't it grand, to be bloomin' well dead!
Look at the neighbours, bloomin' delighted
Ain't it grand, to be bloomin' well dead!

»Spend the insurance«, I murmured, »for alack,
you know I shan't be with you going back«
Look at the Missus, bloomin' well laughing
Ain't it grand, to be bloomin' well dead!
Look at me Sister, bloomin' new 'at on
Ain't it grand, to be bloomin' well dead!
And look at me Brother, bloomin' cigar on
Ain't it grand, to be bloomin' well dead!

We come from clay and we all go back they say
Don't 'eave a brick it may be your Aunty May
Look at me Grandma, bloomin' great haybag
Ain't it grand, to be bloomin' well dead!

»Ain't It Grand to Be Bloomin' Well Dead!« – 1933
verfasst und gesungen von Leslie Sarony

Jüngst gab's nix außer Kampf, Krampf und
   Kummer
Ich find das Leben, verdammt, immer dummer
Letzte Nacht im Traum war ich verdammt mausetot
Bei der Bestattung wurd ich, verdammt, nicht rot,
als ich sagte: schaut, die verdammt schönen
   Blumen
Totsein find ich, verdammt noch mal, gut!
Und schaut auf den Sarg und die verdammt tollen
   Kerzen
Totsein find ich, verdammt noch mal, gut!

'n paar Leute beten für mein Seele
ich sag, bin zum ersten Mal ohne Stelle,
Schaut, die Trauernden sind verdammt besoffen
Totsein find ich, verdammt noch mal, gut!
Schaut, die Kinder sind verdammt gespannt
Totsein find ich, verdammt noch mal, gut!
Schaut, die Nachbarn sind verdammt gebannt
Totsein find ich, verdammt noch mal, gut!

Die Versicherung könnt ihr verpulvern, sag ich,
zurückkommen werd ich nicht mehr, fürcht ich,
Schaut, die Madam ist verdammt am Lachen
Totsein find ich, verdammt noch mal, gut!
Schaut, meine Schwester hat 'nen neuen Hut
Totsein find ich, verdammt noch mal, gut!
Schaut, dem Bruder die Zigarr' schmeckt gut
Totsein find ich, verdammt noch mal, gut!

Aus Lehm sind wir und zu Lehm wir uns wandeln
Bedenk, jeder Ziegel könnt sein deine Tante
Schaut, meine Oma die verdammt alte Schachtel
Totsein, find ich, verdammt noch mal, gut!*

Sind Beerdigungen nicht einfach *herrlich*? Es soll ja sogar Menschen geben, die man als »Beerdigungsnomaden« bezeichnet: Sie pilgern von Beerdigung zu Beerdigung und tun so, als ob sie den Toten gekannt hätten, nur um beim anschließenden Leichenschmaus dabei sein zu dürfen. Victoria Coren hat über so eine »Gang« berichtet, die sich – mit Erfolg – in die Beerdigungsfeier für ihren Vater eingeschlichen hatte. Ich bin schwer versucht, diese Gang eines schönen Tages für meine eigene Beerdigung anzuheuern. Und dazu vielleicht noch ein paar Schauspieler, die mit trüben Gesichtern zwischen den Gästen umherschreiten, immer wieder untröstlich in irgendwelche Taschentücher schluchzen und gelegentlich ein wolfsähnliches Heulen ausstoßen.

Interessanterweise habe ich noch nie festgestellt, dass sich die Menschen darum reißen, auf Hochzeiten zu gehen.

Und ich weiß auch, warum. Ich habe es wissenschaftlich untersucht – ja, Sie haben richtig gelesen: wissenschaftlich. Mit dem Ergebnis, dass ich jetzt weiß, warum Beerdigungen so viel lustiger sind als Hochzeiten. Nehmen Sie eine Handvoll Murmeln und legen Sie sie auf einen Tisch. Dann fügen Sie eine zweite Handvoll dazu – genau das passiert auf einer Hochzeit, wenn sich die beiden Familien begegnen: Die ursprünglichen Murmeln werden weiter auseinandergedrängt.

Aber nehmen Sie jetzt dieselbe Menge Murmeln und entfernen Sie eine aus der Mitte – wie bei einer Beerdigung –, dann rücken alle anderen enger zusammen. Beerdigungen sind warme, gefühlvolle Veranstaltungen, jeder versucht nur das Beste über den Verstorbenen zu denken, die Hinterbliebenen fühlen sich einander näher, und nicht selten freut man sich heimlich, dass man nicht selbst im Sarg liegt. Noch nicht, jedenfalls.

Beerdigungen sind auch eine gute Gelegenheit für eine Bestandsaufnahme. Wer ist eigentlich noch übrig, auf dem diesseitigen Ufer des Styx? Langweilige alte Verwandte, die man in der Vergangenheit für selbstverständlich genommen hat, bekommen auf einmal einen ganz neuen Glanz. Sie mögen vielleicht keine Seelenverwandte sein, aber wenigstens sind sie noch da. Sie leben noch, sie sind noch nicht tot, und sie mögen dich wahrscheinlich so, wie du sie magst – mit jener eigentümlich loyalen, fast widerwilligen Zuneigung, die Verwandte nun einmal füreinander hegen.

Ich mag die Musik auf Beerdigungen, die Kirchenlieder, ich mag die Geschwindigkeit (vor allem Einäscherungen dauern gewöhnlich nicht länger als eine halbe Stunde) und ich mag die Kadenzen. Es fängt traurig und getragen an und steigert sich dann zu einem beinahe überschwänglichen Finale. Wir sehen uns um, wir sehen uns an und gratulieren uns im Stillen dazu, dass wir noch am Leben sind. Heimlich fragen wir uns, wer wohl der Nächste sein wird, zu dessen Beerdigung wir wieder zusammenkommen werden.

Und wenn wir auseinandergehen, umarmen wir uns und versichern uns gegenseitig, wir sehr wir uns mögen, denn es könnte ja sein, dass dies das letzte Mal war, dass wir uns gesehen haben.

Nachteile

Von Kummer und Trauer, die der Tod aber unweigerlich auch mit sich bringt, will ich hier nicht reden, denn dies ist ein Buch, in dem die Freuden des Altwerdens zelebriert werden. Abgesehen von der Trauer gibt es zwei Dinge, die mich an modernen Beerdigungen stören.

Erstens die immer weiter verbreitete Angewohnheit, seine eigene Beerdigung im Voraus zu organisieren, um den trauernden Hinterbliebenen »die Arbeit zu ersparen«.

177

Ich habe neulich folgendes Schreiben von *Sun Life,* einer Bestattungsfirma, erhalten:

»Sehr geehrte Ms Tronside«, hieß es da.

Niemand stellt sich gerne vor, dass einmal eine Zeit kommt, in der man nicht mehr da sein wird, um seinen Lieben durch die Widrigkeiten des Lebens zu helfen. Aber die schlichte Wahrheit ist, dass es eine Herausforderung gibt, der sich Ihre Lieben ohne Sie stellen müssen: die Beerdigung eines geliebten Menschen regeln zu müssen. Dies kann sehr schwer und schmerzhaft sein. Gramgebeugt muss man sich plötzlich endlosen praktischen Anforderungen stellen: ein geeignetes Beerdigungsinstitut finden. Die Totenwache organisieren. Und die anfallenden Kosten sind nicht selten ein Schock für die Hinterbliebenen, das Letzte also, was Sie Ihrer Familie zumuten wollen. Und doch muss es getan werden.

Was für ein hanebüchener Unsinn. Ich habe den Brief zerknüllt und in den Abfalleimer geworfen. Eine Beerdigung zu organisieren ist weder schwierig noch schmerzhaft. Im Gegenteil, es ist ein Segen, etwas zu tun zu haben, wenn ein naher Verwandter und geliebter Mensch gestorben ist. Es gibt einem das Gefühl, die Kontrolle zu behalten, etwas für den geliebten Verstorbenen *tun* zu können. Außerdem ist es eine Ablenkung, zumindest vorübergehend, von dem schrecklichen Verlust, den man erlitten hat. Das Organisieren-Müssen hilft einem, nicht vollkommen zu verzweifeln.

Man blättert bis dato ungelesene Heilige Schriften durch, versucht die schönsten Bibelsprüche herauszusuchen; man telefoniert mit verschiedenen Pfarrern, sucht sich Lieder für den Beerdigungsgottesdienst heraus und bespricht alles mit dem Organisten; man erstellt eine Kondolenzliste, fragt sich grübelnd, ob man eine Tante einladen soll, die der Verstorbene bekanntermaßen gehasst hat, die aber tödlich beleidigt wäre, wenn man sie nicht einlüde; man bespricht sich mit Bestattungsunternehmern über Sarggrößen – alles interessante, therapeutische, ja mitunter sogar amüsante Tätigkeiten (siehe Bestatter).

Als Nächstes kann man sich mit der Verwandtschaft über die ausgewählten Kirchenlieder und Bibelsprüche streiten – oder sich einig sein. Es ist jedenfalls eine wundervolle Art, wieder zur Realität zurückzufinden. Eine ansonsten zerstrittene Familie kann sich im Hass auf irgendeine arme Seele vereinigen – gewöhnlich den harmlosen alten Pfarrer, der mal wieder alles versemmelt, oder den hochnäsigen Organisten –, das schafft ein nie gekanntes Gemeinschaftsgefühl.

Das Zweite, was mich an modernen Beerdigungen aufregt, sind irgendwelche Diktate, die in Traueranzeigen untergebracht werden. Wenn es zum Beispiel heißt: »Keine Blumenkränze oder -sträuße.« Oder, noch schlimmer: »Statt Blumen bitten wir um eine Spende an Charity Sowieso.«

Das Einzige, was ich in Bezug auf meine Beerdigung im Voraus bestimmen werde, ist, dass es keine Tabus geben darf. Wenn die Leute auf meinem Grab tanzen wollen, bitte sehr. Wenn sie ein Zicklein auf meinem frisch zugeschütteten Grabhügel opfern wollen, von mir aus, gerne. Wenn sie beim Zuschütten das Vaterunser rückwärts aufsagen wollen, dann dürfen sie das gerne tun. Und wenn mein Sarg förmlich unter Blumenkränzen und -sträußen erstickt, umso besser. *Wie* die Menschen mir die letzte Ehre erweisen, haben sie selbst zu entscheiden und nicht irgendein puristischer »Event-Manager«.

Wie hübsch eine Beerdigung mit jeder Menge Blumen und Kränzen doch ist! Warum sollte man also Blumen verbieten? Weil sie bunt sind? Weil sie für Lebensfreude stehen? Der grimmige alte Sarg kann ruhig unter Blumen versinken.

Wenn man Glück hat, findet man alle Arten auf ihm versammelt: vom professionell gebundenen Bukett aus dem Blumenladen über den Rosenstrauß aus dem heimischen Garten, geschnitten vom Lieblingsstrauch des Verstorbenen, bis hin zu den herzzerreißenden Gänseblümchensträußchen, die die Enkelkinder selbst gepflückt haben. Und sind Blumen nicht eine Art Opfergabe, ein Ausdruck unseres archaischen Bedürfnisses, dem Verstorbenen ein ganz persönliches Geschenk zu machen, etwas, das keinem nutzt außer ihm? Blumen sind wie das sinnlose Versprühen von Champagner bei einer Grand-Prix-Siegesfeier – eine selbstlose Gabe, etwas, das man gibt, ohne etwas dafür zu empfangen.

Eine Spende ans Tierheim, so lobenswert sie auch sein mag, stört nur das, was eine ganz private, liebevolle Geste an einen, den man liebte, sein sollte.

Ich mag, was meine Großmutter als »eine schöne Leiche« bezeichnete: großartige, ernste Begräbnisse, mit großartigen, ernsten Wagen, gezogen von schwarzen Rössern, einen Trauerzug vom Haus des Verstorbenen bis zum Friedhof. Am besten in einem gläsernen Leichenwagen, auf dem – in Blumenschrift – »Der Champion« steht. Herrlich.

Bestatter

Der letzte Leichenbestatter, mit dem ich es zu tun hatte, trug Weste, schwarze Krawatte und einen schwarzen Anzug. Ich habe ihn nie auch nur andeutungsweise lächeln sehen und kann mir seitdem ziemlich genau vorstellen, wie es auf Bestatterschulen zugeht: Wahrscheinlich werden die Lehrlinge so lange gekitzelt und mit Witzen traktiert, bis der erste, der die Beherrschung verliert und eine Miene verzieht, rausfliegt.

Das Beerdigungsinstitut war eine komplett andere Welt

und ein wenig so, als würde man einen Sprung in ein anderes Zeitalter machen – abgesehen von dem protzigen, chromglänzenden Sarg, der im Schaufenster stand (»Mit Federkernmatratze«, wie uns der Bestatter versicherte). Nirgends war ein Computer zu sehen, alles wurde noch fein säuberlich in Langschrift mit der Hand geschrieben. Dabei wurden Worte wie »Katafalk« und »Einäscherung« verwendet.

Ich kann mich erinnern, dass ich einmal ein Infoblatt für eine große amerikanische Bestattungsfirma mit dem Titel »Alles rund um die Beerdigung« verfassen sollte. Dies stellte mich jedoch vor zwei Probleme: Erstens durfte ich das Wort »Leiche« nicht benutzen – man bevorzugte die Bezeichnung »der Verblichene«. Und bei der Erwähnung von »Asche« zuckten meine Auftraggeber förmlich zusammen. Als ich verblüfft fragte, was ich denn stattdessen verwenden solle, lautete die unvergessliche Antwort: »Kremat.«

Da platzte mir der Kragen.

Als ich im Bestattungsinstitut eine Broschüre durchblätterte, sah ich, dass es auch Särge gab, die auf Wunsch an der Seite bedruckt waren. Zur Auswahl standen alle Arten von Motiven wie ein Landschaftsbild, Golfschläger oder wahlweise auch eine Rakete. Es gab sogar eine Rock'n'Roll-Version, eine Jazz-Version und – besonders verrückt – einen Sarg ganz mit dem Union Jack bemalt. Das Problem ist nur, das dicke Ende kommt erst, wenn man das ganze, geradezu lächerlich teure Paket unterschrieben hat – zirka 2000 Pfund, inklusive Limousine und Leichenwagen. Reumütig entsinnt man sich dann des *Natural Death Center*, wo man eine Waldbestattung in einem biologisch abbaubaren Sarg (sprich: Karton) bekommen kann.

Im nächsten Leben, schwöre ich mir dann unheilvoll.

Gedenkfeiern

Wenn man den Pudding wirklich überzuckern will, kann man, etwa einen Monat nach der eigentlichen Beerdigung, eine Gedenkfeier beantragen. Selbige lässt sich mit wesentlich mehr Muße vorbereiten als die Beerdigung. So unmittelbar nach dem Todesfall war man noch viel zu betäubt vor Kummer, um auf der Bestattungsspeisekarte mehr als Menü 23 bestellen zu können. Für die Organisation der Gedenkfeier ist der Erfahrung nach schon mehr Kraft vorhanden: Man kann jetzt nach Herzenslust Hymnen oder andere Lieder nachschlagen, eine Band bestellen, Lachshäppchen und Jasmintee, wonach immer einem eben der Sinn steht.

Eine Gedenkfeier ist gewöhnlich eine Zelebrierung des Lebens und nicht das Beweinen des Todes. Nach einer Gedenkfeier kann man nicht umhin, sich zu freuen und stolz darauf zu sein, den Verstorbenen – der in höchsten Tönen gepriesen wurde – gekannt zu haben, sich glücklich zu schätzen, dass man zu den Freunden des Verblichenen gezählt hat. Auch hier können wir Oldies uns, wie so oft, voller Stolz auf die eigene Schulter klopfen.

Meine Traumbeerdigung

Ich schwanke noch zwischen einer gewaltigen Begräbnisfeier in der Westminster Abbey mit einem Chor weißgewandeter Eunuchen, die nach der Messe einen Schwarm weißer Tauben fliegen lassen, gefolgt von einem Trauerzug zu einem riesigen, von einem Marmorobelisken gekrönten Mausoleum, oder andererseits der Alison-Uttley-Version, wo mein Leichnam – in einer handbemalten Pappschachtel – in einer moosigen Aue unter einer schattigen Weide zur Ruhe gebettet wird, betrauert von diversen Eichhörnchen und Kaninchen, die scheu zwischen wilden Dotterblumen und Narzissen hervorspitzen.

Meine Güte. Mir kommen die Tränen. Ich schluchze schon beim *Gedanken* an so eine Beerdigung. Wie *herrlich* zügellos. Man reiche mir bitte ein Tempo.

14. Die Kunst, seine Mitmenschen zu langweilen

When I am an old man I shall bore people

When I am an old man I shall bore people –
Strangers on trains, in pubs, on street corners
In all weathers, with rambling accounts of how life
    used to be.

I shall rehearse to all in earshot my hard-won
    prejudices,
Or boomingly declaim odd scraps of half-re-
    membered verse
By Kipling, Housman, Tennyson and Larkin.

Clearing crowded carriages with rant,
Banging on about the young and the dead and
The gilded dullards who populate the present.

In ratty eggstained tie, half-mast trousers, undone fly
Unkempt, unshaven, eloquent and right –
About whatever subject takes my fancy.

I'll blather on contentedly about
The weather, noisy music, gormless telly,
The price of fish, the lack of common courtesy.

Slurping discount gin an gobbling pills
And telling all and sundry of my ailments
In graphic, unscientific detail.

Buttonholing the unwary passer-by
With unverifiable monologues
Of how things were in my day.

I'll garrulously repeat off-colour jokes,
Blasting my interlocutor with rancid breath
The spittled punchlines wheezily forgotten.

Then droning on about myself, myself, myself,
Knowing what licence folk will grant old age
When howling rage seems sour grapes merely.

I really ought to get in training now,
So friends who know me won't flinch in dismay
When suddenly I am old and start to bore people.

(Mit einer Entschuldigung an Jenny Joseph,
Autorin von Warning)

Wenn ich ein alter Mann bin, werde ich die
    Menschen langweilen
Wenn ich ein alter Mann bin, werde ich die
    Menschen langweilen
– Fremde in Zügen, in Pubs, an Straßenecken,
bei jedem Wetter, mit endlosem Gefasel über das
    Leben von einst.

Unüberhörbar werde ich meine hart erarbeiteten
    Vorurteile zum Besten geben
oder lautstark beliebige Zitatfetzen halb vergessener
    Verse von Kipling, Housman, Tennyson und Larkin
    deklamieren.

Mit meinen Tiraden werde ich mühelos vollbesetzte
    Zugabteile leeren,
indem ich mich über die Jugend und die
    Verstorbenen und die aufgeputzten Schwachköpfe
    von heutzutage auslasse.

Mit Eiflecken auf der schäbigen Krawatte,
    Hochwasserhosen, schlapper Fliege,
ungekämmt, unrasiert, beredt und *berechtigt*,
mich über jedwedes Thema zu ereifern.

Zufrieden werde ich daherschwafeln
übers Wetter, lärmende Musik, das verblödete
    Fernsehen,
den Preis für Fisch, den allgemeinen Verfall der Sitten.

Billigen Gin werde ich schlürfen und Pillen schlucken
und Hinz und Kunz anschaulich in allen Einzelheiten
berichten
von meinen Zipperlein.

Nichtsahnende Passanten werde ich ins Gespräch
verwickeln
mit weitschweifigen Monologen
über das Leben zu meiner Zeit.

Hemmungslos werde ich schlüpfrige Witze erzählen
meinem Gegenüber meinen stinkenden Atem ins
Gesicht blasen,
und während ich spucke und keuche, die Pointe
vergessen.

Dann werde ich ohne Unterlass über mich, mich,
mich reden
und weidlich ausnutzen,
dass sie Respekt haben müssen vor dem Alter.

Ich sollte jetzt mal anfangen zu üben
damit meine Freunde nicht erschrecken
wenn ich plötzlich alt bin und die Leute
nach Strich und Faden langweile.*

Jetzt, wo man selbst alt ist, kann man seiner Umwelt endlich
so auf die Nerven gehen wie die alten Leute, die einem früher selbst immer so auf die Nerven gingen. Endlich ist man
selber an der Reihe, die alte Meckertante zu spielen! Was
ein Ärgernis für die Mitmenschen ist, ist ein Riesenspaß für
einen selbst.

Früher habe ich mir immer Sorgen gemacht, ich könnte
andere womöglich langweilen. Ich habe viel zu viel Energie
darauf verschwendet, für mein Gegenüber möglichst interessant zu erscheinen. Und nicht nur das. Ich tat alles, um meinem Gesprächspartner das Gefühl zu geben, er (oder sie) sei

ebenfalls interessant. »Was Sie nicht sagen!« – »Also, da haben Sie ganz recht!« – »Ach nein, wirklich?«

Mit solchen und ähnlichen Äußerungen habe ich die mehr oder weniger interessanten Ergüsse meines Gegenübers gewürzt.

Doch nun stelle ich zunehmend an mir fest, dass meine Hemmungen, ganz ehrlich zu sagen, wenn mich jemand langweilt, bröckeln. Ich merke, wie die mir eingetrichterte Höflichkeitsdoktrin zu bröseln beginnt. Ich komme mir manchmal vor wie der archetypische alte Seebär, der sich mit blitzenden Augen die nächstbeste arme Seele greift, die ihm über den Weg läuft, und zu faseln beginnt – meistens natürlich über die gute alte Zeit.

Das Schöne an der ganzen Sache ist, dass es so vieles gibt, was junge Menschen heutzutage nicht wissen! Sie zeigen nämlich einen erstaunlichen Mangel an Interesse, wenn es um Dinge geht, die sich vor ihrer Zeit abspielten (übrigens verhalten sie sich damit nicht anders als ich selbst in meiner Jugend). Ob sie wüssten, dass George Formby vor allem in der Sowjetunion ein Star war?, frage ich sie mit Unschuldsmiene. Dass Norman Wisdom in Albanien eine Berühmtheit war? Und Jimmy Clitheroe in Afrika?

»Du weißt natürlich nicht mehr, wer Jimmy Clitheroe war ... Also, das war ein kleines Kerlchen, das immer so tat, als ob es ein junger Bursche wäre. Er trat in kurzen Hosen und Schirmmütze auf und redete mit einer ganz komischen Stimme, ungefähr so ...«

Wenn Sie so weit gekommen sind, könnte es gut sein, dass die Augen Ihres Gegenübers schon langsam glasig werden, aber für Sie gibt es jetzt kein Halten mehr: Sie imitieren hemmungslos jeden Komiker ihrer Jugend, der Ihnen in den Sinn kommt. Ich habe neulich sogar Max Miller für einen ahnungslosen jungen Menschen imitiert. Obwohl Max Miller vor meiner Zeit war. Und ich eigentlich gar nicht wusste, wie er sich anhörte.

Die meisten jungen Menschen verstehen nur Bahnhof, wenn man mit ihnen Konversation machen will. Sie wissen nicht, wer Tschechow war, und Tolstoi haben sie ohnehin nicht gelesen. Wenn man anmerkt, diese oder jene Dame besitze eine »Rubensfigur«, erntet man einen verständnislosen Blick. Was im Klartext für uns Oldies bedeutet, dass wir endlos über Themen referieren können, von denen die Jungen keine Ahnung haben. Oder noch besser: von denen wir selbst vielleicht genauso wenig Ahnung haben.

Am besten funktioniert dieses Prinzip, wenn man mit einer allgemeingültigen Wahrheit beginnt: »Als ich jünger war, gab's noch keine Computer. Wir mussten alles mit Schreibmaschinen schreiben. Da hat man ein Blatt Papier eingespannt und drauflosgehackt. Die Dinger hatten damals aber keine leichten Tastaturen wie die Rechner heute – sondern so richtig schwere Tasten, und am Zeilenende hat es immer ›ping!‹ gemacht. Kopierer gab es damals übrigens auch noch nicht. Man musste Kohlepapier zwischen zwei Blätter legen, und wenn man sich vertippte, musste man den Fehler mit weißer Flüssigkeit und einem Pinselchen übermalen …

Als ich ein Kind war, bin ich immer zum Fischgeschäft um die Ecke gelaufen und habe Eisblöcke gekauft, die wir dann in unseren Eisschrank taten – Kühlschränke gab's nämlich noch nicht, und abends ist immer ein Mann auf einem Fahrrad durch die Straße geradelt, mit einer langen Stange hat er die Gaslaternen angezündet, eine nach der anderen … Ich weiß noch, als es an Obst nur Äpfel und Orangen zu kaufen gab. Und Olivenöl musste man sich beim Apotheker abfüllen lassen. Von Knoblauch hatten wir noch nie was gehört – und es gab natürlich keine Mikrowellenherde … ach ja, und der Nebel! Wusstet ihr übrigens, dass alleinstehende Frauen keine Hypotheken aufnehmen und sich beispielsweise ein Haus kaufen durften? ...

Ihr werdet es mir nicht glauben, aber früher gab es tatsächlich noch so was wie Busschaffner. Die stempelten kleine farbige Papptickets ab ... und es gab weder Handys noch Anrufbeantworter. Wenn man einen wichtigen Anruf erwartete, musste man eben daheimbleiben und warten ...

Es gab weder Supermärkte noch Autobahnen, weder Teebeutel noch Instantkaffee, weder vorgeschnittenes Weißbrot noch Tiefkühlkost – oder überhaupt Fertiggerichte –, weder Kartoffelchips noch Plastik, keine CDs, keine Antibabypille, keine Turnschuhe, kein Starbucks ... könnt ihr euch das vorstellen? Nein, natürlich nicht.«

Nach einer solchen Vorrede können Sie in den Bereich des Halbschwindels vordringen: »Als ich jung war, gab es noch keine Antibiotika. Man konnte an einer einfachen Infektion krepieren.« (Nun ja, ich kann mich erinnern, dass das in meiner frühen Kindheit tatsächlich noch gelegentlich vorkam.)

»Und dann natürlich die Bombardierungen im Krieg, die waren ohrenbetäubend laut (woran ich mich natürlich nicht mehr erinnern kann, obwohl ich während eines Luftangriffs auf die Welt kam), und am Ende wurde jeder einberufen ... ich kann euch sagen, das war ganz schön hart, damals in den Schützengräben. Ich selbst war im Frauenkorps und schon in der ersten Nacht verirrte ich mich im Niemandsland ...« (Erstunken und erlogen, aber unwiderstehlich, jetzt wo einem das Publikum mit offenem Mund zuhört.)

»Und dort habe ich dann meine erste gebratene Ratte gegessen ...«

Für die Jungen scheint die Vergangenheit ein fremdes Land zu sein, sie haben keine Vorstellung davon, was der Unterschied zwischen dem Ersten und dem Zweiten Weltkrieg ist. Ich habe manchmal das Gefühl, ich könnte ebenso gut behaupten, bei der Schlacht von Hastings dabei gewesen zu sein und einen Trupp Bogenschützen ins Feld geführt zu haben – mein junges Publikum würde mich höchstens mit aufgerissenen Augen anstarren und vielleicht denken: Mein Gott, die muss ja wahnsinnig alt sein … trotzdem, einfach toll …

Die Gefahr, dass Sie auffliegen, ist übrigens ziemlich gering. Denn die wenigen, die ganz genau wissen, dass Sie gerade ausgemachten Blödsinn verzapfen, sind natürlich viel zu höflich, um etwas Gegenteiliges zu sagen, und haken Sie im Stillen als verrückte alte Schachtel ab.

Anders gesagt: Man kann so mürrisch und unleidlich sein, wie man will, einfach nur deshalb, weil man alt ist. Man kann stundenlange Monologe über den besten Weg nach Basingstoke halten – ob über die A40 und dann an Stonehenge vorbei (»Was die nur daraus gemacht haben! Ich kann mich noch erinnern, als man bis zu den Steinen hingehen und sie anfassen konnte!«) oder besser über die M4 bis zur Ausfahrt nach Salisbury.

Wenn man in einem Hotel übernachtet, kann man darauf bestehen, ein ganz bestimmtes Frühstück vorgesetzt zu bekommen, einfach weil man »das immer isst«. Man kann genau dann vor dem Postamt erscheinen, wenn es morgens öffnet und darauf bestehen, dass alle anderen Anwesenden eine ordentliche Warteschlange bilden.

Man kann sagen: »Ich gehe nie zu McDonald's« oder »Ich singe in der Kirche nie mit« oder »Ich verschicke nie Weihnachtskarten« oder »Ich kaufe nie die *Daily Mail*« oder »Ich schaue niemals fern«, als wären dies unumstößliche Prinzipien, ohne die man kein aufrechter Charakter wäre und die man niemals, niemals brechen würde. (Ich persönlich bin der Ansicht, dass diese rigide Haltung mancher alter Menschen aus Angst heraus gepflegt wird: Sie denken, wenn sie nur an dem festhalten, woran sie immer geglaubt haben, dann versinken sie nicht in den Strudeln dessen, was sie als das Chaos des modernen Lebens wahrnehmen.)

Selbst der verhältnismäßig junge Cosmo Landesman schrieb in seinen Memoiren (Titel: *Starstruck*), nachdem er eine sauertöpfische Bemerkung gemacht hatte:

Wenn ich Dinge wie diese schreibe, komme ich immer ins Grübeln: Trauere ich einer Welt nach, die es vielleicht nie gab? Und ist es wirklich der Zustand Englands, auf den ich mich beziehe oder vielmehr mein eigener? Vielleicht werde ich langsam, aber sicher ja einfach ein mürrischer alter Griesgram, der glaubt, dass alles immer schlimmer wird. Aber wenn das wahr wäre, dürfte niemand mehr Kritik an der heutigen Zeit üben, ohne sich eines senilen Pessimismuses beschuldigen zu lassen. Dabei könnte man durchaus recht haben mit dem, was man sagt, und die Probleme der heutigen Zeit genau richtig einschätzen.

Genau das ist übrigens der Grund, warum es so viel Spaß macht, ein mürrischer alter Griesgram oder eine alte Meckertante zu sein: weil prinzipiell immer die Möglichkeit besteht, dass man recht haben *könnte*. Die Welt *könnte* ja tatsächlich kurz vor dem Untergang stehen. Wenn ich für jedes Mal, in dem mir jemand gesagt hat, dass wir uns so dekadent verhalten wie die römische Zivilisation kurz vor ihrem Untergang, eine warme Mahlzeit gekriegt hätte, dann müsste man mich jetzt mit einer Winde aus meinem Schlafzimmerfenster hieven, damit ich kostenlos den nächsten Bus nehmen und zur nächsten Apotheke fahren könnte, um kostenlos mein Tablettenkontingent aufzufüllen.

Und was die Verderbtheit der heutigen Jugend betrifft – das Meckerthema Nummer eins der Alten –, sollte man einen Blick in den preisgekrönten Essay von Reverend Henry Worsley werfen, den dieser 1849 schrieb, der aber ebenso gut von einem mürrischen alten Griesgram im Jahre 2009 hätte verfasst worden sein können:

Die Verderbtheit der Jugend ist wie ein Krebsgeschwür, das sich im ganzen Körper unserer Zivilisation ausbreitet – eine latente, unterschwellige, allgemeine Verderbtheit, unter der das Gerüst einer Nation letztendlich zusammenbrechen muss, die Landwirtschaft verkommen, die Wirtschaft verfallen. Die wachsende Anzahl jugendlicher Verbrecher ist für jeden aufrechten Charakter Anlass zu höchster Besorgnis ... die überwältigende Flut des Lasters und der Kriminalität, die nun über unser Land hereinbricht ... die Zunahme des sittlichen Verfalls unserer jungen Bevölkerung ... der Strom der Schändlichkeit, der unsere Straßen überschwemmt ...

Von diesem Mann können wir noch etwas lernen. Und wenn es um den Preis für die beste Nervensäge geht, dürfte ihm eine Medaille sicher sein ...

15. Wieder allein

Ich kann mich am besten entfalten, wenn ich alleine bin. Wenn ich auch nur einmal pro Woche Besuch habe – abgesehen von ein, zweien, die ich nennen könnte –, stelle ich fest, dass der Wert dieser Woche für mich ernstlich gelitten hat. Es zerrüttet meine Ruhe, stört den Fluss meiner Tage, und ich brauche mitunter eine ganze weitere Woche, um darüber hinwegzukommen …

Ich weiß nicht, ob ich der Einzige bin, wenn ich sage, dass es niemanden gibt, mit dem ich verkehren könnte, ohne dass er mir, mehr oder weniger, den Tag verderben würde.

Auszug aus dem Tagebuch von Henry Thoreau

Eines ist gewiss: Entweder Sie sind allein oder Sie »leben in einer Beziehung«, wie man so schön sagt. Doch auch für Zweisame gilt: Sollten Sie nicht zuerst sterben oder beschließen, zusammen über eine Klippe zu rasen, werden auch Sie eines Tages allein sein. Selbst wenn Sie mit ihrem Ehepartner noch Ihre diamantene Hochzeit feiern sollten – es wird ein Tag kommen, an dem Gevatter Tod seinen Besuch abstattet und Sie allein zurücklässt. Was für ein schrecklicher Gedanke, besonders wenn man lange mit jemandem zusammengelebt hat!

Und obwohl es nicht leicht ist, allein zurechtkommen zu müssen, glauben Sie mir: Es ist nicht das Ende der Welt.

Ich sehe es nicht als meine Aufgabe, Ihnen hier die Nachteile aufzuzeigen – von denen es zahlreiche gibt, allen voran ein tiefes Gefühl der Einsamkeit und Isoliertheit –, sondern die vielen kleinen Vorteile, die ein Singleleben mit sich bringen kann. Und ich möchte Ihnen außerdem ein paar Tipps geben, was man tun kann, wenn einen die Qual der Einsamkeit zu erdrücken droht.

Die Süße des Alleinlebens

Ich habe neulich eine kleine Party bei mir veranstaltet und etwa fünfundzwanzig Gäste eingeladen. Beim Abschied sagte eine Freundin zu mir: »Ach, war das *schön*! Es hat mir so viel Spaß gemacht! Und weißt du, warum? Weil kein einziges *Ehepaar* da war.«

Sie hatte recht. Es waren zwar zwei homosexuelle Pärchen da und eins, das gerade erst zusammengezogen war, aber keines von diesen alten Paaren, die gleichsam ineinander verwachsen sind, wie Efeu mit einem Baumstamm.

Ich möchte hinzufügen, dass die meisten Paare, mit denen ich befreundet bin, erstaunlicherweise Individuen geblieben sind, obwohl sie teilweise sehr lange verheiratet sind. Aber ich kenne genügend von der Sorte Efeu/Baum. Paare, die jeden Samstagvormittag zusammen in den Supermarkt gehen, die bei Einladungen zu Dinnerpartys darauf bestehen nebeneinanderzusitzen. Oder schlimmer noch, die Art von Paaren, die am Anfang ihrer Beziehung ihre Streitereien zwar noch privat ausgefochten haben mögen, dies aber mit vorgerücktem Lebens- und Beziehungsalter zunehmend in der Öffentlichkeit tun. Die sich in jedem Satz mit »Schatz« oder »Liebling« betiteln. Menschen, die als Einzelwesen nett, warmherzig und freundlich sind, die sich als Paar jedoch in fiese Monster verwandeln.

»Du irrst dich, Schatz«, sagt sie vielleicht zu ihm, »es war Mittwoch.«

»Nein, du Liebe meines Lebens«, antwortet er, »da irrst du dich. Es war Donnerstag.«

»Ich muss dir widersprechen, Bärchen. Wie zerstreut du doch geworden bist, Liebling! Es war ganz bestimmt Mittwoch.«

»Zerstreut! Ich bin nicht zerstreut, du Licht meines Lebens«, entgegnet er nun zunehmend gereizt, »ich kann es sogar beweisen. Es steht in meinem Tagebuch.« Dann fügt er mit zusammengebissenen Zähnen hinzu: »Mein *Engel*.«

An dieser Stelle muss ich dann mit aller Kraft an mich halten, um nicht zu schreien: »Das ist doch scheißegal! Mittwoch oder Donnerstag, wen stört das denn bitte schön? Jetzt erzähl schon weiter!«

Diese Sorte von Paar unterbricht andauernd den Fluss der Geschichte, die der andere gerade erzählt. Manchmal geht es schon los, bevor einer der beiden überhaupt den ersten Satz zu Ende gesprochen hat: »Um Himmels willen! Das ist doch die Pointe! Damit kannst du doch nicht anfangen! Jetzt hast du die ganze Geschichte verdorben!«

Möglicherweise seufzt der andere auch am Ende einer endlos öden Geschichte, nachdem er vom Partner zahllose Male unterbrochen wurde: »Also, wer erzählt denn nun, du oder ich?«

Da sitzt man dann und glaubt, man habe zwei Turteltäubchen zu sich eingeladen, dabei hat man stattdessen zwei vernarbte alte Preisboxer vor sich, die mit bloßen Fäusten aufeinander losgehen.

Eine meiner Freundinnen, deren Ehemann nun in Rente ist, sagt, sie könnte jedes Mal schreien, wenn sie mittags Punkt zwölf seine Schritte auf der Treppe hört – sie hat ihn im »Studierzimmer« geparkt – und er fragt: »Was gibt's zum Mittagessen, Schatz?«

»Ich bin doch seine Frau und nicht seine Köchin!«, beschwerte sie sich bei mir. Und fügte hinzu, dass sie es kaum aushalte, ihn jetzt den ganzen Tag im Haus zu haben.

Aber wie lange hast du ihn noch?, denke ich dann immer.

Eines Tages wirst du genau diese Frage vielleicht vermissen.

Trotzdem sind es gerade solche Gelegenheiten, bei denen ich Gott danke, dass ich alleinstehend bin – selbst wenn ich mich zwischendurch immer mal wieder fürchterlich einsam fühle. Und ich vermute, dass sich die Paare bei solchen Gelegenheiten wohl ebenfalls – wenigstens eine Sekunde lang – wünschten, ihr »Schatz« würde sich in Rauch auflösen.

Dann wäre da noch der Horror des Beischlafs – ich meine damit das gemeinsame Ehebett. Im selben Bett zu schlafen ist in diesem Alter einfach nicht mehr so reizvoll, wie es das früher vielleicht einmal war. Und es geht dabei nicht nur um den Luxus eines eigenen Bettes. Es geht darum, nicht mehr mitten in der Nacht ins kalte Gästezimmer umsiedeln zu müssen, weil man sein Geschnarche einfach nicht mehr ertragen kann. Oder sich ins kalte Wohnzimmer runterzuschleichen, wenn man wach wird, nicht mehr einschlafen kann und noch ein bisschen lesen will. Es geht darum, nicht mehr von *ihm* geweckt zu werden, wenn *er* mitten in der Nacht wach wird und das Licht anknipst und nicht die Rücksicht besitzt, zum Lesen ins Wohnzimmer hinunterzugehen, und man wütend unter seiner Schlafmaske schwitzen muss. Wenn man getrennte Schlafzimmer hat, gibt es endlich auch keinen Streit mehr darüber, dass er um sieben Uhr morgens unbedingt das Radio anstellen muss, aber, kaum dass es an ist, wieder einschläft.

Evelyn Waugh sagte im reifen Alter, er würde lieber zum Zahnarzt gehen, wenn er physische Freuden genießen wolle, anstatt das eheliche Schlafzimmer zu betreten – ein ganz schön hartes Urteil über Mrs. Waugh, wenn Sie mich fragen. Und auch über seinen Zahnarzt, wenn ich's recht bedenke. Ein Drittel aller Frauen über sechzig teilt nicht mehr das Ehebett mit ihrem Mann – die Schnarcherei, das Rumwälzen und die erratische Libido alter Männer haben sie in die Flucht getrieben.

Wenn man es von dieser Warte aus betrachtet, kommt einem das Singledasein gar nicht mehr so schlecht vor.

Sie sind nicht der einzige einsame Mensch auf der Welt

Offenbar fürchten sich vierzig Prozent aller Briten davor, im Alter zu vereinsamen. Das wachsende Bedürfnis Heranwachsender, aus dem Elternhaus aus- und in eine eigene Wohnung einzuziehen, erhöht das Gefühl der Isolation, unter der die moderne Gesellschaft leidet. Angst, ob echt oder eingebildet, hilft nicht – die Angst, auf die Straße zu gehen, die Angst, überfallen zu werden, egal wie freundlich man den Hooligan anlächelt und wie nett man »Darling« zu ihm sagt (siehe »Selbstbewusstsein«). Hinzu kommen Gesetze, die diese Isolation fördern: Alkoholverbot am Steuer, Rauchverbot in Lokalen, ja, Pubs und Bars müssen heutzutage erst eine Genehmigung einholen, bevor sie Karaoke-Abende und dergleichen veranstalten dürfen. Dies führt dazu, dass der Einzelne seinen Süchten zunehmend im Verborgenen frönt.

Mehr und mehr Menschen sehnen sich weniger nach jemandem, mit dem sie etwas unternehmen können, sondern einfach danach, überhaupt jemanden zu haben. Ob man nun etwas gemeinsam unternimmt oder nicht.

Mehr und mehr Menschen arbeiten heutzutage zuhause; viele kennen ihre virtuellen Arbeitskollegen sogar nicht einmal persönlich. Ich selbst kenne meine Anwältin nicht, obwohl sie mein Testament für mich aufgesetzt hat. Und meine Steuerberaterin habe ich, in den fünf Jahren, seit Sie für mich arbeitet, nur einmal getroffen.

Wenn es Ihnen genauso geht, dann glauben Sie aber auf keinen Fall, dass alle anderen da draußen sich prächtig amüsieren, viele Freunde und eine tolle Beziehung haben. Das ist meist nicht der Fall. Es gibt so viele Menschen, die wie Sie und ich sind. Die kämpfen. Die es gerade noch so schaffen. Die sich zuhause die Augen ausweinen, aber in der Öffentlichkeit darauf bestehen, dass es ihnen »gut geht«.

Vergessen Sie das niemals, und dann werden Sie schon sehen, dass Sie sich gleich ein bisschen besser fühlen. Sie sind nämlich Teil einer Gemeinschaft. Der Gemeinschaft der Einsamen.

Untermieter

Wie gesagt, hatte ich immer Untermieter. Als ich pleite war, habe ich so viele in jeden Winkel meines Hauses gezwängt, dass ich mir im eigenen Heim manchmal vorkam wie eine Fremde – es gibt nichts Demütigenderes als nachts von einer Dinnerparty nach Hause zu kommen und die Küche als Tummelplatz all der jungen Leuten vorzufinden, die sich lautstark auf Italienisch oder Koreanisch unterhalten und dich anstarren wie einen Eindringling, der ihnen die Party versaut (was nicht ganz unrichtig ist).

Das Teilen der Wohnräume mit Untermietern ist die eine Möglichkeit. Aber sie hat auch deutliche Nachteile. Was mich zum Beispiel am meisten an meinen Untermietern störte, war, dass ich dann immer so gemein wurde. Wenn ich aufs Klo ging, zählte ich die Toilettenrollen (Hat sie sich eine genommen und als billige Kosmetiktücher benutzt?). Wenn ich in den Kühlschrank schaute, zählte ich automatisch die Eier. Oder ich ging in den Garten, um zu sehen, ob irgendwo Zigarettenstummel rumlagen. Oder ich starrte wütend die Milch an, deren Pegel vorhin ganz bestimmt noch höher gewesen war.

Wenn sie weg waren, schlich ich mich heimlich in ihre Zimmer und wurde dann prompt noch wütender, weil ich gewöhnlich auch irgendwas Ärgerliches vorfand: zerbrochene Teller unter dem Bett (*meine* Teller natürlich!) oder, noch schlimmer: Sie hatten weder Licht noch Heizung ausgeschaltet, und das Fenster stand sperrangelweit offen.

Vor kurzem jedoch habe ich eine viel bessere Lösung als das Quasi-WG-Arrangement gefunden. Klo und Dusche passen in den kleinsten Winkel, und heutzutage gibt es diese Miniküchen, die höchstwahrscheinlich für Liliputaner gedacht sind. Sie haben einen winzigen Herd, eine winzige Spüle und eine Mikrowelle von der Größe einer Handtasche. Für diese Lösung habe ich mich entschieden, und nun können sich gleich zwei Untermieter diese Minidusche und Miniküche teilen und kommen mir nicht mehr ins Gehege.

Das Haus habe ich jetzt wieder ganz allein für mich! Das Bad muss ich mit niemandem mehr teilen, und auch an den Kühlschrank geht mir niemand mehr. Wenn ich ihn jetzt öffne, starren mir keine Popcorntüten mehr entgegen, keine gefrorenen Batteriehuhnbrüste und keine Fertiggerichte. Ich kann meine Musik so laut aufdrehen, wie ich will, und den Abwasch ruhig auch mal bis zum nächsten Tag stehen lassen.

Und trotzdem – was das Beste an der ganzen Sache ist –, ich bin nicht allein. Ich habe ja oben meine netten jungen Herren. Und wenn es mich überkommt, so etwa einmal pro Woche, wenn mich die Einsamkeit packt, kann ich ihnen mitten in der Nacht im Morgenmantel auflauern wie ein Handtaschenräuber, wenn sie irgendwann todmüde ins Haus gestolpert kommen (und wahrscheinlich nur noch ins Bett wollen), und zirpen: »Guten Abend! Wie wär's mit einem Mitternachtsschlückchen?« In neun von zehn Fällen ist der arme Kerl derart überrumpelt, dass ihm gar nichts anderes übrigbleibt, als bis ein Uhr morgens mit seiner Wirtin ein Schwätzchen in der Küche zu halten – deren Einsamkeitsgefühle sich bis dahin höchst wirkungsvoll in Luft aufgelöst haben.

Gesellschaftstanz

Das ist mein Lieblingssport. Obwohl ich hoffnungslos schlecht darin bin. Aber es ist nicht nur eine höchst vergnügliche Freizeitbeschäftigung, das Tanzen ist auch eine hervorragende Art, auf höchst intime Weise mit einem anderen zusammen zu sein, ohne Sex, ohne Worte, ohne sonst was. Und mit »intim« meine ich nicht die körperliche Nähe beim Tanzen, ich meine damit, dass man seine Bewegungen und seine Schritte auf einen anderen einstellen muss – den Einklang mit ihm suchen. Und ich kann Ihnen versichern, nach einer Stunde Foxtrott fühle ich mich, als ginge ich auf Wolken.

Selbstfindung

Ja, das klingt so schön einfach, »sich selbst finden« – als würde man sich eine Postkarte schicken. Aber natürlich ist es alles andere als einfach. Manche indischen Saddhus haben Jahre damit verbracht, im Lotussitz auf irgendwelchen Berghöhen zu sitzen und sich selbst zu finden. Die ganze Angelegenheit ist eine ganz schöne Plackerei.

Aber der Gedanke ist durchaus verführerisch. Sie fühlen sich einsam und isoliert? Haben keine Freunde? Na, da hätte ich eine hervorragende Idee! Warum befreunden Sie sich nicht mit sich selbst? Seien Sie jedoch vorgewarnt: Sobald

Sie den Versuch unternehmen, werden Sie feststellen, dass Sie nicht zuhause sind oder dass Ihr Ich nach Palo Alto umgezogen ist, schmollend in seinem Zelt sitzt oder sich vor einem Gespräch mit Ihnen drückt, indem es vorgibt, sich die Haare waschen zu müssen. Es verspricht zwar hoch und heilig, Sie zurückzurufen – bloß dass es das nie tut (siehe Stichwort »Selbstgespräche« im Kapitel »Zipperlein«).

Trotzdem, es ist einen Versuch wert. Denn es gibt zwei Arten der Einsamkeit. Diejenige, die man etwa nach einer Scheidung empfindet, weckt das Gefühl in einem, dass man zu allem und jedem die Verbindung verloren hat. Wir haben dann nicht nur niemandem, dem wir uns nahe fühlen können, wir fühlen uns sogar in Gesellschaft allein. Es gibt keine größere Einsamkeit, als bei einer lärmenden Party in einer Ecke zu stehen, während sich alle Freunde um einen herum prächtig amüsieren.

Um uns nicht einsam zu fühlen, brauchen wir aber nicht unbedingt Freunde oder Partner. Wir können uns auch mit anderem verbunden fühlen. Mit der Natur zum Beispiel, so wie Henry Thoreau, mit dessen Tagebucheintrag dieses Kapitel eingeleitet ist. Er liebte die Einsamkeit, und selten hat einer sie mit so schönen Worten geschildert wie er. Ich kann mir gut vorstellen, dass ihn die Gesellschaft anderer eher krank machte.

Wenn Sie es schaffen, diese Art von Einsamkeit – oder besser gesagt: das Alleinsein – für sich zu entdecken, dann sind Sie gut dran. Wenn wir an einem lauen Abend allein im Garten sitzen, um uns herum nur die Natur und die Vögel, dann kann es sein, dass uns ein Gefühl des echten, tiefen Friedens überkommt. Und dieser Friede würde durch die Anwesenheit eines anderen Menschen nur gestört – selbst von jemandem, den wir lieben. Wir fühlen uns eins mit der Natur, wir fühlen, dass jedes Rotkehlchen unser Freund ist und jede Rose zu uns spricht. Ich weiß, das klingt reichlich kitschig, aber manchmal fühlen wir uns als Teil von allem, wir fühlen uns, wie manche sagen, eins mit Gott. Was immer es auch sein mag, für einen Augenblick sind wir jedoch Teil eines größeren Ganzen.

Es ist nicht leicht, so etwas zu fühlen, wenn jemand anderer dabei ist.

Sich selbst verwöhnen

Ich habe eine instinktive Angst vor dem Wort »verwöhnt« – was wahrscheinlich Resultat meiner Erziehung ist. Früher war es eine große Schande, »verwöhnt zu sein«. Wenn einem aber niemand das Gefühl gibt, etwas Besonderes zu sein, dann muss man sich dieses eben »selbst geben«, wie das kleine rote Huhn in dem reizenden Kinderbuch sagt (das Sie, wenn Sie unter sechzig sind, sicher nicht gelesen haben werden). Oder, sofern Sie nicht zum Do-it-yourself neigen, für dieses wunderbare Gefühl berappen. Eine Massage pro Woche bringt Sie finanziell sicher nicht um, besonders dann nicht, wenn Sie einen Bogen um die schicken Salons machen und stattdessen zu dem netten Thaimädchen um die Ecke gehen (zu dem mit den magischen Händen). Ein teures Badeöl kann Ihr tägliches Bad zu einem Vergnügen machen, und falls Sie nur eine Dusche haben – mein Gott, dann holen Sie sich eben ein paar Handwerker und lassen Sie sich eine Badewanne einbauen, wenn Sie auch nur ein bisschen Platz dafür haben. Sich einmal pro Tag in heißem Wasser zu aalen ist meiner Ansicht nach kein extravaganter Luxus. Für einsame Menschen ist ein heißes Bad fast so gut wie Sex – zwar nur fast, aber immerhin.

Alte Menschen besuchen

Wenn Sie keine Enkelkinder haben oder diese zu weit weg wohnen oder sie Ihnen einfach zu anstrengend sind, dann könnte eine lohnenswerte Alternative zu den Enkelfreuden Altenbesuche für Sie sein. Im Ernst. Ich finde, jeder sollte ein paar alte Leutchen auf seiner Besuchsliste haben. Die Vorteile dieser Freizeitbeschäftigung liegen auf der Hand: Meist freuen sie sich ungeheuer, einen zu sehen, und was sie zu erzählen haben ist oft schlichtweg faszinierend. Ihnen wird eine schöne Tasse Tee kredenzt, Sie werden nett bewirtet und kommen sich ein bisschen vor wie ein Internatskind auf Ferienbesuch. Und nach einem solchen Nachmittag bei einem alten Menschen fühlt man sich nicht nur jung, sondern ausgesprochen nobel – und das ist nicht zu verachten.

Genießen Sie es!

Allein zu leben kann äußerst lustvoll sein. Jetzt können Sie nach Herzenslust in Ihr Bett krümeln. Sie brauchen sich nicht mehr die Beine zu rasieren. Sie müssen sich bei niemandem mehr entschuldigen, wenn Sie abends zu spät nach Hause kommen. Es gibt auch keine Verzweiflung mehr, wenn Sie nach der Arbeit heimkommen und feststellen müssen, dass Ihr Partner heute aus irgendwelchen schleierhaften Gründen nicht mit Ihnen reden will. Sie müssen sich von jetzt an auch nicht mehr um die Fernbedienung streiten. Und Sie können wie Katharine Whitehorn einige der wenigen Freuden des Alleinseins entdecken, auf die sie nach dem Tode ihres Mannes stieß – nachzulesen in ihrer Biografie *Selective Memory:* »Es ist eine Art von Erleichterung festzustellen, dass niemand mehr da ist, dem man beichten muss, dass man auf

der Fahrt von Kennington nach Hampstead eine Straße mit
der Bezeichnung A23 Brighton genommen hat.«

Haustiere

Wenn Sie einen Garten haben, könnten Sie es ja mal mit einer Katze gegen die Einsamkeit versuchen. Aber schaffen Sie
sich am besten gleich zwei an. Katzen mögen Gesellschaft,
wie jeder andere auch, und zu behaupten, sie seien Einzel-
gänger, ist blanker Unsinn. Außerdem sollten es alte Katzen
sein. In Ihrem Alter wollen Sie doch sicher nicht, dass das
arme Tier Sie überlebt – und das könnte es, wenn es zwanzig Jahre alt werden sollte. Im *Battersea Dogs Home* zum
Beispiel gibt es – obwohl der Name das nicht erwarten ließe – eine ganze Horde uralter Katzen, die traurig maunzend
ein neues Heim suchen.

Oder Sie legen sich einen Hund zu. Der bringt Sie auf Trab.
Zumindest aber sorgt er dafür, dass Sie morgens aus den Fe-
dern kommen und in Bewegung bleiben. Man kommt als
Rentner leicht in Versuchung, ein wenig schrullig zu werden,
will heißen, man wird um vier Uhr morgens wach, geistert
herum, macht sich eine Tasse Tee und surft ein wenig im Internet. Um sechs ist man dann bereit für den zweiten Schlaf,
der gewöhnlich bis zehn, elf Uhr vormittags dauert. Sollte man nach dem zweiten Aufstehen feststellen, dass keine
Frühstückseier mehr da sind, wirft man rasch einen Mantel
übers Nachthemd, schlüpft in ein paar hochhackige Schuhe
und stöckelt zum kleinen Supermarkt um die Ecke. Wieder
daheim, macht man sich rasch ein Omelett, hält zum Des-
sert ein kleines Nickerchen, schaut nach dem Aufwachen ein
bisschen Fernsehen und schläft dann über einem Buch ein –
ohne je aus dem Nachthemd rausgekommen zu sein.

Schlimm, ja, ich weiß, aber was soll man tun, bitte schön? (Wenn mich an einem solchen Tag eine Freundin anruft und fragt, was ich so mache, antworte ich gewöhnlich in scharfem Ton: »Arbeiten, was sonst?«)

Um derartiger Verwahrlosung vorzubeugen, wäre es also durchaus ratsam, sich ein Haustier zuzulegen. Da kommt man wenigstens ab und zu aus dem Nachthemd raus.

Außerdem erwartet die Umwelt von alleinstehenden alten Damen ja geradezu, dass sie mindestens eine Katze im Haus haben. Ich muss oft ein Gähnen unterdrücken, wenn mir meine Freundinnen mal wieder stundenlang vorschwärmen, was ihre pelzigen Lieblinge jetzt schon wieder »angestellt« haben. Und nicht nur das, mitunter muss man einen fortlaufenden Kommentar ertragen. »Donnerstag passt mir gut«, wird die Freundin vielleicht sagen, »aber Mittwoch – Oskar, du Frechdachs! Was machst du denn da?« Nachsichtig kichernd zu mir: »Das war Oskar, er ist mir auf den Schoß gesprungen. Ja, also Mittwoch ... oh! Ich glaube, er will mit dir reden! Oskar! Igitt, du stinkst schon wieder aus dem Maul, mein Süßer. Aber jetzt sei ein guter Junge und geh und trink deine Milch ... Nein, Oskar, nicht auf meinen Computer!« Und zu mir gewandt: »Du solltest ihn mal sehen! Er will unbedingt an meinen Computer ran! Das sieht so komisch aus!« Es folgt ein Kicheranfall, den ich mit gespitzten Lippen minutenlang ertrage, da ich ja immer noch nicht weiß, wann wir uns nun treffen sollen (hoffentlich ohne den grässlichen Oskar).

Letztes Jahr gab zur Abwechslung aber ich einmal die verrückte Tiernärrin – meine Freunde mussten gähnend miterleben, wie ich mich in eine Taube vernarrte. Sie mögen mich gerne belächeln, aber wir hatten wirklich eine ganz besondere Beziehung, diese Taube und ich.

Sie war natürlich keine gewöhnliche Taube, sondern ein schneeweißes, wunderschönes Geschöpf mit einer buschigen

Brust, einem leuchtend lila Fleck auf dem Hals und einem prächtigen weißen Kopfgefieder. Am Bein hatte sie lediglich einen schlichten grünen Markierungsring. Als der Täuberich bei mir auftauchte, war klar, dass er sich verirrt hatte; er saß Tag und Nacht an meinem Fenster und kackte gelegentlich aufs Dach meines Wintergartens. Immer wieder musste ich in den Garten raussprinten und gierige Katzen aus der Nachbarschaft verscheuchen. Ich fütterte ihn vom Badfenster aus mit Maiskörnern, und es schien rasch ausgemachte Sache, dass ich ihn nicht so schnell wieder loswerden würde. Er liebte menschliche Gesellschaft; immer wenn er mich erblickte, plusterte er sich auf und gurrte mir durchs Fenster entgegen. Meine Internetrecherche ergab, dass er kein gewöhnlicher Täuberich war, o nein, er war eine Zuchttaube. Und ich hatte keine Ahnung von Zuchttauben, fiel mir da auf.

Ich rief bei allen möglichen Taubenzüchtervereinen an und erkundigte mich, ob nicht vielleicht jemand Interesse an meinem Täuberich hätte. Ohne Erfolg. »Aber er ist einsam und friert«, heulte ich einem Taubenzüchter ins Telefon. »Einsam?«, schnaubte der, »wohl kaum. Wozu braucht er 'nen Freund? Er hat doch schon einen!«

»Aber das ist es ja gerade, er hat niemanden auf der Welt!«, jaulte ich.

»Klar hat er«, sagte der Mann rau, »er hat Sie!«

Bei der RSPB, der *Royal Society for the Protection of Birds,* meinte man, der Besitzer habe das Tier offenbar für minderwertig erachtet und ausgesetzt.

Mein Herz blutete für den armen Vogel, dieses verlassene, ausgestoßene Geschöpf. Ja, es schien, als wäre ich tatsächlich sein einziger Freund. Und er war es eine Zeitlang auch für mich. Eine fürchterlich schwere Verantwortung.

Nach einem Gespräch mit einem befreundeten Biologieprofessor hoffte ich, sein Paarungstrieb würde ihn im Frühling dazu zwingen, sich ein Weibchen zu suchen, anstatt weiterhin tatenlos bei einer alten Lady herumzuhängen. Aber als nach einem traurigen Winter, in dem mein Täuberich bei Wind und Wetter auf einem Wasserrohr saß und sich in eine Wandecke drückte, den Schnabel unter dem Gefieder vergraben, endlich der Frühling kam, waren die einzigen anderen Tauben, die sich blicken ließen, eine rücksichtslose Schar wilder, staubiger Straßentauben, die jeden Morgen auftauchten und ihm sein Futter streitig machten. Einmal war er eine ganze Woche lang verschwunden, doch dann tauchte er wieder auf, mehr staubgrau als weiß, mit zerzaustem Gefieder und offensichtlich traumatisiert. Von da an verließ er nie wieder sein Regenrohr, außer um sich nervös sein Futter zu holen. Ich war außer mir vor Sorge und Kummer um diesen armen verlassenen Vogel.

Schließlich wurde die Situation unerträglich. In meinem Haus tauchten plötzlich Kakerlaken auf, und der eilig herbeigerufene Kammerjäger warf einen bösen Blick durchs vollgekackte Dach meines Wintergartens zu meinem Täuberich hinauf und brummte, bevor er seine Maske aufsetzte und sämtliche Zimmer besprühte: »Dieser Vogel macht es auch nicht gerade besser.«

Erschwerend kam hinzu, dass ich den Verdacht hegte, ihn durch meine Fütterei zu einem Leben als einsamer Außenseiter zu verurteilen. Sein Anblick löste sofort Schuldgefühle und Verzweiflung bei mir aus, beinahe als besäße ich meinen eigenen, ganz persönlichen Guantánamo-Häftling, dessen jämmerlicher Zustand mich Tag und Nacht verfolgte.

Jeder gab mir einen anderen Rat. »Du musst aufhören, ihn zu füttern!« war der häufigste.

Aber wie konnte ich? Er war eine Zuchttaube, er hatte nie gelernt, sich sein Futter selbst zu suchen. Und ich wusste, dass ich ihm nicht würde widerstehen können, wenn er, dünn und zerzaust, morgens an mein Fenster klopfte und um Futter bettelte.

Die einzige probate Lösung bestand darin, dass ich ihm ein neues Zuhause suchte. Und wie es der Zufall wollte, kannte eine Freundin einen Vogelliebhaber, der in einem wunderschönen Cottage mitten in den Fens lebte. In seinem Hof liefen Rebhühner umher, erzählte mir meine Freundin und fügte hinzu, dass er sogar einige Bantamhähne besaß. Und ein Taubenhaus (oder *Pigeonnier*, wenn man es vornehmer ausdrücken will).

Wenn ich meinen Täuberich fangen könnte, ließ er mir ausrichten, würde er ihn bei sich aufnehmen.

Daraufhin ersann ich eine raffinierte Falle in Form eines alten Katzenkorbs, den ich auf dem Fensterbrett befestigte und in den ich von da an sein Futter streute. Er wagte sich mit der Zeit immer tiefer hinein (die brutale Taubengang jedoch leider auch), und am vereinbarten Tag schloss ich rasch die Klappe hinter ihm. Vor Nervosität zitternd, machte ich den Korb vom Fensterbrett los, sperrte ihn ab und deckte ihn mit einem Tuch zu.

Meine Freundin und ich stellten den Korb in den Kofferraum ihres Wagens, und dann fuhren wir zweieinhalb Stunden aufs Land, in die Fens. Ich war sicher, dass er während der Fahrt vor Angst umkam, aber als wir angekommen waren und nachsahen, lebte er noch. Der nette Vogelliebhaber brachte ihn sofort in sein neues Zuhause, eine Art Wartezimmer für Vögel, mit einem eigenen kleinen Balkon. Dort musste mein gefiederter Freund erst einmal zehn Tage verbringen, bevor er zu den anderen Vögeln nach draußen durfte. Nachdem er etwas gefressen hatte, tauchte er auf diesem Balkönchen auf und schaute sich um. Ich habe noch nie einen seligeren Vogel gesehen, ganz ehrlich. Er schien sein Glück kaum fassen zu können.

Und nicht nur das: Schon bald tauchten andere weiße Täuberiche und andere Zuchttauben auf und umschwärmten meinen Freund. Mein Fehler. Es stellte sich nämlich heraus, dass mein Täuberich ein Weibchen war.

Zehn Tage später durfte sie frei mit den anderen Vögeln herumfliegen, über den Rasen hüpfen, sich im Herbstsonnenschein im Geäst eines Baums stolz das Gefieder putzen. Heute hat sie bereits Nachwuchs. Und so schrullig es auch sein mag, sein Herz derart an einen Vogel zu verlieren, ich vermisse sie.

Aber ein Jahr lang hat sie mir höchst wirkungsvoll jegliche Anwandlungen von Einsamkeit ausgetrieben.

Facebook

Dieses Internetforum ist ein kniffliges Thema, finde ich. Obwohl mir dort schon mehrmals die Freundschaft angeboten wurde, habe ich bisher immer abgelehnt. Und das ist ziemlich peinlich. Glauben Sie mir, es ist fast ebenso schwer, jemanden online abzuweisen, wie im wirklichen Leben. Plötzlich erhält man eine E-Mail: »Jonathan Bunton (oder wer auch immer) möchte Ihnen auf Facebook seine Freundschaft anbieten.« Dann muss man ihn entweder ignorieren, was ziemlich unhöflich, um nicht zu sagen: gemein wäre, oder antworten, obwohl man diesen Jonathan Bunton seit Jahren nicht mehr gesehen hat (möglicherweise sogar überhaupt noch nie). Man muss ihm dann möglichst schonend beibringen, dass man nicht an einem Kontakt interessiert ist. Daraus ergibt sich meist – trotzdem – eine E-Mail-Korrespondenz, die fast ebenso zeitaufwendig sein kann wie Facebook selbst.

Und das ist der Grund, warum ich mich dort nicht anmelden möchte. Es würde mir schlichtweg zu viel Zeit wegnehmen. Zeit, die ich lieber damit zubringe, meiner Taube nachzutrauern. »Man hat überhaupt keine Zeit mehr für was anderes«, vertraute mir eine Freundin an, die sich hatte ködern lassen. »Seitdem ich bei Facebook bin, sitze ich nur noch am Computer und chatte mit Freunden. Mit alten Schulfreunden, die auf der ganzen Welt verstreut sind … mit deren Freunden … mit den Freunden der Freunde … es saugt einen vollkommen auf, man kommt nicht mehr davon los.«

Immerhin ist es gut zu wissen, dass es ein solches Forum gibt, falls bei mir mal der Einsamkeitsnotstand ausbrechen sollte.

Sich mit Leuten unterhalten

Eine andere Freundin, die seit ein paar Jahren verwitwet ist, meinte, dass sie, obwohl sie massenweise Freunde habe und fast jeden Abend ausgehe, tagsüber manchmal Sehnsucht nach einer menschlichen Stimme habe, bloß um sich zu vergewissern, dass es sie noch gibt. Ich kenne dieses Gefühl. Ich selbst ziehe mich manchmal nur deshalb an, um in die Bibliothek zu gehen, mit der Bibliothekarin einen Schwatz über das Wetter zu halten, ein Buch zurückzugeben und dann wieder nach Hause zu gehen. Nur, um mich zu vergewissern, dass es mich noch gibt. Wenn man allein ist, gerät man leicht in Versuchung, seine Identität zu verlieren, man fühlt sich wie eine Nicht-Person, wie ein Glas Wasser, das in ein Glas Wasser gegossen wurde. Ohne die Grenzen, die einem die Anwesenheit anderer Menschen setzt, passiert es leicht, dass man sich innerhalb weniger Stunden wie ein Nichts fühlt, beinahe so, als würde man nicht wirklich existieren. Eine kleine Unterhaltung mit einem anderen Menschen kann das aber Gott sei Dank wieder geraderücken.

Neulich saß ich bei einer Dinnerparty neben einem Mann, der wie so viele unserer Zeitgenossen über die wachsende Anonymität in der Gesellschaft zu klagen begann. »Man grüßt sich nicht mehr«, beschwerte er sich, »und in meiner Straße kennt keiner den anderen.«

»Und grüßen *Sie* denn Ihre Nachbarn?«, erkundigte ich mich.

»Nein, ich kenne sie ja nicht«, erwiderte er mit einem düsteren Kopfschütteln.

»Warum um alles in der Welt grüßen Sie dann nicht zuerst?«, fragte ich fassungslos. »Warum gründen Sie nicht einen Anwohnerverein? Laden Sie Ihre Nachbarn zu einer Party ein, dann lernen Sie einander schon kennen! Sie sollten aufhören zu jammern und stattdessen was für Ihre Nachbarschaft tun!«

»Äh ja, da haben Sie vielleicht recht«, stammelte er, wechselte rasch das Thema und begann sich über etwas anderes zu beklagen. Ich wandte mich meinem anderen Tischnachbarn zu, in der Hoffnung, mit ihm über etwas Interessanteres plaudern zu können (leider vergeblich, er war ein Psychoanalytiker).

Suchen Sie sich eine gute Freundin

Jenen unter uns, für die ein Haustier – sei's ein Pony, eine Taube oder eine Kakerlake – nicht infrage kommt, seien hier noch zwei andere probate Mittel gegen die Vereinsamung aufgeführt. Als ich jung war, war es mir eigentlich immer ein bisschen peinlich, mit einer Freundin auszugehen. Ein Treffen zum Lunch ging ja vielleicht noch, aber wenn ich abends mit einer Freundin ein Lokal betrat, kam ich mir vor, als wäre ich Teil eines verzweifelten Duos, das nur deshalb zusammen ausgeht, weil es keinen Mann abgekriegt hat. Jetzt, wo wir älter und reifer sind und das Bedürfnis, »einen Mann zu finden«, nachgelassen hat, gewinnt die Aussicht auf einen Abend mit einer guten Freundin wieder an Attraktivität. Ich will damit nicht sagen, dass eine Verabredung mit einem Mann nicht immer prickelnder für eine Frau ist (na ja, zumindest fast immer wenigstens). Es ist immer etwas Besonderes, mit einem Vertreter des anderen Geschlechts zusammen zu sein, ob er nun neun oder neunzig oder so schwul wie Frieda ist – eine Frau wird sich mehr als Frau fühlen und der Mann mehr als Mann.

Mit einer Freundin auszugehen ist eine ganz andere Erfahrung. Tatsächlich kann ein Treffen mit einer Freundin – wenn man sich nur gut genug kennt, sich also in Gesellschaft des anderen entspannt und wohl fühlt – fast ebenso erfüllend sein wie die zweisamen Momente in einer partnerschaftlichen Beziehung.

Das Nachlassen des sexuellen Interesses an Männern führt nicht nur dazu, dass sie im Alter als Freunde wieder an Attraktivität gewinnen, man kommt nun auch mit Frauen viel besser aus als früher, da das Konkurrenzdenken schwindet und auch hier eine aufrichtige Freundschaft leichter möglich wird. Wir betrachten unsere Geschlechtsgenossinnen nicht länger als Bedrohung. Und es macht ungeheuren Spaß, sich gemeinsam zu erinnern, wie dumm und töricht man damals teilweise war und wie schön (und gleichzeitig erschreckend) es jetzt ist, Großmutter geworden zu sein. Gar nicht zu reden von den zahlreichen Wehwehchen, unter denen man in unserem Alter leidet und die man nicht unbedingt mit einem Mann besprechen würde.

Suchen Sie sich einen Mann

Es heißt, dass ein alter Mann, der sich eine junge Frau nimmt, vor allem eine Pflegerin sucht. Wenn sich dagegen eine junge Frau einen alten Knacker nimmt, dann vor allem wegen seines Geldes, hört man immer wieder. An beiden Konstellationen ist nichts auszusetzen – es ist ein fairer Tauschhandel. Aber was ist mit älteren Frauen? George Eliot beispielsweise hat erst im Alter von sechzig Jahren geheiratet. Und der neue Gatte der achtundsechzigjährigen Barbara Windsor ist ganze sechsundzwanzig Jahre jünger als sie.

Laut einer Umfrage des *American Life Project* umfasst die am schnellsten wachsende Gruppe jener, die Online-Date-Services und Internet-Partnervermittlungen in Anspruch nehmen, die Fünfundsechzig- bis Siebzigjährigen. Wenn Sie es also partout nicht mehr allein aushalten, dann versuchen Sie es doch mal mit einer Internet-Partnervermittlung. Ich habe einen Bekannten – er ist Single –, der fast jede Woche eine andere Internet-Bekanntschaft zu einem romantischen Dinner ausführt. Mit einigen der Damen bleibt er danach noch ein, zwei Monate in Kontakt. Mit manchen schläft er, und mit anderen trifft er sich nur einmal und nie wieder. Für ihn ist diese Partnerparade beinahe wie eine feste Beziehung, da es zwischen den Frauen offenbar einen fließenden Übergang ohne sichtbare Unterbrechungen zu geben scheint.

Für mich wäre das nichts. Aber zwei Bekannte von mir haben über das Internet immerhin den neuen Partner fürs Leben gefunden. Zugegeben, sie haben anfangs gewaltig geschwindelt, was ihr Alter betraf, und erst Wochen später gebeichtet, dass sie fünfzehn Jahre älter seien, als sie angegeben hatten, aber immerhin hat es geklappt. Dass sie zuvor Hunderte der grässlichsten Frösche küssen mussten, die die

Britischen Inseln zu bieten haben, muss wohl nicht extra erwähnt werden.

Wie heißt es so schön? Jedes Töpfchen findet sein Deckelchen. Warum nicht auch Sie?

16. Alte Freunde

Lasst uns dankbar sein gegen alle, die uns Glück geben, denn es sind Zaubergärtner, und unter ihrer Hand blühen unsere Seelen auf.

Marcel Proust

Senescence begins
And middle age ends
The day your descendants
Outnumber your friends.

Ogden Nash

Das Altern beginnt
und das mittlere Alter endet
an dem Tag, an dem die Zahl Ihrer Nachkommen
die Ihrer Freunde übersteigt.

Wenn man jung ist, kann man keine alten Freunde haben. Höchstens ebenso junge wie man selbst, vom Sandkasten an aufwärts. Aber wie gesagt, das ist wohl kaum eine »alte Freundschaft«. Man muss sich schon mindestens dreißig Jahre kennen, bevor man einander in die Kategorie »alter Freund« einordnen kann. Und wenn man die sechzig erreicht, kann es gut sein, dass manche Freundschaften schon fünfzig Jahre Bestand haben. Wir haben sie eingekellert, diese Freundschaften, wie Wein, und nun können wir sie genießen. Oft schmecken sie uns nur deshalb so gut, weil sie so alt sind. Aber genauso gut kann das Gegenteil der Fall sein – sie sind »verkorkt« –, und wir verfluchen uns für unsere jugendliche Urteilsschwäche, die uns nun zwingt, Jahr für Jahr jemanden zu treffen, mit dem es sich vielleicht einst wunderbar Plastilin kneten ließ, der sich aber jetzt, im Alter, zu einem rechtsextremistischen alten Starrkopf entwickelt hat.

Alte Freunde sind überaus seltsame Kreaturen. Begegnete man ihnen erst heute, würde es einem im Traum nicht einfallen, eine Freundschaft mit ihnen auch nur in Betracht zu ziehen. Vielleicht findet man sich ja einigermaßen sympathisch, aber doch nicht so, dass man zu Hause darüber berichten würde. Ein alter Freund jedoch, der einen über eine lange Zeit und durch dick und dünn begleitet hat, dessen Erinnerungen fast deckungsgleich mit den eigenen sind, ist wie ein guter alter Pulli. Er mag Löcher haben, mag an manchen Stellen geflickt sein, mit einer Wolle, die nicht ganz genau dieselbe Farbe hat, und die Knöpfe – nun ja ein paar davon sind ihm gewiss abgefallen und jene, die noch da sind, sind mit einem nicht zum Pulli passenden Garn angenäht worden. Die Taschen mögen löchrig sein und man verliert sein ganzes Kleingeld – aber man bringt es einfach nicht übers Herz, ihn wegzuwerfen. Weil er so urbequem ist. Und so alt.

Neue alte Freunde – ist das möglich?

Ein neuer alter Freund, das klingt beinahe wie eine wissenschaftliche Unmöglichkeit, wie das Perpetuum mobile. Aber ich freue mich immer, Menschen wiederzubegegnen, die ich in meiner Jugend kannte – denn immerhin besteht die Möglichkeit, dass sie, allen Regeln zum Trotz, zu *brandneuen* alten Freunden werden könnten. Und weiß der Himmel, wir können sie gebrauchen. Irgend ein Dichter hat gesagt: *As life runs on, the road grows strange – The milestones into headstones change – 'neath every one a friend* – Die Straße des Lebens wird immer seltsamer – aus Meilensteinen werden Grabsteine – und unter jedem ruht ein Freund.

Wenn wir nicht ständig für Nachschub sorgen, wird unser Adressbuch eines Tages auf eine Postkarte passen.

Und genau deshalb liebe ich Klassentreffen. Man kann natürlich schon ein paar Jahre nach dem Schul- oder Universitätsabschluss ein Treffen veranstalten, aber dann wird sich wohl kaum jemand grundlegend verändert haben. Aber ein vierzigjähriges Treffen beispielsweise kann einem Hören und Sehen vergehen lassen: Manche Leute sind derart gealtert, dass man sie kaum wiedererkennt. Manche ehemalige Klassenkameraden sind *tatsächlich* nicht wiederzuerkennen. Gott sei Dank, denken wir, haben wir *unsere* Fassade einigermaßen instand gehalten. Aber dann passiert etwas Überraschendes: Wir stellen mit Erstaunen fest, wie die Jahre auf den faltigen Gesichtern unserer Gegenüber nach wenigen Minuten dahinschmelzen. Auf einmal können wir uns kaum noch erinnern, wie die Kameraden damals ausgesehen haben – und doch scheinen sie dieselben guten Kumpel zu sein wie früher. Als würde man in einem alten Speicher unter eingelagertem Gerümpel herumwühlen, wühlen wir unter diesen alten Klassenkameraden, auf der Suche nach einem, der uns vielleicht in Zukunft etwas bedeuten könnte. Jemand ganz Besonderem, den wir damals vollkommen übersehen oder ignoriert haben, den wir vollkommen vergessen haben, jemandem, der sich vielleicht noch mal abstauben und zu einem neuen alten Freund machen ließe.

Alte Freunde neu entdeckt

Alte Freundschaften lassen sich wiederbeleben, selbst wenn man sie aus irgendeinem Grund vor langer Zeit beiseitegeworfen hat. Im Alter sieht man die Dinge klarer. Ein alter Streit mit dem Ex, der uns damals einfach unerträglich vorkam, erscheint uns nun, da der eigentliche Anlass immer mehr verblasst, viel weniger wichtig. Ein weiteres Plus ist, dass wir nun die nötige Reife und den nötigen Abstand haben, um verzeihen zu können.

Selbst mit Menschen, mit denen man jahrelang nicht mehr gesprochen hat, kann man wieder Kontakt aufnehmen, da die Zeit die harten Kanten der alten Konflikte weichgeschliffen hat. Die Zeit heilt alle Wunden, heißt es. Auf einmal erscheint es uns wie Verschwendung, all die Zuneigung und den Spaß wegzuwerfen, den wir mit dem anderen doch irgendwann einmal gehabt haben müssen, weil er sonst nicht unser Freund geworden wäre. Das ist fast so, als würde man die Reste eines Brathuhns einfach wegwerfen, anstatt eine köstliche Hühnersuppe daraus zu kochen. Oder als habe man einen Garten sorgfältig umgegraben und gedüngt, ihn dann aber aufgrund irgendeines lächerlichen Streits oder Missverständnisses nie mehr bepflanzt. Es ist Zeit verstrichen, nicht selten sogar viel Zeit. Nun kann man die alten Freundschaften, die man ganz unten in den schwarzen Psychosack gestopft hat, wieder hervorholen. Weil man so weit ist zu erkennen, dass an ihnen etwas Bewahrenswertes ist.

Sie sind wichtig, diese komischen alten Leutchen, fast wie verschrumpelte alte Kartoffeln. Und versuchen Sie gar nicht erst, sie wie jeden anderen auch zu betrachten. Das Schlimme daran, alte Freunde und Verwandte zu verlieren, ist nicht nur, dass sie nun nicht mehr da sind, sondern dass mit ihnen auch so viele Erinnerungen, so viele geteilte Erfahrungen, geflügelte Worte, Spitznamen und Witze unwiderruflich sterben.

Man sollte also, wenn möglich, an alten Freunden – und wenn sie noch so langweilig und nervtötend sind – festhalten. Einfach um der gemeinsamen Erinnerungen willen.

Warnung

Lassen Sie es sich bloß nicht einfallen, diese alten Freunde irgendwem vorzustellen. *Sie* mögen sie ja aus nostalgischen Gründen charmant oder sogar sympathisch finden, aber Ihre neuen Freunde wären entsetzt, wenn Sie ihnen plötzlich einen dieser räudigen alten Labradors aus Ihrer Vergangenheit vorsetzten. Ihren neuen Freunden würde es ja auch im Traum nicht einfallen, Ihnen *ihre* alten Freunde vorzustellen – sie sind etwas ganz Persönliches und Privates, und man will sie genauso wenig mit anderen teilen wie eine alte Badematte (vor allem, wenn sie unten schon schimmelt). Falls Sie mich jetzt für grausam halten, sei darauf hingewiesen, dass auch ich für einige Menschen eine »alte Freundin« bin. Und ich hoffe, dass diese Freunde aus meiner Vergangenheit genauso viel Takt haben und mich nicht ihren neueren Modellen vorstellen. Wenn mich jemand als »alte Freundin« vorstellt, zucke ich innerlich immer zusammen. Ich weiß, wofür dieser Code steht: »Entschuldige, dass ich so töricht bin, euch beide zusammenzubringen. Frag besser nicht nach: Du würdest Virginia sowieso nie verstehen. Ich habe sie kennen gelernt, als ich noch jung und dumm war. Bitte ziehe jetzt keine falschen Schlüsse über mich, wo du Einblick in meine Vergangenheit bekommen hast. Es stimmt ja, ich mag sie, sehr sogar, aber das ist eben so eine Verrücktheit von mir.« Mich als alte Freundin vorzustellen ist fast so, als würde jemand der *Times* ein Gedicht schicken, das ich in der Grundschule verfasst habe.

Mit einigem Glück haben wir uns also einen Vorrat an alten Freunden angelegt und werden das Gefühl nicht los, dass das fast so etwas wie eine Privatrente ist. Einige dieser »Geldanlagen« mögen sich im Laufe der Jahre als Blindgänger erweisen, andere wiederum als überraschend ergiebig. Denken Sie also immer daran: Auch der Wert einer Freundschaft kann, wie der Wert einer Aktie, steigen und fallen (und wieder steigen).

Im Großen und Ganzen würde ich als erfahrene Kummerkastentante jedoch empfehlen, an alten Freundschaften festzuhalten – solange sie nicht zu unerträglich werden jedenfalls. Man weiß nie, wie sich der Freundschaftsmarkt entwickeln wird. Es lohnt sich deshalb immer, ein paar bequeme alte Freunde in irgendeiner staubigen Schublade für den Notfall aufzubewahren.

17. Zeit

»… ein Brief von einer Dame, die mich in einer französischen Zeitung beschrieben hat – ›eine vornehme
Dame mit einem dichten Schopf weißer Haare‹ –
Gott, sind wir wirklich so alt geworden? Ich fühle
mich wie sechseinhalb.«

> Virginia Woolf in einem Brief an Vanessa Bell

Ich werde nie ein alter Mann sein. »Alt« heißt für
mich immer fünfzehn Jahre älter als ich.

> Francis Bacon

Seven ages: first puking and mewling,
Then very pissed off with your schooling,
Then fucks and then fights,
Then judging chaps' rights,
Then sitting in slippers, then drooling.

> Robert Conquest

Sieben Lebensalter: erst ausgespuckte
  Milch im Gesicht
dann stinksauer auf den Unterricht
dann vögeln und prügeln
dann über andre halten Gericht
dann hocken in Pantoffeln, dann zahnlos
  und mit Gicht.*

Mit der Zeit ist es eine ganz eigenartige Sache, habe ich im
Laufe meines Lebens festgestellt. Als ich neulich für eine Woche nach Schottland reisen sollte und meinen Freunden vor-
jammerte, wie sehr mir vor der Reise graute – ich finde Verrei-
sen mit zunehmendem Alter immer stressiger, auch wenn es

221

mir, sobald ich einmal angekommen bin, meistens unheimlich gut gefällt –, sagten sie: »Aber es ist doch nur für eine Woche! Die vergeht in unserem Alter wie im Flug!«

Einerseits haben sie recht, denn eine Woche ist nur ein 3328stel meines bisherigen Lebens – also ziemlich wenig im Vergleich. Bedenkt man jedoch, dass ich vielleicht höchstens noch zehn Jahre zu leben habe, wäre das ein 520stel meines künftigen Lebens – ganz schön viel.

Wenn ich überlege, dass ich schon vierundsechzig Weihnachten miterlebt habe, scheint es hirnrissig, sich weiterhin Sorgen darum zu machen, wo und mit wem man das nächste Weihnachtsfest verbringen wird (und ob überhaupt noch jemand Weihnachten mit einem feiern will). Andererseits habe ich ja wahrscheinlich nur noch zehn Weihnachten vor mir, da erscheint es schon nicht mehr so töricht, dieses Fest wichtig zu nehmen.

Wie auch immer, bevor man weiß, wie einem geschieht, ist der Frühling da, der Sommer steht vor der Tür, und der Herbst klopft auch schon bald wieder an. Und ehe man sich's versieht, ist schon wieder Weihnachten. Erschreckend. Wenn ich die Tannennadeln vom letzten Weihnachten aus den Sofaritzen sauge, frage ich mich jedes Mal, warum ich mir nicht einfach ein Weihnachtsbäumchen im Topf anschaffe und die Dekoration das ganze Jahr über drauf lasse. Die Vorstellung, schon wieder auf eine Leiter kraxeln und den öden alten Christbaumschmuck aufhängen zu müssen, nur um ihn zwei Wochen später wieder abzunehmen, erscheint mir immer dümmer. Nicht zu vergessen die Mühen des Aufbaus der großen Weihnachtskrippe, die mein Vater eigenhändig aus Balsaholz geschnitzt hat, und das Aufstellen dieses albernen Bronzedings aus Österreich mit den Windmühlenflügeln, die sich klingend über einer Kerzenflamme drehen. Oder nicht

drehen. Und die dann alljährlich über kurz oder lang zu ko-
keln anfangen.

Als ich 2009 zu jemandem sagte, 2010 stehe vor der Tür,
seufzte er: »Hört das denn nie auf?« Ich weiß genau, was er
meint.

Die Zeit vergeht rasend schnell, wenn man alt ist. Aber das
ist auch das Einzige, was schnell geht. Man selber wird immer langsamer und langsamer.

Ab wann gilt man offiziell als alt?

»Ach, man ist doch nur so alt, wie man sich fühlt!«, trällern
einige meiner noch älteren Freunde. Aber wem können sie
da etwas vormachen? Offenbar glauben sie, dass sie, wie Jack
Straw es ausdrückte, »irgendwo zwischen achtzig und fünfunddreißig sind, je nachdem, was an diesem Tag gerade los
ist. Wenn man in den Sixties geboren wurde, glaubt man, ein
göttliches Recht auf ewige Jugend zu haben.«

Jack Straw hat recht: Wenn wir älter werden, haben wir
alle das eigenartige Gefühl, gleichzeitig jung, fast kindlich
jung, und andererseits fürchterlich alt zu sein. Wir sind wie
diese 3-D-Postkarten, die es in Griechenland an allen Straßenecken zu kaufen gibt: Wenn man sie von links betrachtet, sieht man ein prächtiges Pantheon, mit Säulen und Statu-
en und aufwendigen Verzierungen. Wenn man dagegen von
schräg rechts draufschaut, sieht man die eigentliche Ruine.

Die Perspektive der anderen Menschen macht es einem
bei der Selbsteinschätzung auch nicht gerade leichter. Meiner Erfahrung nach betrachten einen junge Leute als alt, die
wirklich Alten dagegen halten uns Übersechzigjährige für
jugendliche Hüpfer. Als ich einigen Siebzigjährigen den Titel dieses Buchs verriet, begannen sie zu kichern und sagten:

»Aber Liebes! Du hast doch noch überhaupt keine Ahnung vom Altsein!«

Auch das Phänomen Zeit wird mit jedem verstreichenden Jahr verwirrender. Jean Rhys sagte: »Man altert selten schnell und fließend, vielmehr in einer Reihe von Zuckungen und Sprüngen.« Zu dem ganzen Gezappel, möchte ich hinzufügen, gehören allerdings auch Rückwärtssprünge (und Saltos). Im Übrigen glaube ich, dass mit »alt« weniger der zeitliche Abstand gemeint ist, den wir vom Tag unserer Geburt bis zum heutigen Tag zurückgelegt haben, sondern vielmehr, wie nahe wir dem Ende bereits gerückt sind.

Für mich ist man dann alt, wenn man den Sitzgurt in einem fremden Auto nicht mehr ohne großes Herumfummeln anlegen kann und sich beim Aussteigen ächzend am Türrahmen festhält. Vor allem ist man in meinen Augen alt, wenn man sich heimlich einen zusammenschiebbaren Spazierstock zulegt und in seiner Handtasche mit sich herumträgt – »nur für den Fall«. Oder wenn man in Nachthemd und Wintermantel zum Zeitschriftenladen um die Ecke schlurft, weil die Zeitung mal wieder nicht geliefert wurde.

In Deutschland scheint man ganz genau zu wissen, wann man offiziell als »alt« gilt. Es gibt dort in Restaurants verschiedene Menükategorien. Erwachsene kriegen ein normales Menü, Kinder einen sogenannten »Kinderteller«. Und alte Menschen können sich den *Seniorenteller* bestellen. Ich kann mir gut vorstellen, wie der aussieht: winzige Portionen. Weiches, matschiges Essen. Wenn man in einer einschlägigen Lokalität ein saftiges Steak mit knackigem Gemüse bestellen will, kriegt man zweifellos die Antwort: »Bedaure, aber dafür sind Sie zu alt.«

Soll man's verraten?

Wenn jemand Sie nach Ihrem Alter fragen sollte, können Sie es natürlich machen wie Cary Grant und elegant ausweichen. Als sein Agent ein Telegramm erhielt, auf dem stand: *»How old Cary Grant? – Wie alt Cary Grant?«*, kabelte er zurück: *»Old Cary Grant fine. How you? – Dem alten Cary geht's gut. Und Ihnen?«*

Oder Sie könnten seufzend sagen: »Ich will's mal so ausdrücken: Ich werde nicht noch einmal sechzig.«

Ich selbst mache kein Geheimnis aus meinem Alter. Es wäre mir zu peinlich, wenn die Leute hinter meinem Rücken doch irgendwie auf mein wahres Alter kämen. Da verrate ich es lieber gleich selbst. Hier also ganz offiziell, wenn es Sie interessiert, mein Geburtsdatum: 3. Februar 1944. Nicht früher und nicht später. Ist alles im Geburtsregister des Somerset House erfasst (oder mittlerweile wahrscheinlich in einer gigantischen Online-Datenbank, auf die jeder, der das Passwort rauskriegt, Zugriff hat).

Wie bezeichnen wir uns selbst?

Ich selbst bezeichne mich am liebsten als »alt«. Aber natürlich kann man auch das charmant-moderne »Oldie« verwenden oder die weniger charmante Bezeichnung »Mumie«. Wenn ich bei einem Kino oder Theater anrufe, um Tickets reservieren zu lassen, frage ich manchmal nach, ob es Ermäßigungen gibt. Und wenn die Person am anderen Ende der Leitung dann fragt: »Welche Ermäßigung wollen Sie denn?«, weiß ich nie genau, ob ich »Senior« sagen soll oder, wie es bei uns heißt, *Old Age Pensioner*. Gewöhnlich antworte ich: »Ich bin einfach nur schrecklich alt, Liebes.«

Ich habe schon überlegt, ob ich mich als *New Age Pensioner* bezeichnen soll, aber dabei denkt man sofort an langes, dünnes, graues Haar und faltige Handgelenke, an denen kupferne Anti-Arthritis-Armreifen und zerfranste farbige Freundschaftsbändchen prangen.

Wir könnten uns als »ältlich« bezeichnen oder als »Rentner«, ich persönlich jedoch mag die Bezeichnung »über den Berg«. Warum? Weil man dann eine viel bessere Aussicht hat. Man kann das Panorama genießen. Und da es ab jetzt nur noch bergab geht, ist der Weg auch viel leichter.

Alles schon mal erlebt

Eine Freundin hat einmal gesagt, sie werde ganz deprimiert, weil ihre Tage so eintönig seien. Es passiere immer dasselbe, Tag für Tag, Nacht für Nacht. Ich wandte ein, dass auf keinen Fall jeder Tag der gleiche sein könne, da sie mit jedem Tag eine größere Anzahl gleicher Tage hinter sich habe. Und diese Anhäufung von immer gleichen Tagen wird vielleicht irgendwann dazu führen, dass sie endlich etwas tut, um den kommenden Tag anders zu machen.

Die Zeit verändert die Dinge. Für uns Oldies wird es, offen gesagt, immer schwerer, etwas als vollkommen neu zu erleben. Das meiste, was uns jetzt passiert, wird uns an etwas erinnern, das wir bereits erlebt haben.

Ich war kürzlich in Venedig. Toll. Zauberhaft. Aber weil ich in meiner Jugend schon einmal dort war, habe ich die ganze Zeit über versucht, meine damaligen Rundgänge zu rekonstruieren, Restaurants zu finden, in denen ich damals gegessen hatte, Galerien zu besuchen, in denen ich damals war.

Was man nicht mehr tun kann, wenn man alt ist, ist, viele Dinge zum ersten Mal zu erleben.

Sich doch noch ändern?

Die Zeit ändert auch den Menschen. Erst im hohen Alter kann der Leopard vielleicht noch seine Flecken wechseln. Ich kenne Frauen, die lausige Mütter waren, jetzt aber fantastische Omas sind. Ich kenne Männer, die früher klug, clever und innovativ waren und nun zu mürrischen alten Meckergreisen geworden sind, die sich ständig über die »Jugend von heute« beklagen. Ich kenne eine Frau, die erst im hohen Alter weich wurde. Früher war sie eine überkritische, ja ätzend scharfe Person – heute ist sie jedoch aus heiterem Himmel charmant und tolerant, eine ausgesprochen liebenswerte alte Dame. Und ich kenne eine andere, die fast ihr ganzes Leben lang *stoned* war, nacheinander fünf Ehemänner verließ, vier Kinder von verschiedenen Männern bekam und nun in einem hübschen Dorf auf dem Lande Yoga unterrichtet. Sie ist ein Stützpfeiler der Gemeinde, fehlt in keinem Dorffest-Organisationskomitee und leistet bei jeder Wohltätigkeitsveranstaltung ihren Beitrag.

Und ist es nicht toll, wenn die Zeit auch Exfreunde verändert? Aus goldenen Göttern, vor denen man in Hingabe kniete, werden im Laufe der Jahre alte Männer, die man kaum versteht, weil einem die Schuppen so laut von den Augen donnern. Ich traf neulich einen alten Exfreund, dessen Haare doch tatsächlich zwei Schattierungen dunkler waren als in den Siebzigern, als wir zusammen waren.

Vor ein paar Jahren war ich auf einer Party und sah dort einen verhutzelten kleinen weißhaarigen Mann. Mein Herz krampfte sich zusammen, als ich ihn erkannte. Dies war der Mann, in den ich mit zwanzig wie toll verliebt war. Ich habe ihn nicht nur angehimmelt, sondern geradezu abgöttisch geliebt. Er war der Traum meiner wachen Stunden und der schlaflosen Nächte. Ich wurde schwanger von ihm, ließ eine

Abtreibung machen. Ja, ich wurde für ihn sogar zum Drogenkurier, als ihm in seinem runtergekommenen Cottage auf dem Lande irgendeine unaussprechliche Substanz ausging. Ich glaubte damals, dass es keinen anderen Mann auf der Welt für mich geben könne. Nach einer turbulenten Trennung habe ich ihn dann nie wiedergesehen. Bis jetzt.

Ich brauchte seinem konfusen Geschwafel aber nur ein paar Minuten lang zuzuhören, seinem Glauben an nordische Götter zu lauschen oder seinen brandneuen Erkenntnissen über Glastonbury, um zu erkennen, dass dieser Mann sich nicht nur kein bisschen weiterentwickelt hatte, seit wir uns zum letzten Mal gesehen hatten, sondern dass ich kein bisschen mehr in ihn verliebt war. Im Gegenteil, ich hatte sogar das dringende Bedürfnis, nichts mehr mit diesem Menschen zu tun haben zu müssen.

Also sagte ich: »Ich muss mal aufs Klo« und machte mich mit einem Gefühl der Erleichterung davon. Wie froh war ich, dass die Zeit mich und meine Gefühle vollkommen verändert hatte!

Neue Sichtweisen

Die Zeit ist ein großartiger Lehrmeister. Sie lehrt uns, die Dinge aus einem gewissen Abstand ganz neu zu betrachten, sie lehrt uns die »lange Sicht«. Früher, als unsere Vergangenheit bestenfalls zehn Zentimeter dick war, wäre das unmöglich gewesen. Aber heutzutage können wir unser Auge über ganze Vergangenheitsgebirgsketten schweifen lassen, die von Flüssen und Wüsten durchzogen sind.

Wir haben im Alter ein viel besseres Verständnis für die großen Zusammenhänge. Langsam begreifen wir, dass das Leben ein langes Kontinuum ist und nicht eine Aneinanderreihung einzelner Ereignisse, die von Perioden des Schlafs lose zusammengehalten werden.

Mein Panorama reicht zurück bis zu meiner Urgroßmutter, die ich als Kind noch kennen gelernt habe (auch auf die Gefahr hin, Sie zu langweilen – siehe entsprechendes Kapitel. Aber ich bin nun mal alt, und ich langweile gern). Sie lebte mit ihrer Gesellschafterin in einem Hotel in der Gloucester Road und trug, soweit ich mich erinnere, immer einen langen schwarzen Rock, ein schwarzes Jäckchen und eine hochgeschlossene weiße Bluse. Dazu einen schwarzen Hut mit Schleier und einen silberbeschlagenen Spazierstock. Sie sah aus wie eine Illustration aus einem Buch von Charles Dickens.

Ich kann mich an Zeiten erinnern, in denen fast niemand ein eigenes Auto hatte, als es noch kein Fernsehen gab und die Geschäfte sonntags geschlossen hatten. E-Mail, SMS und Handy waren unbekannt. Was meine Generation an Veränderungen erlebt hat, übersteigt das, was ein heute Dreißigjähriger noch an Veränderungen erleben wird, bei weitem, da bin ich mir sicher. Eigentlich ist es beinahe schon erstaunlich, dass wir bei alledem nicht den Verstand verloren haben (nun ja, nicht ganz).

Je älter man wird, desto klarer wird einem, dass die Welt nicht mit einem selbst beginnt und endet. Man begreift sich zunehmend als Teil eines Zyklus – und diese Erkenntnis beeinflusst unser restliches Leben durchgreifend. Als ich mir meine erste Katze anschaffte, habe ich sie natürlich nicht als meine *erste* Katze betrachtet, sondern einfach nur als *meine* Katze. Aber nachdem ich in meinem Leben schon so viele Katzen gehabt habe, ist mir klar, dass auch wir nicht anders sind als Katzen – wir leben nur länger.

Eine Freundin erzählte mir, dass sie, mit ihrem Enkelkind auf dem Schoß, von ihren eigenen Kindern fotografiert worden sei, und meinte, ihr komme es vor wie gestern, als sie selbst auf dem Schoß ihrer Großmutter gesessen hatte und von ihren Eltern fotografiert worden war.

Das Leben geht weiter – das ist ein fast gnadenloser Satz. Er wurde mir vor kurzem besonders deutlich, als ich – nach zehn Jahren – einmal wieder ein Al-Anon-Treffen besuchte (das ist der Zweig der Anonymen Alkoholiker, der für die Angehörigen von Alkoholikern vorgesehen ist, mit einem eigenen »Zwölf-Schritte-Programm«). Etwa vier Jahre lang hatte ich mich intensiv in genau dieser Gruppe engagiert, ich war Schatzmeisterin gewesen, Sekretärin, hatte Treffen geleitet. Irgendwie erwartete ich, als altes Mitglied mit offenen Armen empfangen zu werden. Ich stieg dasselbe alte Treppenhaus hinauf, in dem es immer noch nach Kohl roch, betrat dasselbe alte Zimmer, wo dieselben alten Stühle standen – aber der Raum war voller Fremder! Man begrüßte mich warmherzig als Neuankömmling, und es war nicht leicht, den Leuten begreiflich zu machen, dass ich ein alter Al-Anon-Hase war, der diese Gruppe früher eine ganze Zeitlang geleitet hatte. Man hatte mich vergessen. Mittlerweile war keiner meiner alten Weggefährten mehr da, der sich an mich hätte erinnern können. Und all diese Leute, die jetzt dieselben Posten ausfüllten, die ich früher innegehabt hatte, würden eines Tages auch vergessen sein, genau wie ich. Das stimmte mich ganz schön nachdenklich.

Sobald wir begreifen, dass wir nur ein einzelnes Glied in dieser fortlaufenden Kette der Menschheit sind, begreifen wir auch, dass »die Zukunft« nicht bedeutet, wie viele Jahre uns noch verbleiben, sondern dass diese »Zukunft« die Zukunft unserer Kinder und Enkelkinder ist. (Widerspreche ich damit meinen früheren Äußerungen über die globale Erwärmung und allem, was damit einhergeht? Ja. Aber das ist nun mal das Vorrecht des Alters, und ich bin nun mal ein Oldie. Ich darf das.) Es gab einen Moment, da plante ich, mein restliches Geld bis zu meinem Tod auf den Kopf zu hauen. Doch jetzt erkenne ich, dass ich nur noch deshalb arbeite (obwohl ich es finanziell gar nicht mehr nötig hätte), um meinem Sohn und seiner Familie nach meinem Tod ein gutes Leben zu ermöglichen. Wenn man mich heute fragt, wie viel ich für einen Vortrag oder einen Zeitungsartikel verlange, denke ich, anstatt wie früher einfach dankbar zu sein, dass man überhaupt noch was von mir will: Nein, dieses Geld könnte einem Enkel helfen, eine Anzahlung für seine erste Wohnung zu leisten. Oder: Dieses Geld könnte einer künftigen Enkelin helfen, ihre Studiengebühren zu bezahlen.

Komisch, worauf wir Oldies alles kommen, um uns die verbleibende Zeit zu vertreiben. Und warum sollten wir nicht einen Beitrag für die Familienmitglieder leisten, die nach uns kommen?

18. Nie wieder

Einer der vielen Vorteile am Altwerden ist, dass man nun seine Ideen unter Kontrolle hat. Ich habe mein ganzes Leben lang unter einer Krankheit namens »zu viel Hirn im Kopf« gelitten … in jungen Jahren sprüht man nur so vor Ideen, vor allem vor närrischen Ideen, aber man kommt nicht gegen sie an. Ich habe inzwischen gelernt, nicht mehr so sehr unter meinem Hirn zu leiden … Das Urteilsvermögen wird mit zunehmendem Alter doch besser. Eine meiner größten Freuden heutzutage ist es, mich von einem guten Buch inspirieren zu lassen, ohne hinterher gleich an die Schreibmaschine hüpfen zu müssen. Es gibt nichts Schöneres, als beim Lesen einzunicken. Tief zu schlafen und vom Knall des Buchs, das auf den Boden fällt, aufgeweckt zu werden und dann zu denken, ach, was soll's. Ein bewundernswertes Gefühl.

A. J. P. Taylor

Falls Sie mal wieder ihrer verflossenen Jugend nachtrauern, sollten Sie sich mit dem Gedanken trösten, dass Sie nun viele *unangenehme* Dinge *nie wieder* machen müssen. Hier nur ein paar Beispiele:

Die Jungfräulichkeit verlieren
Trampen
Die Periode kriegen
In einem Ausschuss sitzen
Sich Vorwürfe machen, weil man nie Freud oder Sartre
  gelesen hat
Einen Boss haben
Das erste Date

Sich zum ersten Mal verlieben

Schwanger werden

Die Wäsche unfreiwillig rosa färben, weil einem was Rotes
in die Kochwäsche geraten ist

Um eine Gehaltserhöhung bitten

Sich bei den anderen lieb Kind machen, um seinen Job zu
behalten

Sich verpflichtet fühlen, mit den Kollegen mitzusaufen, nur
um sich nicht unbeliebt zu machen

Sich sorgen, weil man zu haarig ist (oder nicht haarig
genug)

Warten müssen, dass man beim Turnen für eine Mannschaft
ausgewählt wird

Auf Prüfungsergebnisse warten

Zu einem Vorstellungsgespräch gehen

Zur Schule gehen

Zum ersten Mal das Weihnachtsfestessen kochen müssen

Sich selbst sagen hören, dass wirklich was dran sei an dem
John-Lennon-Song »All You Need Is Love«

Twist tanzen

Sich Ohrlöcher stechen lassen

Sich eine Spirale einsetzen lassen

Sich eine Spirale rausnehmen lassen

Sich von Exhibitionisten in aufklaffenden Regenmänteln
erschrecken lassen

Radfahren lernen

Hausaufgaben machen

Schwimmen lernen

Auf Bäume klettern

Zuschauen müssen, wie sich die Eltern auf der Kinderparty
beim Sackhüpfen blamieren

Kinder im Teenageralter haben und sich mit ihnen streiten
müssen

Sich über die Tochter ärgern, die sich mal wieder an deiner
  Garderobe vergriffen hat
Über etwas schockiert oder überrascht sein – schließlich
  hat man ja alles schon erlebt
Angst haben, dass sich eine Hexe unter dem Bett versteckt
Überlegen, ob man aus schierer Geldnot in einem Nacht-
  club als Stripteasetänzerin anheuern soll
Sich verpflichtet fühlen, im Urlaub jeden Campanile zu be-
  steigen, der einem vor die Linse kommt
Versuchen, es ins olympische Schwimmteam zu schaffen
Versuchen, Premierminister zu werden
Vor den Freunden der Eltern ein Gedicht aufsagen
Einen Lebenslauf vorlegen
Bob Dylan für eine Art Gott halten
Feststellen, dass Lackfarbe nicht wasserlöslich ist
Sich mit der Behauptung blamieren, dass Disraeli und Lord
  Beaconsfield zwei verschiedene Personen waren
Sich was draus machen, dass man sich mit der Behauptung,
  Disraeli und Lord Beaconsfield seien zwei verschiedene
  Personen, blamiert hat
Bequemlichkeit der Schönheit opfern
Die Decke streichen
Sich auch nur die Bohne aus irgendwelchen gestörten Pop-
  stars in Entzugskliniken machen
Rolltreppen runter- oder rauflaufen
Einem älteren Menschen seinen Sitzplatz im Bus abtreten
Zu einem Open-Air-Rock-Festival gehen – oder überhaupt
  zu irgendeiner Open-Air-Veranstaltung
Sich nicht trauen, aus dem Kinosaal zu gehen, wenn der
  Film grottenschlecht ist
Achtung vor dem Alter haben
Sich Sorgen über den Zustand der Welt in fünfzig Jahren
  machen

In letzter Minute noch für eine Prüfung lernen
An einem Workshop teilnehmen
Überlegen, ob man sich tätowieren lassen soll
Angst davor haben, in die Fänge einer (polnischen) Mädchenbande zu geraten
Auf die Piste gehen
Überrascht sein über die Korruption von Politikern
Die Studienfreunde damit beeindrucken, dass man den Uniturm erklimmt und seine Unterhose hisst
Für Medikamente bezahlen

19. Weisheit

Und nun erfüllt mich jeder neue Tag mehr mit Staunen und sieht mich besser befähigt, seine Freuden bis zum letzten Tropfen auszukosten. Denn bisher war mir gar nicht bewusst, welch ungeheuren Reichtum die Zeit zu bieten hat; meine Jugend war nie besonders ergiebig, was das Glücklichsein betrifft. Ist dies wirklich das, was man Altwerden nennt, dieses unermüdliche Anbranden von Erinnerungen an den Strand meiner inneren Stille, diese verhaltene, nüchterne Freude, diese leichtherzige Musik, die mich verzückt, dieses tiefe Gefühl von Sanftheit und Freundlichkeit?

The Delights of Growing Old – Maurice Goudeket

Wir können den Nachmittag des Lebens nicht nach demselben Programm leben wie den Morgen, denn was am Morgen viel ist, wird am Abend wenig sein, und was am Morgen wahr ist, wird am Abend unwahr sein.

Carl Gustav Jung

Eigentlich ist »Weisheit« ein allzu hochtrabendes Wort für die willkürliche, chaotische Ansammlung von Wissen, die man sich im Laufe seines Lebens erwirbt. Ich würde es eher so sehen, dass wir jetzt, im Alter, nicht mehr ganz so blöd sind, wie wir es am Anfang unseres Lebens einmal waren – und das ist etwas ganz anderes als »weise sein«. Obwohl wir immer noch dazu neigen, Fehler zu machen, machen wir seltener die *alten* Fehler. Mit anderen Worten: Erfahrung zahlt sich aus. Und wenn am Ende des Regenbogens auch kein Topf voll Gold auf uns wartet – dann zumindest auch kein Abfallhaufen.

Hier ein paar Erkenntnisse aus meinem (langen) Leben:

1. Jedes Problem hat zwei Seiten. Das will nicht heißen, dass man nie recht haben kann. *Ich* habe immer recht. Aber ich habe im Laufe der Jahre eingesehen, dass andere Menschen auch Ansichten haben. Andere Ansichten als ich wahrscheinlich. Verrückte Ansichten. Falsche Ansichten. Aber immerhin Ansichten.
2. Wir wissen, dass wir nicht alles glauben dürfen, was in der Zeitung steht. Tatsächlich darf man aber gar nichts glauben, was in der Zeitung steht.
3. Es ist vollkommen in Ordnung, jemandem, auf den wir eine Stinkwut haben, einen gepfefferten Brief zu schreiben, mittlerweile sind wir aber klug genug, ihn nicht mehr abzuschicken. Schreckliche Erfahrungen haben uns das gelehrt. Noch jetzt haben wir mitunter schlaflose Nächte, wenn wir an jenen Brief denken, den wir 1955 an eine Freundin geschickt haben, die dann später doch diesen grässlichen Mann geheiratet hat, der, noch später, bei einem Skiunfall ums Leben kam. Und irgendwie geben wir uns dafür die Schuld.
4. Aber waren wir wirklich schuld? Nicht die Bohne. Wir fühlen uns jetzt längst nicht mehr so schuldig wie früher, denn wir wissen, dass unser Einfluss auf das Wohl und Wehe dieses Planeten bestenfalls marginal ist. Wir sind ja nur Ameisen angesichts des Großen und Ganzen …
5. Wir lassen uns im Alter nicht mehr so sehr von unseren Gefühlen beherrschen wie früher. Mittlerweile wissen wir: Was immer auch geschehen mag, es ist nicht wirklich so wichtig, wie wir immer dachten. Wir wissen, dass »auch das vorübergeht«. Und das gilt für die schlechten wie für die guten Zeiten.
6. Die globale Erwärmung oder das Ende der Zivilisation,

wie wir sie kannten, bereitet uns nicht richtig Kopfzer-
brechen, denn wir wissen, dass kommen wird, was kommen muss – *que será, será*. Und diese Gewissheit gibt
uns das Gefühl, dass es am Ende dann vielleicht gar nicht
so schlimm kommt wie befürchtet – dass der Dreck bei
der Wäsche wieder rauskommt. Eine große Erleichterung. (Wenn Sie anderer Meinung sind, siehe Punkt 1.
Ich habe immer recht – aber immerhin weiß ich, dass Sie
auch eine Meinung dazu haben – falls Ihnen das hilft.)

7. Je weniger Zukunft wir vor uns haben, desto besser können wir die Gegenwart genießen. Wir bereuen nichts.
Wir haben uns mit unserem Los abgefunden, wir wissen,
dass Sorgen und Leid zum Leben gehören, und verstei-
gen uns nicht länger in unrealistische Zukunftsträume.
Wir haben gelernt, nicht mehr vom Leben zu erwarten,
als dass die Dinge einigermaßen laufen.

8. Wenn jemand eine gehässige Bemerkung über uns macht,
sind wir nicht länger tödlich getroffen, sondern kommen
durchaus auf den Gedanken, dass derjenige vielleicht
neidisch auf uns sein könnte.

9. Wir können das Ende eines Films oft schon vorhersagen,
kaum dass er angefangen hat, und sind keineswegs überrascht, wenn sich bei einem Krimi herausstellt, dass der
Kommissar selbst der Täter ist.

10. Wir haben alle möglichen Modeerscheinungen miterlebt,
haben Röcke kürzer und wieder länger werden sehen.
Wir wissen: Wie man in den Wald hineinruft, so schallt
es heraus. Das lässt uns manchmal vielleicht ein wenig
zynisch erscheinen, aber was ist schon wirklich neu?

11. Somerset Maugham sagte, dass man im Alter gewöhnlich freundlicher und mitfühlender wird als in den jungen bis mittleren Jahren – weniger sexgesteuert, weniger
Konkurrenzdenken, weniger Neid. Das stimmt. Ich weiß

nicht, woher die Ansicht kommt, man werde im Alter verbittert und menschenfeindlich (na ja, liegt wohl an Leuten wie dem guten Reverend Henry Worsley – siehe das Kapitel über die hohe Kunst, seine Mitmenschen zu langweilen). Alte Menschen denken anders als junge. Je älter man wird, desto positiver nimmt man das Leben wahr. Offenbar sehen alte Menschen das Leben durch eine rosarote Brille; sie filtern die schlechten Erinnerungen aus und horten nur die guten. Wissenschaftler haben zwei Gruppen von Erwachsenen Fotos gezeigt. Die erste bestand aus Probanden zwischen zwanzig und dreißig, die zweite aus Sechzig- bis Siebzigjährigen. In der Bildauswahl waren sowohl verstörende als auch idyllische Motive enthalten. Die Analyse ergab, dass die zweite Gruppe, also die alten Menschen, Probleme hatte, sich an die schrecklichen Fotos zu erinnern. Auch hatten sie die Einzelheiten dieser Fotos anders abgespeichert als die jungen. Offenbar ist bei den Alten die Verbindung zwischen dem emotionalen Teil des Gehirns und der Großhirnrinde, die für das abstrakte Denken zuständig ist, stärker ausgeprägt als bei den Jungen, was den Alten gestattete, unschöne Details auszublenden. Mit anderen Worten: Wir Oldies sind *viel netter*.

12. Wir kennen den Unterschied zwischen verliebt sein und lieben – und bevorzugen Letzteres. Sobald ein Partner behauptet, er brauche »mehr Luft zum Atmen«, ist uns klar, dass er uns in Wirklichkeit adieu sagen will.

13. Wenn wir jemandem Geld leihen, erwarten wir gar nicht erst, es jemals wieder zurückzubekommen.

14. Wir erkennen nun – mit einiger Irritation –, dass nicht nur wir in unserer Jugend schrecklich unsicher waren, sondern alle anderen auch, selbst jene, die uns immer so keck und selbstbewusst vorkamen. Mitunter kommt uns

der Gedanke, dass dies möglicherweise auch heute noch so sein könnte. Zu unserer großen Verblüffung stellen wir fest, dass es Leute gibt, die *Angst* vor uns haben – vor *uns,* die wir so voller Unsicherheiten stecken, nichts wert sind und überhaupt in die Tonne getreten gehören. Alles sehr seltsam.

15. Eine Freundin sagte einmal, sie sei so froh, »dass die Kameras jetzt nicht mehr auf mich gerichtet sind«. Ich weiß, was sie meint. Wir machen uns jetzt nicht mehr ganz so viel aus dem, was andere Leute über uns denken, wenn wir dies oder jenes sagen oder tun. Im Alter können wir mehr wir selbst sein – und fühlen uns wohler in unserer Haut.

16. Das Leben ist zu kurz, um sich zu streiten. Wir Oldies können leichter verzeihen, nicht nur anderen, sondern, Gott sei Dank, auch uns selbst.

20. Enkelkinder

Das Schönste an dieser zweiten Kindheit ist die Brücke, die sie zur ersten Kindheit schlägt! Als Phyllis und ich vor einem Jahr beim Arzt im Wartezimmer saßen, unter lauter anderen Erwachsenen, saß da dieses kleine Kind in seinem Kinderwagen, ob Junge oder Mädchen, ich hätte es nicht sagen können. Nachdem wir uns eine Weile gemustert hatten, winkte es mir plötzlich zu, und ich winkte zurück. Es war, als ob wir einander sagen wollten: »Wie blöd die Erwachsenen doch sind!«

John Cooper Powys in einem Brief an Nicholas Ross

Wenn ich als junges Mädchen deprimiert war, sagten alle zu mir: »Keine Sorge, bald kommt dein Prinz auf einem weißen Ross angaloppiert. Er bringt dich fort von hier, und alles wird gut!« Niemand sagte mir, was wirklich passieren würde: »Keine Sorge, wenn du es richtig anstellst, wirst du dich eines Tages in eine runzlige kleine rote Wurst in Windeln verlieben, in einen winzigen Kerl, der dich ›Oma‹ nennt.«

Die Waliser sagen: »Was echte Liebe ist, erfährt man erst, wenn man das erste Enkelkind hat.«

Seltsam, dass niemand mich jemals auf eine solche Möglichkeit aufmerksam gemacht hat. Das ist wie bei der Berufsberatung: Man wird auf alle möglichen Berufe hingewiesen, nur nicht darauf, dass man – wenn man alles richtig anstellt – eines Tages Großmutter werden könnte.

Diejenigen Freunde von mir, die keine Enkelkinder haben, finden, dass ich mit meiner Großmuttermanie fürchterlich übertreibe. Sie fragen spitz: »Weißt du nichts Besseres mit deinem Leben anzufangen?« Und sie schimpfen, wenn ich wieder mal einen Theaterbesuch absage, weil ich meine

Enkelsöhne babysitten muss. »Die schlafen doch sowieso!«, nörgeln sie. »Und außerdem könnte doch jeder andere auf sie aufpassen! Warum gerade du?« Aber ganz ehrlich: Ich sitze lieber in einem stillen Haus und lausche den Atemzügen meiner Enkelsöhne, die aus dem Babyphon dringen, anstatt mir irgendeinen selbstverliebten Schauspieler anzutun, der als Hamlet verkleidet über die Bühne stolziert. Wenn meine Enkelsöhne aufwachen, dann sollte jemand da sein, der sie liebt, und nicht irgendein kompetenter Fremder, finde ich. Allein dort im Haus herumzuwuseln, dies und jenes zu erledigen, während man weiß, dort oben schlafen zwei kleine Wesen, die kleinen Fäustchen im Mund, gibt mir ein warmes Gefühl, das bis zum nächsten Tag anhält.

Es heißt, Enkelkinder seien die Belohnung dafür, dass man seine eigenen Kinder nicht ermordet hat. Margaret Mead, eine große Anthropologin, hat es sinnigerweise so ausgedrückt: »Großeltern und Enkelkinder verstehen sich vor allem deshalb so gut, weil sie einen gemeinsamen Feind haben.«

Obwohl mein Sohn erst zweiunddreißig war, als ich sechzig wurde, habe ich lange überhaupt nicht damit gerechnet, Enkelkinder zu bekommen (zumindest nicht, bevor ich sabbernd in einem Sessel sitze und es nicht mehr bis zur Toilette schaffe). Ich versuchte mich vor einer Enttäuschung zu bewahren, indem ich mir vorstellte, dass er, falls er jemals eine Partnerin finden sollte, wahrscheinlich mit ihr nach Australien auswandern und ich ihn nie wieder sehen würde. Es schien mir das Beste, mir gar nicht erst Hoffnungen zu machen. Wie viele von uns Oldies, so frage ich mich, pfeifen fröhlich vor sich hin, nur um zu verhindern, dass die Frage aller Fragen aus ihnen herausbricht: »Wann gründest du endlich eine Familie? Und wann bekomme ich Enkelkinder?«

Es ist dieses »bekomme *ich*«, das alle Adressaten der Frage so total verschreckt. Verständlicherweise. Denn wer hat schon gerne eine Granny im Nacken, die, mit einem riesigen Schmetterlingsnetz bewaffnet, nur darauf wartet, dass das erste Enkelkind herangeflattert kommt, um es einzufangen und triumphierend davonzutragen, als wäre es eine Trophäe. Das muss jedes junge Pärchen so verschrecken, dass gar nichts mehr geht.

Aber wenn es eine Granny richtig anstellt, kann sie eher Stütze als Bedrohung für ihre eigenen Kinder, die Eltern ihrer Enkelkinder, sein. Fünfundsechzig Prozent aller Großmütter nehmen aktiv an der Erziehung ihrer Enkelkinder teil. Denn es ist so schön, noch gebraucht zu werden, wenn man alt ist. Noch schöner ist, dass man gebraucht wird, um auf diese wunderbaren Wesen aufzupassen, die unsere Enkelkinder sind. Untersuchungen haben ergeben, dass Kinder aus Familien mit starken Großelternbeziehungen psychisch weit stabiler sind als andere. Die Großeltern stehen dem Kind nahe, sind aber gleichzeitig alt und weise genug, um den Enkeln aus einer objektiven Distanz Ratschläge geben zu können, wenn sie mit ihren Eltern nicht auskommen. Für mich sind Großeltern so was wie der Europäische Gerichtshof. In Italien gibt es ein Sprichwort: »Wenn gar nichts mehr geht, hol Großmutter.« Und da ist tatsächlich etwas dran – wenn die Mutter dich bestraft hat und der Vater böse auf dich ist, dann können Oma oder Opa vermitteln, verhärtete Fronten aufweichen und Grauzonen aufdecken, wo man zuvor nur Schwarz-Weiß gesehen hat.

Natürlich ist heutzutage alles anders als früher. Das fängt schon in der Schwangerschaft an. Heutzutage gibt es Ultraschalluntersuchungen, dank derer man das Geschlecht des Kindes schon lange kennt, bevor es auf die Welt kommt – etwas, das früher undenkbar gewesen wäre. Leider ähneln

243

Ultraschallfotos diesen Zeitungsfotos von Wolken, auf denen jene, die auserwählt sind, das Antlitz Mariens erkennen können. Oder war es Jesus? Hat nicht mal jemand in einer Toastscheibe Jesus gesehen?

Zweifellos aufgrund meiner nachlassenden Sehkraft kann ich auf solchen Fotos immer nur einen undefinierbaren Klumpen erkennen. Als Kind hatte ich einmal ein Suchbild von einem Wald, in dessen knorrigen Ästen sich Kobolde versteckten, die man finden musste – auch dazu war ich nicht in der Lage. Und so erging es mir wie vielen zukünftigen Grannys, als mein Sohn mir das erste Ultraschallfoto von meinem Enkel zeigte: Ich musste schwindeln, was das Zeug hielt: »Ja, jetzt sehe ich's! … ja, sein kleines Gesicht … sein süßes Lächeln …« Mein Sohn schaute mich vernichtend an und sagte: »Mutter! Ihm sind gerade erst die Beine gewachsen, er hat noch keinen Gesichtsausdruck!«

Seltsamerweise war ich vor mehr als fünfunddreißig Jahren als junge Mutter ganz und gar nicht begeistert von der Aussicht, mein Leben mit einem Kleinkind zu teilen – oder besser gesagt: mein Leben einem Kleinkind opfern zu müssen. So sah ich das wenigstens damals. Ich kann mich noch gut an die endlosen öden Nachmittage auf hässlichen Spielplätzen erinnern, und wie ich alle zwei Minuten auf die Uhr schaute und dachte: Das ertrage ich keine Sekunde länger – dieses frühe Aufstehen im Morgengrauen, Tag für Tag, um dem schreienden Bündel sein Fläschchen zu geben, ganz zu schweigen von öden Spaziergängen in kalten Parks, Nacht für Nacht nicht durchschlafen können, das ständige Anrühren von Brei, das mühsame Füttern, die Hoffnungslosigkeit, die in jener Zeit mein ständiger Begleiter war. Wenn mein Sohn schrie, bekam ich sofort schreckliche Schuldgefühle. Ich hielt mich für eine schlechte Mutter und machte mir Vorwürfe, dieses arme Würmchen auf diese schreckliche Welt gebracht zu haben.

Mit meinen Enkelsöhnen dagegen ist alles ganz anders. Und das ist das Schöne, das Wundervolle daran. Meine Liebe für meine Enkel ist rein und klar, ungetrübt von Schuldgefühlen, Panik und Angst, so wie ich sie als junge Mutter hatte. Jetzt denke ich nicht mehr: O Gott, er ist müde und apathisch, er *muss* mich ja einfach hassen. Oder: Meine Güte, das wird ihn für den Rest seines Lebens ruinieren. Er wird mir dieses oder jenes später ewig vorwerfen.

Wenn einer meiner Enkelsöhne zu weinen anfängt oder sich die Seele aus dem kleinen Leib schreit, bleibe ich vollkommen ruhig. Weil ich aus Erfahrung weiß, dass seine Ängste nur kleine Wölkchen auf einem grundsätzlich blauen Himmel sind und dass sich diese Wölkchen mit Liebe, Zuwendung und einer Menge Küsse wieder auflösen werden.

Wenn ich mit meinen Enkelsöhnen unterwegs bin, habe ich plötzlich alle Zeit der Welt. Es macht mir nichts aus, wenn es denn sein muss, im Schneckentempo mit ihnen durch die Stadt zu kriechen. Und wenn wir Enten füttern gehen, schneide ich das alte Brot vorher extra in Würfel und gebe es in eine Plastiktüte. Dann schaue ich begeistert zu, wie der Jüngste das Brot verteilt. Er steckt seine kleine Hand in die Plastiktüte, packt eine Handvoll Brotbrocken, zieht sie vorsichtig aus der Tüte, wendet sich den Enten zu und – und das ist das Clevere an der Sache – *öffnet seine Hand, während er in ihre Richtung wirft.* Er kann fühlen, er kann greifen, er kann festhalten, er kann sich in die richtige Richtung wenden, er kann werfen und gleichzeitig loslassen. Ich meine, das ist doch brillant, oder nicht? Ich betrachte ihn voller Stolz. Er ist so klug. Und so *nett* – er will die armen Enten unbedingt füttern. Er ist klug *und* nett! Was will man mehr?

Früher verstand man unter einer Großmutter eine alte Frau ohne Zähne und mit einem Dutt. Eine alte Frau, die immer irgendwie nach Kohl und alter Pisse roch. Großväter waren hutzelige Gestalten mit struppigen Bärten, die jedem auflauerten, der vorbeikam, um ihn zu einer Partie Schach zu zwingen. Wir Babyboomer-Grannys dagegen sind ganz anders. Wir bilden uns ein, noch genauso viel Energie zu haben wie in jungen Jahren (ein tragischer Irrtum, wie man nach einem langen Nachmittag mit zwei lebhaften kleinen Rabauken feststellen wird) und wollen überall mithalten.

Natürlich gibt es auch Probleme. Wie sollen wir uns heutzutage von unseren Enkeln nennen lassen? Ich habe Freundinnen, die vor der Bezeichnung »Granny« geradezu zurückschrecken und darauf bestehen, von ihren Enkelkindern mit dem Vornamen angeredet zu werden. Ich halte es da anders. Ich für meinen Teil bin stolz darauf, eine Granny zu sein, ja, es machte mir nicht mal viel aus, als mein kleiner Enkel mich anfangs (prophetischerweise) »Gaga« nannte.

Ein anderes Problem ergibt sich für unsere Kinder. Mein Sohn musste nicht nur fassungslos feststellen, dass er jetzt Vater ist, sondern auch, dass sich seine Mutter von einer Minute auf die andere in eine Großmutter verwandelte. Als ich bei ihm klingelte und mit dem Ruf: »Wie geht's meinem armen Lämmchen?« ins Haus eilte, wollte er schon antworten, er habe eine fürchterliche Nacht hinter sich, sei ständig von seinem Sohn geweckt worden und habe ihn kaum beruhigen können. Doch da war ich schon an ihm vorbeigerauscht und zu meinem Enkelsohn gestürzt, wo ich zirpte: »Wie geht's denn meinem Kleinen? Haben wir eine schlaflose Nacht gehabt? Kriegen wir vielleicht Zähnchen? Ach, mein armes Schätzchen!«

»Eine Mutter wird dann zur Großmutter«, hat mal ein kluger Kopf behauptet, »wenn sie aufhört, die schrecklichen Dinge zu bemerken, die ihre Kinder anstellen, weil sie so bezaubert ist von den wundervollen Dingen, die ihre Enkelkinder tun.«

Ich jedenfalls bin entzückt, wenn ich meinen Sohn mit den Zähnen knirschen höre, nachdem er seinen Sohn, so wie ich früher, auf dem Nachhauseweg von der Schule gefragt hatte: »Was habt ihr heute im Unterricht gemacht?« und die unvermeidliche Antwort erhielt: »Nix!«

Das andere Problem ist, dass wir vielleicht glauben, up to Date zu sein, in Wahrheit aber mit Kindererziehungsgurus wie Gina Ford konkurrieren müssen, die, soweit ich das verstanden habe, die Meinung vertritt, man müsse Kinder erst stundenlang schreien lassen, bevor man sie aus dem Bettchen nimmt. Mit knirschenden Zähnen müssen wir zuschauen, wie junge Mütter ihre fieberkranken Kinder in eisige Schlafzimmer legen, wohingegen zu unserer Zeit genau das Gegenteil üblich war: Kranke Kinder wurden in warme Decken gepackt, bekamen eine Wärmflasche und durften das Fieber »ausschwitzen«. Wir wissen nie, was jetzt gerade wieder empfohlen wird, ob ein Säugling beispielsweise am besten auf dem Rücken, auf dem Bauch oder auf der Seite schlafen gelegt werden sollte. Und wir müssen vorsichtig sein mit unseren subversiv-liberalen Ansichten über Daumenlutschen, Schnuller und derlei mehr.

Andererseits lehrt uns die Erfahrung, dass am Ende alles nur halb so heiß gegessen wird, wie es gekocht wird. Auch wir waren schließlich einmal unerfahrene Mütter und Väter … Auch wir mussten uns mit unseren alten Eltern herumschlagen und mit der damals üblichen »schwarzen Pädagogik«, wo einem beispielsweise angeraten wurde, einem Knaben, der das Masturbieren nicht lassen konnte, die Hände zu schienen. Und unsere Kinder wiederum müssen uns Sixties-Grannies ertragen mit unseren Laissez-faire-Ansichten über Erziehung. Wir selbst haben das Gefühl, uns von ungeduldigen Müttern in weise alte Omas verwandelt zu haben – für unsere Kinder dagegen sind wir schlichtweg »out of date«.

Aber wir müssen uns nicht nur mit den neuesten Erziehungsmethoden herumschlagen, sondern auch mit den neuesten Gerätschaften für Kleinkinder.

Ich kenne eine Granny, die sechs Jahre, nachdem sie ihre kleine Enkeltochter eine Weile bei sich gehabt hatte, immer noch das Klappkinderbett im Ersatzzimmer stehen hatte, das sie damals extra gekauft hatte – einfach weil sie es nicht schaffte, es wieder zusammenzuklappen. Die Anleitung ist längst verloren gegangen, und obwohl sie es in regelmäßigen Abständen immer wieder versucht, hat sie es bisher nur geschafft, drei Seiten einzuklappen, die vierte will einfach nicht nachgeben.

Als junge Mutter besaß ich ein Kinderreisebett, das aus drei Stangen und einer Art Hängematte bestand, die man (kinderleicht) daran befestigte; der Kinderwagen war ein leichtes Aluminiumgestell, das ich von einem Abfallcontainer stibitzt hatte; der Buggy war schlicht ein Babytragekorb auf Rädern. Heutzutage muss man aufgrund von Sicherheitsvorschriften nicht nur ein halber Ingenieur sein, um die Gerätschaften seiner Lieblinge bedienen zu können, man benötigt obendrein die mentale Kapazität eines Zauberwürfel-Champions, um Buggys und Kinderwagen nicht nur auf-, sondern auch wieder zusammenzuklappen.

Eine Freundin von mir war gezwungen, den Buggy aufgeklappt in den Kofferraum zu zwängen, weil sie es nicht schaffte, ihn wieder zusammenzuklappen. Eine andere schaffte es nicht, das Ding am Ziel aufzuklappen, und sah sich gezwungen, ihren Landspaziergang mit dem Baby auf dem einen und dem Buggy auf dem anderen Arm zu machen. Wieder eine andere schaffte es nicht, die Bremsen auf der einen Seite zu lösen, und musste ihr Enkelkind schief auf zwei Rädern durch den Park lotsen. Das arme Würmchen konnte auf diese Weise zwar den Himmel, aber nicht die Enten sehen.

Aber selbst wenn man versteht, wie die dummen Dinger funktionieren, fehlt einem oft einfach die Kraft, die Verschlüsse zu öffnen oder zu schließen. Als mein Enkel achtzehn Monate alt war, schaffte ich es einfach nicht, den Klickverschluss seines Kindersitzgurts zu schließen. Ich musste mit einer Plastiktüte improvisieren, die ich am einen Ende des Sitzes festband. An das andere Ende knotete ich den Finger eines Handschuhs, und das Ganze verband ich dann mit einem dieser Expander-Dinger, mit denen man sein Dachgepäck auf dem Wagen befestigt. Am Ende sah der Kleine aus wie eins dieser verdächtigen, finsteren Gepäckstücke, die man manchmal auf den Gepäckkarussellen von Flughäfen kreiseln sieht und die dort schon seit Jahren zu kreiseln scheinen und sicher noch jahrelang kreiseln werden. Ich fuhr im Schneckentempo nach Hause, eine Hand am Steuer, die andere auf seinem Bauch, damit es ihm nicht etwa einfiel, durch die Windschutzscheibe zu fliegen.

Ein andermal gelang es mir nicht, den Gurt bei der Ankunft wieder aufzukriegen. Nach zehn Minuten begann der Arme wie am Spieß zu schreien, und auch ich war in Tränen aufgelöst. Am Ende musste ich einen vorbeischlurfenden Hooligan im Kapuzensweatshirt bitten, meinen Enkelsohn zu befreien – was ihm natürlich innerhalb weniger Sekunden gelang.

(Wenn man sich im Internet schlaumacht, findet man jede Menge Granny-freundlicher Produkte. Da gibt es zum Beispiel einen speziellen Hüftsitz, den man anlegen kann, um sein Enkelkind damit zu tragen, ohne dass einem das Kreuz abbricht. Es gibt extra einfach zu bedienende Reisebetten, Multifunktionsbuggys, einfache Kindersitze und Mitsing-CDs

für längere Fahrten, darunter einige mit traditionellen Zähl-
reimen und nicht dem ganzen amerikanischen Unsinn. Man
kann eine Kniebank bestellen, um Baby leichter baden zu
können, Nachttöpfchen, ja sogar einen Notfallkoffer mit allem, was der Säugling braucht.

Erst als Großmutter habe ich wieder zu stricken angefangen.
Ich konnte plötzlich an keinem Spielwarenladen mehr vor-
beigehen und durfte zu meiner großen Freude und Erleichterung feststellen, dass Klassiker wie »Die kleine Raupe Nim-
mersatt«, »Der Kater mit dem Hut« und »Ein Tiger kommt
zum Tee« noch immer reißenden Absatz finden. Jetzt surfe
ich manchmal nur zu dem Zweck im Internet, um herauszufinden, wie man Kaulquappen aufzieht. Ich sammle bunte
Verpackungen, Strohhalme und Vogelfedern, damit ich genügend Material zum Basteln mit meinen Enkeln habe. Ich
kann mir kein Bild von einer Kuh ansehen, ohne »muh!« zu
machen und kein Bild von einem Hund, ohne »wuff-wuff!«.
Ich habe angefangen, alte Rezepte wieder auszugraben: Lebkuchenmännchen, Käsestangen, Pfefferminzglasuren und
Scones. Jetzt riecht es oft im ganzen Haus nach frisch Ge-
backenem, und nach einer Serie von Reinfällen, die in Tränen endeten (»Aber Oma, wo sind ihre *Augen*!«, schluchzte
mein Enkelsohn, als ich ein Blech mit Lebkuchenmännchen
aus dem Backrohr zog, die aussahen wie fette, von der Sonne geblendete Strandtouristen), bin ich nun wieder einigermaßen auf Kurs.

Das Zusammensein mit meinen Enkelkindern ist überraschend beglückend, ein Glück, das ich so bisher noch in keiner meiner Beziehungen erfahren habe – aber ich bin nicht
die Einzige. Kein Revolverheld zückt schneller seine Knarre als eine Großmutter die Fotos ihrer Enkelkinder. Eine befreundete Granny meinte, es sei, als würde man mitten im

Winter an einem kahlen Rosenbusch eine perfekte Rose finden (tatsächlich ist es noch viel besser, aber Sie verstehen schon, was ich meine).

Kürzlich stolperte ich über ein Zitat von G. K. Chesterton, der vor hundert Jahren schrieb, die Familie sei »wie ein zartes Seil, das sich von den vergessenen Bergen von gestern bis zu den unsichtbaren Gebirgen von morgen erstreckt« – was einem vor allem als Großmutter oder Großvater klar wird. Erst die Ankunft eines Enkelkinds lässt einen begreifen, dass das Leben aus einer ununterbrochenen Kette von Menschen besteht, eine Generation nach der anderen, bis in alle Ewigkeit. Wen wundert es da also noch, dass ich anfange, meine Enkel mit dem Namen meines Sohnes zu rufen, meinen Sohn mit dem Namen seines Vaters und seinen Vater mit dem Namen meines Enkels? Immerhin schwimmen wir alle in einer dicken, nahrhaften Familiensuppe.

Manchmal frage ich mich, ob ich meine Freude am Großmuttersein nicht vor allem meiner eigenen Großmutter zu verdanken habe. Meine Granny war ein Segen für mich. Sie lebte ein Stockwerk unter uns im selben Haus in London. Immer, wenn ich die angespannte Atmosphäre meiner sich ständig streitenden Eltern nicht mehr aushielt, klopfte ich bei ihr an. Sie hieß mich mit lachenden Augen in ihrem gemütlichen Wohnzimmer willkommen, machte Witze und umsorgte mich. Sie hatte diesen wunderbaren Schrank voller Spiele – Mensch-ärgere-dich-nicht und Ludo. In besonders heißen Sommern machten wir manchmal ein Picknick im Park, und dann gab es als Extra-Überraschung Zuckerbrote. Sie hatte immer Komikerin werden wollen und sang mir alle alten Songs vor. Manchmal nahm sie mich sogar zu Vaudeville-Vorstellungen mit: Joyce Grenfell, *Flanders and Swan*, die *Crazy Gang*. Und da ich ein einsames Einzelkind war, freute ich mich das ganze Jahr über auf die Ferien, in denen ich gewöhnlich für eine Woche mit meiner Großmutter in ein Strandbad fuhr. Wir kauften uns dann immer eine Tüte frische Pflaumen, die wir an den Strand mitnahmen, und abends gingen wir zum Rummel an die Strandpromenade. Ich kann mich heute noch an das Rauschen der Wellen im Hintergrund erinnern, das sich mit den Geräuschen des Rummelplatzes vermischte, dem Klingen des Karussells, den Schreien aus der Achterbahn. Sie ließ mich alles Mögliche fahren, und immer wartete sie am Ende auf mich und fragte mich mit leuchtenden Augen: »Hast du Angst gehabt? War's *sehr* schlimm? Oder war's schön? Du bist *so* mutig, Schätzchen!«

Wenn ich ein Bild gemalt hatte und es stolz meinen Eltern zeigte, sagten sie: »Schön, aber hast du deine Hausaufgaben schon gemacht?«

Wenn ich es dagegen meiner Großmutter zeigte, machte sie große Augen und rief ungläubig aus: »Hast du das wirklich gemalt? Unmöglich, das kann ja gar nicht sein! Du machst Witze! Komm, ich will es mir im Licht anschauen. Schätzchen, das ist ja erstaunlich gut! Einfach wundervoll! Würdest du mir erlauben, es zu rahmen und übers Sofa zu hängen, wo es jeder sehen kann? Du kannst so toll malen … und diese Farben! Schätzchen, du bist einfach *unglaublich*!«

Zwischen Großeltern besteht eine eigentümliche Großeltern-Kameradschaft. Neulich hat mir eine befreundete Granny von ihren zwei Enkeltöchtern erzählt, die eine drei, die andere erst neun Monate alt. Beide hatten Teddybären und meine Freundin meinte, sie wolle jedem der Bären einen Pulli stricken. Die Ältere wollte einen Pulli mit viel Glitter: rosa und gold, mit Silberfäden durchwirkt, auf der Front einen großen Glitzerstern. Auf die Frage, wie denn der Pulli für den Teddy ihrer kleinen Schwester aussehen solle – die ja noch nicht für sich selbst sprechen konnte –, antwortete das Engelchen mit einem fiesen Glitzern in den Augen: »Ich glaube, grau wäre *wirklich* schön.«

Mein Enkelsohn kam eines Tages um fünf Uhr früh zu mir ins Bett gekrochen. Er habe von »Pinnen getäumt«, meinte er.
    »Oma? Oma?«, sagte er, nachdem es ihm endlich gelungen war, mich wach zu kriegen. »Ich hab eine gute Idee. Du bis' das Monster und fasteckst dich im Gaten. Und ich komm mit meim Schweat und eastech dich!«
    Und als ich kurz darauf in meinem prächtigen Morgenmantel bibbernd in einer Hecke kauerte und meinen Enkel mit gezücktem Plastikschwert auf mich zuspringen sah, wurde mir plötzlich klar, wie glücklich ich war.
    Ist es nicht einfach schön, alt zu werden?

Quellenverzeichnis

James Boswell: *Dr. Samuel Johnson.* Aus dem Englischen von Fritz Güttinger © Diogenes Verlag AG, Zürich 2008.

Rupert Brooke: »Kindliness«. In: Rupert Brooke: *Collected Poems* © John Lane, New York 1916.

Arthur Conan Doyle: *Eine Studie in Scharlachrot.* Aus dem Englischen von Gisbert Haefs © Kein & Aber AG, Zürich 2005.

Robert Frost: »Was Fünfzig sagte«. In: *Promises to keep, Poems/Gedichte.* Übersetzung und Nachwort von Lars Vollert © C. H. Beck, München 2010.

Oliver Goldsmith: *Der Landprediger von Wakefield. Eine Erzählung angeblich von ihm selbst verfaßt.* Hrsg.: Otto Knapp © Deutsche Bibliothek, Berlin 1913.

Maurice Goudeket: *The Delights of Growing Old* © Farrar, Straus and Giroux, New York 1966.

Carl Gustav Jung: *Die Dynamik des Unbewussten.* Ges. Werke, Bd. 8 © Walter Verlag AG, Olten; Freiburg 1985, Stiftung der Werke von C. G. Jung.

Cosmo Landesmann: *Starstruck* © Macmillan, London 2008.

Ogden Nash: »You can't get there from here« © Curtis Brown Ltd., New York 1956.

Marcel Proust: *Tage der Freuden.* Aus dem Französischen von Ernst Weiss © Suhrkamp Verlag, Frankfurt am Main 1965.

Leslie Sarony: »Ain't It Grand to be Bloomin' Well Dead« © Campbell Connelly & Company Ltd., London 1932.

John Steinbeck: *Meine Reise mit Charley. Auf der Suche nach Amerika.* Aus dem Englischen und mit einem Nachwort von Burkhart Kroeber © Paul Zsolnay Verlag, Wien 2002.

Jonathan Swift: »A Beautiful Young Nymph Going to Bed«. In: Wolfgang Schlüter (Übers.): *My second self when I am gone: englische Gedichte* © Urs Engeler Editor, Weil am Rhein; Basel; Wien 2003.

Henry Thoreau: *Journal* © Houghton Mifflin Company, Boston 1906.

Kathanne Whitehorn: *Selective Memory* © Virago Press Ltd., London 2007.

Virginia Woolf: *Briefe 2: 1928–1941*. Aus dem Englischen von Brigitte Walitzek © S. Fischer Verlag GmbH, Frankfurt am Main 2006.